Liebe Daniela,

das ist mein zweites „Werk".
Viel Freude beim Lesen
(insbesondere S. 214)
wünscht Dir

Ekehard

Hannover
August 2018

Eckehard Gerner

Matrosenleben

Eckehard Gerner

Matrosenleben
Einmal um die ganze Welt

Erinnerungen an die Seemanns-Jahre

II. Teil

Bibliografische Information der Deutschen Nationalbibliothek:
Die Deutsche Nationalbibliothek verzeichnet diese Publikation in der Deutschen Nationalbibliografie; detaillierte bibliografische Daten sind im Internet über *www.dnb.de* abrufbar.

Eckehard Gerner, ›*Matrosenleben*‹
Originalausgabe

Titelabbildung: Shutterstock
Gestaltung und Verlag: Ganymed Edition (memorabilia)
ISBN 978-3-946223-64-1

Printed in Germany

Für Mery, Svana und Arlene

Inhalt

Vorwort

Einmal Seemann, immer Seemann?! In gewissem Sinne trifft das zu und hat ein Leben lang Bestand, auch später, nach der Fahrenszeit in einer gutbürgerlichen Konsumexistenz. Diese Zeit hat mich maßgeblich und nachhaltig geprägt. Zu Beginn der 60er Jahre war der Begriff Globalisierung noch nicht in aller Munde. Die Seefahrt bot damals eine der wenigen Möglichkeiten, ferne Kontinente, Länder, Orte, Landschaften mit exotischer Vegetation und anderem Klima, vor allem aber Menschen mit den unterschiedlichsten Kulturen kennenzulernen.

Das Gefühl, auf diesem wunderbaren und staunenswerten Planeten mit all seinen Facetten zu leben und Neues zu entdecken, erweiterte sich mit jeder Überseereise. Im Laufe der Jahre manifestierte sich ein in vielerlei Hinsicht erdumspannendes Bewusstsein. Je größer das Wissen über unseren Himmelskörper und seine Bewohner wurde, derart wie es schon unser großer Alexander von Humboldt wahrgenommen und empfunden hatte, desto mehr wuchs das Staunen vor der Natur und der Schöpfung. Aber der Mensch mit seinen scheußlichen Neigungen, Gewalt, Neid, Unduldsamkeit und vor allem Gier, ist so töricht, langsam alles zu zerstören.

Ich werde oft gefragt, ob denn die ›Frauengeschichten‹ erzählt werden müssten. Die Suche nach Nähe zu Menschen des anderen Geschlechts ist existenziell, also auch und insbesondere im Leben eines Seemanns. Er konnte nicht immer wie gleichaltrige Landratten Kontakte in kurzer Zeit aufbauen, die der ›normalen‹ und bürgerlichen Moral entsprachen. Beide, der Fahrensmann und seine Hafenbraut, gefährdeten nicht die sittliche Ordnung, um die sich im Übrigen die Obrigkeit auch noch nie scherte. Wilhelm Busch erkannte: ›*Die Summe unseres Lebens sind die Stunden, in denen wir liebten*‹. Im weitesten, großzügig aufgefassten Sinne: Die Stunden, in denen wir Lebensfreude und Glück empfanden. Von Jewtuschenko stammt die Einsicht: ›*Der Mensch lebt nicht vom Brot allein.*‹ Diesen Aspekt des Seemannslebens zu erzählen ist unerlässlich, sollte doch eine Biographie möglichst unverfälscht und wahrhaftig sein. Zu jener Zeit hatten wir Seeleute schon unverkrampfte, liberale und auch tolerante Einstellungen, ohne obszönen Sprachgebrauch.

Meine Erinnerungen, Tagebuchaufzeichnungen und Briefwechsel setzten mich in den Stand, diese Zeit wieder auferstehen zu lassen, die es so, wie in anderen Bereichen auch, nie wieder geben wird. Beim Niederschreiben empfand ich so etwas wie eine ›Nachfreude‹ bei der Schilderung meiner Erlebnisse und Glücksmomente. Der Mensch ist erfreulicherweise in der Lage, unangenehme und negative Erfahrungen in einem bestimmten Maße auszublenden und zu verdrängen.

Heute ist der Fortschritt dabei, vollautomatische Schiffe zu entwickeln, die fast gänzlich ohne Menschen durch die Meere pflügen sollen: ›alle Mann von Bord‹, Seefahrtsromantik ade! Ich sehe mich als Chronisten einer untergegangenen (Seefahrts-)Epoche, die es verdient, in der Erinnerung bewahrt zu bleiben.

Mein Dank gilt meinem Lehrerkollegen Bernd Schossow an der Orientierungsstufe Hannover-Ahlem, der mir das Nachschlagewerk ›*Die Deutsche Handelsflotte 1963*‹ schenkte. Ohne die Daten und Pläne in diesem Register wäre eine saubere und exakte Beschreibung ›meiner Dampfer‹ nicht möglich gewesen. Besonders danken möchte ich Kirstin Reiter, die mich mit Rat und Tat (›tippen‹) unterstützt hat, sowie allen, die mir durch ihren Zuspruch geholfen haben, die Buch-Idee zu verwirklichen.

Eckehard Gerner, Hannover, im Dezember 2017

I. MS ›Hornbelt‹ (8. Schiff)

Stückgutfrachter – Westküste Südamerika

An einem nasskalten, grauen und trüben Spätherbsttag, an der Schwelle zum Winter, bei nicht gerade euphorischer Stimmungslage, betrat ich das Abteil mit sechs Sitzen. Im D-Zug von Hannover nach Hamburg waren noch fünf Plätze frei. Nur ein Reisender, ein junger Mann, dunkelhaarig und mit wachen Augen, leger gekleidet, saß mir gegenüber. Auf der Gepäck-Ablage erspähte ich einen großen Koffer, eine kleinere Tasche – und einen Seesack.

»Na, auch nach Hamburg?«, begann ich unseren Dialog.

»Ja, bin in Göttingen eingestiegen«, erwiderte er.

»Was führt dich nach Hamburg?«

»Na, guck mal nach oben!«

»Ach nee, soll's an Bord gehen?«

»Ja, auf Südamerika-Fahrt.«

»Etwa bei ›Nüllenkopf‹*?‹

»Nee, Westküste.«

»Sag bloß noch, du musterst auf der ›Hornbelt‹ an!«

»Is ja 'nen dolles Ding, ich auch, wohl etwa auch noch als Janmaat (Matrose)?«

»Jaa, sind wir also Kollegas! Hab grade erst meinen Matrosenbrief gemacht.«

»Was für ein Zufall!«

»Ich heiße Eckehard, und du?«

---

* Seemannsbezeichnung für die Reederei Hamburg-Süd, weißer Schornstein, breiter, oberer roter Rand

»Bin Rüdiger aus dem Eichsfeld.«

Dieser Freitag, der 13. November 1964, speziell für abergläubische Seeleute ein Tag zum Fürchten, hatte sich vom Gegenteil gezeigt.

Wenn man, wie ich, bei der Seefahrt mit vielen Menschen zusammengekommen war, sowohl bei der Arbeit als auch im Privatleben, hatte man ein fast sicheres Gespür dafür entwickelt, mit welchem Typus Mensch man es zu tun haben würde. Rüdiger zeigte sich mir von Anfang an offen, fröhlich und unbekümmert. Ich stellte mir vor, mit Rüdiger gut klar zu kommen; später entwickelte sich zwar keine ganz dicke Freundschaft, aber wir respektierten uns und halfen einander. In Südamerika entpuppte er sich auch ganz gern mal als kleiner Aufschneider, besonders bei Erlebnissen mit der holden Weiblichkeit.

Auch wenn es nun schon mein achter Dampfer sein sollte, auf dem ich anmusterte, so fiel es mir doch noch immer schwer, dieses diffuse Zukunfts-Angstgefühl, was mich denn wohl auf der ›Hornbelt‹ erwartete, abzuschütteln.

Die Zeit im Zug verflog im Nu, schon allein, weil wir uns angeregt über unser bisheriges, ereignisreiches Seemannsleben

Der [illegible],

geboren am [illegible] in [illegible],

hat nach Maßgabe der Verordnung über die Eignung und Befähigung der Schiffsleute des Decksdienstes auf Kauffahrteischiffen vom 28. Mai 1956 die Matrosenprüfung bestanden und besitzt die Befähigung zum

Matrosen in der Seeschiffahrt,

sie umfaßt die Befähigung zum Rettungsbootsmann und Feuerschutzmann.

DM 3,00 99612

Hamburg, den 26. OKT. 1964

Seemannsamt Hamburg

[illegible]

(Ausstellende Behörde und Unterschrift)

austauschten. Kurz hinter Celle rauschte der Schnellzug an Eschede vorbei. Wir konnten einen Blick auf das Haus und die Landschaft erhaschen, wo ich als Kind aufgewachsen war. (*Fast 34 Jahre später, am 3. Juni 1998, sollte dieses Heidekaff durch einen ICE-Unfall eine schreckliche und traurige Bekanntheit erlangen.*)

In Hamburg angekommen, trennten sich erst einmal für ein paar Stunden unsere Wege. Nach Reederei und Seemannsamt nahm ich nun bei einsetzendem Sonnenschein mit dem ›Bügeleisen‹ (Hafenbarkasse) Kurs auf Schuppen 57 im Südwesthafen, wo ich einen ziemlich beschwerlichen längeren Fußmarsch zum Schiff bewältigen musste. Dieser Weg ist mir bis heute noch exakt in meinem Gedächtnis haften geblieben. Einerseits war da mal wieder die Ungewissheit, was mich an Bord erwarten würde, andererseits überwog die Vorfreude auf das Abenteuer Südamerika-Pazifikküste und den Panama-Kanal. Schon von weitem konnte ich den grauen Koloss wahrnehmen. Mit über 150 Meter Länge, 20 Meter Breite und 13.000 Ladetonnen hatte die ›Hornbelt‹ in etwa die Größe der ›Cap San Diego‹, die heutzutage als Relikt der Stückgutfrachter-Zeit in der Elbe am Hamburger Baumwall liegt und zu einem Wahrzeichen Hammonias gehört. Mein Dampfer konnte zwar 2.000 Tonnen mehr laden, war aber mit 16 Knoten nicht so schnell wie die ›weißen Schwäne des Südatlantiks‹ mit ihren 20 Knoten.

Bereits am Nachmittag begann mein Dienst mit Proviantübernahme und dem Verschließen der Luken. Ich richtete mich in meiner achtern gelegenen mickrigen Kammer ein und fand danach in diesem ›Rattenloch‹ einen gesunden Schlaf.

Am Sonnabend verholte der Dampfer zum Schuppen 56 und während meiner Deckswache des Abends hatte ich Gelegenheit, mich auf dem Pott zurechtzufinden.

Sonntag, den ›Tag des Herrn‹, verbrachte ich mit ausgiebigem Matratzenhorchdienst und Lesen – James Masons ›Denn der Wind kann nicht lesen‹. Solch einen geruhsamen Arbeitsstart hatte ich vorher auf meinen anderen Schiffen nicht erlebt. Überstunden hielten sich in den nächsten Tagen in Grenzen, durchschnittliche Arbeitszeit: 10 Stunden pro Tag. Es war mein erster Dampfer, auf dem ich nicht zu einer der drei Seewachen eingeteilt wurde; statt als Ausguck auf Wache in der Brückennock gemütlich ein Pfeifchen zu schmöken oder am Ruder (Steuer) zu stehen, musste ich nun als ›Tagelöhner‹ meinen Dienst verrichten, jeden Tag mit ordentlicher, körperlicher Arbeit.

Schnell brachte ich in Erfahrung, dass es hier an Bord innerhalb der Decksmannschaft einen gewissen Klüngel gab, der unter sich die lukrativsten Arbeitseinsätze aufteilte. Diese Seilschaft bestand aus dem Bootsmann und vier Matrosen, die schon seit ewigen Zeiten, also mindestens über zwei Jahre oder sieben bis acht Reisen, zur Stammbesatzung gehörten – eher die Ausnahme in der Stückgut-Linienfahrt.

»Musst du erst mal 'nen paar Reisen Westküste machen, bevor du groß mitschnacken kannst«, gab mir gleich in den ersten Tagen der vierschrötige Matrose Bodo zu verstehen; mit anderen Worten: »Hier hast du erst einmal nichts zu melden!«

Am 15. November hieß es ›Leinen los!‹ und passend zum Volkstrauertag schipperte die ›Hornbelt‹ bei nasskaltem Wetter und einem aufziehenden Sturmtief aus Nordwest die Elbe hinunter. Zwei Tage später machte unser Pott in Le Havre fest, um Kisten mit Maschinenteilen und Renault-Transporter zu laden. Am Abend gönnte ich mir zusammen mit Matrose ›Kowalski‹ eine ausgiebige Pernod-Verköstigung in den einschlägigen Bars des Nachtjackenviertels. Zu seinem Spitznamen war Werner gekommen, weil er mit seinem Aussehen und seiner Statur dem Protagonisten aus dem Film-Epos ›08/15‹ glich, in dem auch Joachim Fuchsberger seine Schauspielerkarriere begann.

Ganz offensichtlich straften uns die französischen Damen mit Gleichgültigkeit und Nichtbeachtung. Der Krieg hatte eben hier in der Normandie auch in den Köpfen der Menschen seine Spuren hinterlassen; mit *l'amour dans le port* also Fehlanzeige. Kapitän P., so wurde gemunkelt, durfte als *persona non grata* überhaupt nicht an Land gehen. Die deutsche Besatzungszeit, in der er als Hafen-Kapitän fungierte, war wohl noch in bester, aber schlechter Erinnerung bei den Franzosen geblieben. Später zeigte sich, dass die Vorbehalte gegen ihn wohl nicht ganz unbegründet waren. In Chile bekam ich von ihm die einzige Abmahnung in meinem Arbeitsleben, weil ich mich angeblich eines Dienstversäumnisses schuldig gemacht hatte, und das an einem Sonnabend!

Nachdem Kowalski und Co. gegen drei Uhr nachts den Weg zurück an Bord fanden, fiel ich bis mittags in einen entspannten Schlaf. Es war Buß- und ›Bett‹-Tag, von *overtimes* blieb ich an diesem Feiertag ausgeschlossen, obwohl ein paar fette Sonntags-Überstunden meiner Heuer gutgetan hätten.

Schon am Abend war unsere Liegezeit beendet. Durch die Seine-Bucht, vorbei am Cap de la Hague, den britischen Kanal-Inseln Alderney und Guernsey, umschiffte unser Kahn die Brétagne und nach Passieren des wilden Kaps Pointe du Raz und mit Kurs 135° (Südost) steuerten wir den Hafen des kleinen Örtchens La Pallice an. Hier wurden an einsamer Pier über 5.000 Tonnen Düngemittel-Säcke geladen. Das Paradoxe dabei: Der Grundstoff, Chile-Salpeter, wurde wieder nach Südamerika

M.S. ›Hornbelt‹

zurückverfrachtet, nachdem er hier in einem riesigen Werk aufgearbeitet wurde. Warum nur gab es dafür keine Fabriken in Peru oder Chile?

Am 22. November, Totensonntag, fuhr ich mit dem Bus ins geschichtsträchtige La Rochelle mit seinen beiden dicken unverkennbaren Türmen an der Einfahrt zum alten Hafenbecken. Von hier also, einer Hochburg der protestantischen Hugenotten bis 1628, stammen wohl viele unserer Regniers, Brunottes, Rennes, de Maizières, de Neufs und du Monts.

Mein bisheriger ziemlich geregelter Arbeitsalltag geriet beim Auslaufen in der Nacht vom 24. auf den 25. November etwas aus dem normalen Rhythmus. Autos mussten gelascht (festgezurrt) und die ›Hornbelt‹ für den Mittelatlantik gerüstet werden, also seeklar machen für alle Fälle – Schlechtwetter und hoher Seegang. Mein Dienst begann um sechs Uhr morgens und endete um drei Uhr nachts.

Als beim Ablegemanöver der Moses mit dem Aufschießen der Festmacherleinen etwas tüdelig wurde, pflaumte ihn Uwe, der Leichtmatrose aus Stade, etwas grob an:

»Een lütt Dösigen bist, un ein anne Pann hest, na, hebbt wi ja all!« (Bist ein bisschen unbeholfen und einen Sprung in der Schüssel hast du auch, haben wir ja alle!)

Wie treffend und nicht allzu verletzlich kann doch Küstenplatt sein!

Nach ungemütlichem Wind, den uns die Rückseite mehrerer Nordatlantik-Sturmtiefs bescherte, setzte nach ein paar Tagen mit dem Nordost-Passat ruhigeres und wärmeres Wetter mit den typischen Cumulus-Wolken ein, von den ›bescheidenen‹ flachen Haufenwolken (Cumulus humilis), über die ›mittelmäßigen‹ (Cumulus mediocris) typischen Sommerwolken bis zu den mehr in die Höhe schießenden Haufenwolken (Cumulus congestus), aus denen auch mal ein kräftiger Schauer fiel.

Naturgemäß verabschiedete sich nun die Sonne schon am frühen Abend, so dass mir nicht mehr viel Zeit blieb, das immer wiederkehrende und doch immer wieder verschiedene faszinierende Spiel der Wolken über dem Meer von Horizont zu Horizont zu bestaunen. Ich hätte mir schon gewünscht, kein Tagelöhner zu sein, der von sechs Uhr morgens bis sechs Uhr abends hauptsächlich damit beschäftigt war, dem Rost zu Leibe zu rücken, das stehende und laufende Gut (Drahtseile) zu labsalben oder die Aufbauten zu waschen.

Am 4. Dezember fuhr unser Dampfer durch die Mona-Passage zwischen (den großen Antillen-Inseln) Hispaniola und Puerto Rico; zwei Tage später machte die ›Hornbelt‹ morgens in Barranquilla (Kolumbien-Karibikküste) fest. Vorbei die gemächliche Zeit auf See; wir liefen über zwei Dutzend verschiedene Häfen an! Aber erst einmal, es war ja Sonntag, hielt es fast niemanden an Bord, bis auf die Wachsgänger an Deck und in der Maschine. Das Nachtjackenviertel befand sich nur einen kleinen Fußmarsch entfernt vom Hafen. Schon um halb zwölf, ausnahmsweise am helllichten Tag, enterte ein Dutzend Polleraffen die Bar Camelias. Hier gab es alles, was ein Seemannsherz höherschlagen ließ: anständige Cuba libres, lateinamerikanische Klänge aus der Musik-Box und jede Menge mehr oder minder hübsche *chicas* aller Hautfarben. Nach über drei Wochen endlich ein feiner Landgang – à la Kuddel Daddel Du!

»Siehst du die da hinten am Bartresen, was für eine Granate, die schnapp ich mir!«, rief Kowalski aus, tanzte ein paar Runden mit der sündhaft schönen *mulata* und ward danach nicht mehr gesehen. Erst zwei Stunden später erschien er wieder, völlig niedergeschlagen und umgewandelt.

»Beklaut hat sie mich und sich dann verpieselt, dieses Miststück!«

»Na, das kommt davon, wenn man sich zum Eintörnen mit solch einer Dockschwalbe zu wenig Zeit lässt, und dann auch noch erzählt, dass der Dampfer abends ausläuft, war ja wohl nicht gerade plietsch (klug) von dir«, kommentierte Leichtmatrose Otto.

Er war nun schon der dritte Otto, mit dem ich es als Decksbauer auf meinen Schiffen zu tun hatte; er versuchte, Kowalski mit mehreren dreistöckigen Spaßmachern (Cuba libres) zu beruhigen. Als es zu ungewohnter Zeit gegen fünf Uhr wieder zurück an Bord ging, hatten die beiden beträchtliche Schlagseite. Otto schlief auf der Mannschaftstoilette ein, Kowalski steuerte gleich seine Koje an; für beide fiel erst einmal ihre 8-12 Seewache aus. Nachdem die ›Hornbelt‹ gegen sechs Uhr ausgelaufen war, musste ich einspringen und war absolut nicht abgeneigt, den Rudertörn auf ihrer Wache zu übernehmen.

Mit Südwest-Kurs ging es nach Cartagena, wo wir am nächsten Morgen festmachten. Auch hier wurden nur einige Kisten und Chemikalien-Säcke gelöscht. Unsere beiden Schnapsleichen erhielten vom Scheich und dem Ersten eine gewaltige Bergpredigt und blieben danach ziemlich kleinlaut und einsilbig.

Nach zehn Stunden Liegezeit hieß es wieder ›Leinen los!‹ – aber es fehlten noch vier Flurplattenindianer, auch ›Schluchtenscheißer‹ genannt. Schaut man von den Skylights (Oberlichtern) in den Maschinenraum, geht der Blick etwa sechs Stockwerke tief, wie in einer Schlucht, bis zum Sockel der Hauptmaschine. Die Maschinisten hatten es vorgezogen, ganz exquisit auf den letzten Drücker mit einem Schlepper an Bord zu kommen. Mit überschwänglichen ›Muchas gracias, compañeros!‹-Rufen verabschiedeten sich die Reiniger und Ing-Assis von der Schlepperbesatzung.

Die fällige überlaute Abkanzelung durch den Chief (Leitender Ingenieur) wurde vom geräuschvollen, monotonen Wummern der MAN-Hauptmaschine mit ihren 8.000 PS überdröhnt. Was war geschehen? Unsere ›Beinahe-Achteraussegler‹ hatten angeblich nicht mitbekommen, dass unser Kahn zwei Stunden eher als geplant auslaufen sollte. Was für eine infantile Ausrede! Unsere liebestollen *maquinistas* waren schlicht und einfach ausgerechnet in der Bar Paloma Blanca versackt.

Der Liegeplatz der ›Hornbelt‹ lag in Barranquila direkt an der Mündung des Rio Magdalena. Später wurden Barranquila und Cartagena Orte der Weltliteratur, verbunden mit dem Namen Gabriel Garcia Marquez, dem wohl bedeutendsten

Autor Lateinamerikas, der 1982 den Nobelpreis für Literatur erhielt. Ob Florentino und Fermina ihre ›Liebe in den Zeiten der Cholera‹ auf ihrem Schiff wohl immer noch (er)leben könnten?

Im Nachhinein erschien es mir in der späteren Romanverfilmung des Werks über das späte Glück zweier Liebenden in Barranquila um die Jahrhundertwende, dass sich das Treiben und Leben der unterschiedlichen Menschen in dieser kolumbianischen Karibik-Stadt nicht wesentlich geändert hatte, abgesehen von den Fortbewegungsmitteln.

Panama-Kanal

Die ›Hornbelt‹ fuhr nun mit Kurs 250° (circa West-Südwest) in Richtung Panama-Kanal; sie machte am Mittag des 8. Dezembers in Christobal, an der Nordeinfahrt des Kanals, für einige Stunden an der Pier fest, hinter der gleich das Rotlicht-Viertel lag.

»Jetzt kriegst du was zu sehen, da kommt selbst die Herbertstraße nicht mit!«, eröffnete mir Hein, der zur Matrosen-Mafia an Bord gehörte. In der Quick-Bar angekommen, wunderte ich mich, dass fast nur Männer jeden Alters und jeder Couleur den Tresen belagerten. An einem Seitenausgang bemerkte ich ein kleines Kassenhäuschen, bei dem reger Betrieb herrschte. Meine fragende Miene fiel einer der wenigen anwesenden Frauen auf, deren Bekleidung schon auf den ersten Blick erkennen ließ, was sich hier abspielte.

»Come on, honey! You only pay three dollar at the counter and then you can put in your prick in every girl waiting behind the door, for one hour!«

Flatrate im Bordell war damals sonst noch unbekannt.

«Hein, das hier ist nicht mein Ding, ich mach lieber ´nen Abflug.«

Ein paar Straßen weiter wurde ich dann stolzer Besitzer des obligatorischen Panama-Huts, handgeflochten. In Europa musste man dafür das Fünffache hinblättern. Kurz vor Mitternacht begann die zehnstündige Fahrt durch den Panama-Kanal. Im Gegensatz zum Suez-Kanal mussten insgesamt drei Schleusen bis zum Pazifik passiert werden. Zuerst lief unser Dampfer in die ›Gatun-Schleuse‹ ein. Jeweils zwei Diesel-Lokomotiven an beiden Schleusenrändern hielten das Schiff auf mittlerer Position in den drei hintereinanderliegenden Kammern; so wurde unser Pott um 26 Meter angehoben.

Die anschließende Fahrt durch den Gatun-See und den engen Durchstich ›Corte Culebra‹, die folgende Einfahrt in die ›Pedro-Miguel-Schleuse‹ und den zwei Kammern der ›Miraflores-Schleuse‹ hinab zum Pazifik verschlief ich; nach 15 Stunden Dienst war mir nachts nicht nach Besichtigungen zumute.

Die Geschichte des Kanals ist auch ein bezeichnendes Lehrstück der US-Politik. Als Kolumbien, zu dessen Territorium Panama gehörte, sich weigerte, das alleinige Hoheitsrecht über die geplante Wasserstraße an die USA abzutreten, schafften es die Yankees, dass sich die Provinz Panama 1903 von Kolumbien unabhängig erklärte. Die Amis kauften das Kanalbaugebiet und die Kanalzone blieb bis 1999 US-Gebiet.

Unsere Durchfahrt 1964 fiel ins Cincuentenario, also dem 50. Jahr des Bestehens dieses bedeutenden globalen Wasserwegs.

Als ich nach erquickendem Schlaf morgens bei ruhiger See die Laschings (Befestigungen) der auf dem Hauptdeck stehenden Deutz- und MAN-LKWs löste, hatte die ›Hornbelt‹ schon den Hafen von Balboa am Südausgang des Kanals hinter sich gelassen.

Balboa erhielt seinen Namen nach dem spanischen Eroberer Nunez de Balboa, der als erster Europäer nach der Durchquerung der Landenge von Panama 1517 den Pazifik erblickte und diesen Ozean ›Südsee‹ nannte – im Jahr des Reformationsbeginns durch Martin Luther.

Hafen-Rallye an der Westküste

Ich war also nun im weitaus größten aller Ozeane. In Richtung West-Südwest – weit ›Jenseits des Horizonts‹ – lagen die Inseln der Südsee, das vermeintlichen Paradies! Wie grandios wäre es doch gewesen, in jene Richtung weiter zu fahren. Unser Dampfer steuerte aber mit Kurs 155° (Süd-Südost) den Hafen Buenaventura auf der pazifischen Seite Kolumbiens an. Der fällige Landgang dann am Nachmittag führte uns in Richtung ›Schanker-Hill‹, das El Dorado für Seeleute mit wenig (Liege-)Zeit und verminderten Ansprüchen, was die *chicas* und *mucheres* anbetraf.

»Das, was du bald zu sehen bekommst, hat die ganze Welt noch nicht gesehen, eine ganz spitzenmäßige Sensation«, raunte mir mal wieder Matrose Hein schon fast geheimnisvoll zu.

»Da bin ich aber gespannt, hab auch ´ne Menge mitgemacht und gesehen.«

Wir betraten eine Kaschemme im berüchtigten Hafenviertel; im Halbdunkel der hauptsächlich von Männern gut gefüllten Bar gönnten wir uns erst einmal einen Cuba libre. Nach einer Viertelstunde am Tresen wurde die Musik abgestellt.

»Amigos, ahora la presentacion de mas extraordinaria Fernanda Cigarro, solamente dos dollares! (Freunde, jetzt beginnt die Vorstellung der außergewöhnlichen Fernanda Cigarro, nur zwei Dollar!)«, kündigte der Barbesitzer, ein rundlicher Herr mit Halbglatze und natürlich mit schmalem Oberlippenbärtchen, an. Nachdem wir die zwei Dollar bezahlt hatten, wurde etwa ein Dutzend Barbesucher in einen schwach erleuchteten Raum geführt und nahmen auf den kreisförmig angeordneten Stühlen Platz; in der Mitte lag ein roter Teppich mit einem kleinen Drehstuhl.

Plötzlich ein ohrenbetäubender Tusch – es erschien Fernanda in spärlichster Bekleidung. Sie nahm auf dem Stühlchen Platz, zündete sich langsam und genüsslich eine große Zigarre an. Im Widerschein des aufflammenden Streichholzes erkannte ich eine schon etwas ältere mucher mit herben Gesichtszügen, Hautfarbe: café con leche. Sie räkelte sich mit schamlosen Bewegungen auf ihrem Platz, zog ihren knappen Slip aus – und führte die glimmende Zigarre in die vordere, untere ›Luke eins‹. In kurzen Abständen gab die Zigarre mal mehr, mal weniger Rauch ab. Wahrhaftig, das hatte ich auch noch nicht gesehen, eine Frau, die es verstand, mit dieser Körperöffnung zu rauchen!

Diese Vorstellung rief widerstreitende Gefühle in mir hervor, sie schwankten von Neugier, über Faszination – und Abscheu.

Nach einer guten Viertelstunde beendete die ›Künstlerin‹ dieses Schauspiel und verschwand unter dem Gejohle des Publikums durch den Nebeneingang.

»Na, hatte ich zu viel versprochen?«, fragte mich Hein.

»Nee, is ja wirklich ´nen dolles Ding gewesen, frag mich nur, wie die das schafft; jetzt brauch ich aber wirklich keine Vorstellung mehr, muss auf andere Gedanken kommen.«

Wir zogen ein paar staubige Straßen weiter und enterten die Bar Pacifico. Dieser Schuppen verdiente zwar keine vier Sterne, hatte aber ein angenehmes Flair; nicht zu laute Latino-Klänge aus der Musikbox, fast schon gediegenes Interieur – und unaufdringliches ›weibliches Personal‹. Am Tresen setzte ich mich neben eine *criollo* (Kreolin, Nachfahrin weißer Einwanderer aus spanischer Kolonialzeit).

»Como se llama usted? (Wie heißen Sie?)«, sprach ich die etwa Zwanzigjährige an. Sie schaute ungläubig und musste herzlich lachen.

»Usted? Aqui? Que caballero! Soy Anita (Was für ein Kavalier, der mich hier mit ›Sie‹ anspricht! Bin Anita.).« Ich hatte den Eindruck, dass diese ungewohnte Ansprache, diese zwei Vokale (us-tee) Wunder wirkten. Nach dem üblichen Geplänkel – Fragen nach der Nationalität, dem Schiff, der Reise – verschwanden wir in ihre *casita*. Wohlweislich hatte ich ihr verschwiegen, dass unser Schiff gegen Abend wieder auslaufen würde. Als wir uns am frühen Abend verabschiedeten, fragte sie nur, wann ich wiederkommen würde.

»Possible en un mes. (Vielleicht in einem Monat.)«

Zurück an Bord wartete viel Arbeit auf die Decksbesatzung. Schon in den Häfen zuvor mussten die Polleraffen ständig Ladung umstauen, eigentlich war dies die Arbeit der Schauerleute. Auf der ›Hornbelt‹ aber gehörte das ständige Umstauen von Säcken, Kisten und auch Autos zur Tagesordnung, was ich auf den anderen Stückgutfrachtern so auch noch nicht erlebt hatte. Wurden beim Laden Fehler gemacht? Ladung umstauen bedeutete, eine ziemlich anstrengende Arbeit zu machen, die mit einem Extra-Zuschlag vergütet wurde. Am Ende der Reise summierten sich dabei über hundert Ladestunden.

Am 11. Dezember passierte unser Dampfer um elf Uhr den Äquator, meine zweite Überquerung in Nord-Süd-Richtung; drei weitere sollten später noch folgen. Äquatortaufe: Fehlanzeige, überflüssig, keine Zeit für Gaudi; wir waren schließlich zum Arbeiten und nicht zum Vergnügen und Feiern an Bord.

Am nächsten Morgen machte die ›Hornbelt‹ in Guayaquil (Gujackel) in Ecuador auf 80° westlicher Länge fest, um gegen Mitternacht wieder auszulaufen. – Statt an Land zu gehen, durfte ich Raumwache schieben. Die Moskitos piesackten uns überall, an und unter Deck, selbst in den Kammern trotz Moskitonetzen an den Bullaugen.

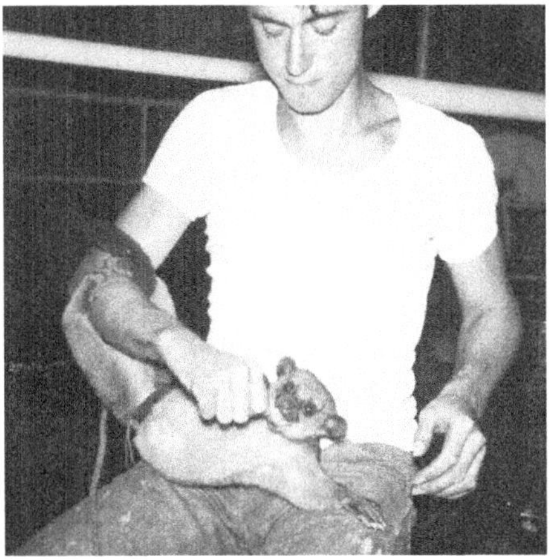

Rüdiger und sein Bärchen

Rüdiger legte sich einen possierlichen, etwa katzengroßen kolumbianischen Honigbären zu. Dieses Geschöpf mit einem Teddybärenkopf und einem langen Schwanz, zahm und gelehrig, erfreute die Decksbauern von nun an in so mancher freien Stunde, wenn er seine außergewöhnliche Auffassungsgabe in der Mannschaftsmesse unter Beweis stellte.

Am nächsten Nachmittag ankerte unser Kahn vor dem Hafenstädtchen Paita am Punta Nermete im Norden Perus. Mit

Calvo, einem der drei spanischen Decksleute neben ›Don Pablo‹ und Juan, entrostete ich außerbords von der Stellage aus die Steuerbordseite und anschließend bewahrte meine Anwesenheit in Luke vier die Schauerleute davor, den Inhalt der Kisten und Kartons auszukundschaften. – Landgang: null Stunden, Arbeitszeit: 16 Stunden, auch das war an Bord normaler Alltag. Trotz allem fanden wir noch Zeit, mit primitiven Angeln viele Seeaale an Bord zu ziehen, die unser Koch danach fachgerecht räucherte.

Nach drei Tagen hievte der Zimmermann den Anker und mit Kurs 145° liefen wir in südöstlicher Richtung den Guano-Hafen Chimbote an. Schon von Weitem erblickte ich den mit einem schmutzigen Weiß bedeckten, kahlen Bergzug der West-Kordillere. Abertausende kleinerer und größerer Seevögel hinterließen das, was bei uns für gutes Geld als Dung für unsere Gärten zu erwerben ist – ganz ordinäre Vogelkacke, die hier ›geerntet‹ wurde; selbst aus Sch... kann man Geld machen. Wahrscheinlich aber wurden die Arbeiter, wie überall und zu allen Zeiten, nicht reich davon, vielmehr die Bosse und Aktionäre der Abbaufirmen.

Die ganze Umgebung stank entsetzlich, die Bullaugen mussten geschlossen werden.

»Hein, sach mal, warum geht das oben bei dem Häuschen am Berg zu wie bei den Ameisen – ständig laufen Männer den Hügel rauf und runter?«

»Ob du's glaubst oder nicht, da ist der Puff für die Malocher!«

»Wie soll das denn gehen bei dem Gestank?«

»Der Mensch gewöhnt sich wirklich an alles.«

Diese Geschichte vom Vogelkot-Bergbordell, war es doch nur Seemannsgarn? Ich fragte einen einheimischen Schauermann.

»Arriba, en el cabeza del monte, eso es una casa del putas? (Dort, oben auf der Bergspitze, ist das wirklich ein Bordell?)«

»Si, si, es un burdel.«

Nachdem etliche Tonnen des aufbereiteten und nicht mehr ganz so fürchterlich stinkenden Schiets im Schiffsbau verschwanden, mussten die Säcke doch im Laderaum besonders gut abgedeckt werden.

Die Nächte von Callão

Gegen Abend verließ die ›Hornbelt‹ diese denkwürdige Hafen-Reede, um einen Tag später vor Callão, dem Hafen der peruanischen Hauptstadt Lima, wieder zu ankern, auf exakt 12° südlicher Breite.

Ich durfte schon mittags ausscheiden, also Feierabend machen, da ich vom Bootsmann für die Hafenreede-Nachtwache von abends um sechs bis nächsten Morgen um acht eingeteilt wurde. Noch ahnte ich nicht, dass mir die nächsten zwei Tage Erlebnisse der außergewöhnlichen Art bevorstanden, die ich noch bis heute in fast fotografischer Erinnerung behalten habe.

Callão

Während eines Rundgangs über Deck auf meiner Nachtwache vom Heck bis zur Back hörte ich um Mitternacht ungewöhnliche Geräusche, Knacken und Glasklirren, von Backbordseite, Achterkante Luke eins, genau aus der Richtung, in dem sich der Locker (abgeschlossener Raum) befand. Dort wurden besonders wertvolle Frachtstücke verstaut. Blitzschnell erfasste ich die Situation: Da machte sich nicht der Klabautermann zu schaffen, es mussten Diebe über die Ankerkette an Bord gekommen sein! In der Dunkelheit wäre es nun lebensgefährlich gewesen, allein auf mich gestellt, auf den Locker zuzugehen und genau nachzuschauen, ich musste damit rechnen, von den Banditen bestenfalls einen Schlag auf die knollenförmige Verlängerung des Halses (Kopf) übergezogen zu bekommen.

Ich eilte zum 2. Offizier, der auf der Brücke mit Schreibarbeiten beschäftigt war, und schilderte ihm meinen Verdacht. Unverzüglich schaltete er die Decksbeleuchtung und den Suchscheinwerfer an, aber auf dem Vordeck konnten wir nichts Verdächtiges erspähen. Für den Rest der Nacht bis zum Morgen mied ich aber den Bereich um die erhöhte vorderste Luke.

Gerade als ich mich zum Frühstück in die Mannschaftsmesse begeben wollte, nachdem die ›Hornbelt‹ an der Pier festgemacht hatte, kam mir Rüdiger ganz aufgeregt entgegen:

»Der Locker ist aufgebrochen worden, sauteurer Malt-Whisky ist geklaut worden!«

»Hab ich mir doch gleich gedacht, dass da heute Nacht etwas nicht stimmte.«

Hätte ich durch dummen Heldenmut die Räuber allein vertreiben sollen? Dass ich den Vorfall bemerkt und dem wachhabenden Offizier gemeldet hatte, entband mich der Verantwortung für den Diebstahl; außerdem waren alle Ladungsgüter auf jedem Schiff gegen Verlust versichert.

Etliche Wochen später, bei einem Gelage in der Messe, erfuhr ich die unglaubliche Auflösung der Plünderung. Albert von der Matrosen-Mafia, schon ziemlich betrunken, raunte mir zu: »Hättest uns beinahe erwischt, dein Glück, dass du uns nicht in die Quere gekommen bist, sonst wärst du achtkantig über Bord gegangen. Wenn du nicht deine Schnauze hältst, können wir das immer noch nachholen!«

Fassungslos hörte ich mir die Worte an – und schwieg darüber. Nach dieser Offenbarung wurde mir klar, warum die ›Viererbande‹ mich bei manchen Kammerparties nicht dabei haben wollte, wenn sie sich den sündhaft teuren Stoff einverleibte. Wie ich an jenem Morgen trotz der Aufregungen doch noch in meinen wohlverdienten Schlaf fand, ist mir unerklärlich; ich hatte wohl auch manchmal Phasen einer robusten Psyche. Gut erholt und ausgeschlafen ging ich voller Vorfreude – im Nachhinein nicht unberechtigt – am frühen Abend an Land. Aus welchen Gründen auch immer, wurde meine vorgesehene zweite Nachtwache im Hafen von Callão gestrichen, merkwürdigerweise auf Anordnung des Kapitäns, der sich sonst nie in solche Arbeitszeit-Details einmischte. Oder wollte er mir bedeuten, dass ich wegen des Lockereinbruchs nicht zur Nachtwache taugen würde?

In der Bar Three Coins traf ich Chella (wohl abgeleitet von Sheila), die hier den *caballeros* am Tresen die Spirituosen ausschenkte. Vom ersten Augenblick an entwickelte sich gegenseitig eine in diesem Milieu nicht gekannte und erwartete Sympathie und mentale Übereinstimmung, gepaart mit humorvollen Anspielungen. Ihr richtiger Name lautete Mery Ramos; sie war ein Jahr vor mir in Chaclacayo östlich von Lima am Rand der Anden auf die Welt gekommen. Pechschwarze lange Haare umgaben ihr ebenmäßiges Gesicht mit einer sanften indigenen Augenpartie; in ihren vollen Lippen spiegelte sich eine leichte Melancholie und ein etwas spöttischer Ausdruck, kurzum, nur ein Blick in ihr Angesicht genügte, um Amor und Eros zu entfesseln.

Nach einer Weile tuschelte sie angeregt mit einer ihrer Kolleginnen. Die beiden schauten mich unentwegt an. Ich konnte nicht entschlüsseln, wobei es bei ihrer Unterhaltung ging, abgesehen von einigen Wortfetzen wie *trabajo* (Arbeit) und *media noche* (Mitternacht). Kurz darauf sprach sie mich wieder an und nur dieses eine Wort *vamos* (lass uns gehen) elektrisierte mich augenblicklich. Ich wusste, dass ihre Aufforderung keine Einladung für einen Kindergeburtstag war.

Für unser Tête-à- tête hatte sie das Hotel Maritim auserkoren. Während unseres ersten *faire l'amour* entwickelte sich auch zwischen uns eine Konversation über die Liebe, über die schlechten und bösen Individuen, die den Menschen guten Willens ihr Leben verderben und ihnen ihren Anspruch auf Freude und Glück zerstören, über die Ungerechtigkeiten auf der Welt, über Arm und Reich.

»Pero a hora nosotros son los mas rico gentes en todo el mundo. (Aber jetzt sind wir die reichsten Leute auf der Welt.)«

»De verdad, si, si (Ja, ja, wahrhaftig)«, antwortete sie. Ohne prägnante und ausgefeilte Wortwahl – ich mit meinem Holzhacker-Spanisch, sie mit ihrem Pidgin-Englisch – waren also auch tiefergehende Gespräche möglich.

Um Mitternacht kehrten wir ins Three Coins zurück, wo Mery bis drei Uhr ihrem Dienst hinterm Tresen nachging und immer wieder zu mir und den anderen Seelords von Bord, die hier auch eingekehrt waren, hinüberlugte.

»Sach mal, kennst du die schwarzhaarige Perle hinterm Tresen? Bist ja das erste Mal in Callão«, wollte Hein ganz neugierig wissen.

»Wird wohl so sein«, antwortete ich hintergründig mit einem leicht triumphierenden Lächeln.

»Bist ´nen ganz ausgekochtes Schlitzohr, hast uns nichts erzählt«, warf Rüdiger fast vorwurfsvoll ein.

»Muss ich das?«

»Nee, eigentlich nich, so kenn ich dich aber gar nich.«

Rüdiger gehörte nicht gerade zur Sorte der geschwätzigen Kameraden, die ihre amourösen Geschichten ausbreiteten, gab aber schon mal damit an, zweimal hintereinander ohne Pause, das *faire l'amour* vollziehen zu können; dafür hatte er eine eigene Wortschöpfung kreiert: ›eine Doublette bauen‹.

Um halb vier morgens lag Mery wieder in meinen Armen – und umgekehrt, aber jetzt in ihrer Wohnung, in der Calle Venezuela. Als ich mich nach dem Siebenten Himmel gegen sieben Uhr von ihr verabschiedete, fühlte ich mich wie neugeboren. Ich hätte die ganze Welt umarmen können. Dieses Gefühl des Glücks nach dem Zusammensein mit Mery entsprang keiner Illusion, ihre späteren Briefe zeugen davon.

Auch ohne ausreichenden Schlaf fuhr ich mit einem *collectivo* (Sammeltaxi) nach Lima, der Hauptstadt Perus mit alten Bauten, Kirchen und Klöstern aus der spanischen Kolonialzeit. 1535 von Pizarro gegründet, machte diese Metropole den Eindruck eines überall wirkenden Gegensatzes zwischen Arm und Reich und vor allem zwischen Neu und Alt, nicht nur, was die klapprigen Autos aus den 20er (!) und 30er Jahren anbetraf.

In der Kathedrale hatte der Mörder des letzten Inka-Königs seine letzte unverdiente Ruhestätte gefunden. Wieviel Blut klebte an seinen Händen!

Nachmittags, bei der Decksarbeit, hielt ich mich an einer Farbrolle fest und hatte noch Gelegenheit, mich während der Abendbrotzeit, an Land von mi mucher – vorläufig – zu verabschieden.

Am Abend des 19. Dezembers lief die ›Hornbelt‹ aus und danach stieg ein zünftiger ›Tagelöhner-Ball‹, selbst unsere drei spanischen Decksleute kippten sich statt ihres gewohnten Rotweins auch harte Drinks mit reichlich Umdrehungen hinter die Binde; es herrschte eine friedliche und ausgelassene Stimmung. Was doch ein Landgang am richtigen Ort bewirken kann!

Am darauffolgenden Sonntag, 4. Advent, wurde der Schwergutbaum bei Luke zwei abgetakelt, die Runner (Windenläufer) und Blöcke abgenommen und einen Tag später lief unser Dampfer in Arica, der ehemals peruanischen Hafenstadt, am nördlichen Ende von Chile ein. Dieses einmalige schmale Staatsgebilde zieht sich über 4.300 Kilometer (!) an der Pazifikküste Südamerikas hin.

Beide Staaten, Peru und Chile, wurden erst zu Beginn des 19. Jahrhunderts von Spanien unabhängig. Chile führte von 1879-1885 Krieg gegen seine Nachbarn Peru und Bolivien. Als der von deutschen Einwanderern abstammende General Grau 1884 das letzte Gefecht verlor, soll er sich von der markanten senkrechten Klippe bei Arica mitsamt seinem Pferd hinabgestürzt haben.

Erstaunlich, wie viele Deutschstämmige es in Südamerika bis ins höchste Staatsamt geschafft hatten: Alfredo Strössner in Paraguay, Hugo Banzer in Bolivien, Eduardo Frei, der 1964 amtierender Präsident in Chile wurde (genauer: Österreichisch-Schweizer Abstammung) und Nestor Kirchner in Argentinien; aber nicht alle waren lupenreine Demokraten, Banzer und vor allem Strössner herrschten als rücksichtslose Diktatoren. An der langen, kahlen Küste der Atacama-Wüste konnten wir von See aus Wahlreklame à la Chile bestaunen; die Namen beider Präsidentschaftskandidaten, Frei und Allende, prangten übergroß mit in Stein und Schutt gefrästen Lettern an den Bergen.

In Arica und in den nächsten Häfen füllten sich die Laderäume hauptsächlich mit Kupferbarren und Fischmehl. Nach einem Tag Liegezeit ging es wieder zurück Richtung Nordwest vorbei am Punta Bombon nach Matarani, wo die ›Hornbelt‹ an einer neuen, modernen Hafenanlage festmachte. Anscheinend war man in Peru ziemlich stolz auf diesen Nuevo Puerto Comercial del Sur, da er sogar Motiv einer Briefmarke wurde.

Matarani (Peru)

Jahresende in Chile

Zwei Tage später erlebte ich in Mejillones, nördlich von Antofagasta, meinen ersten Heiligabend im Hafen, aber ohne Landgang.

Wären die beiden sympathischen, sprachgewandten *padres*, die in Frankreich an Bord kamen und sich in vier (!) Sprachen mitteilen konnten, noch auf dem Schiff gewesen, hätten sie uns sicherlich eine klassische christliche und stilvolle Weihnachtsfeier beschert; so, wie sie auch während der Überfahrt jeden Sonntag eine ökumenische Messe zelebrierten. Leider waren sie schon in Gujackel ausgestiegen. (*Jahre später musste ich erfahren, dass sie von kolumbianischen Guerillos ermordet wurden.*)

Wie schon drei Jahre zuvor, fast das gleiche Ritual: Weihnachtslieder erschallten aus rauen Kehlen, eine Weihnachtsgeschichte aus dem ›Reader's Digest‹ wurde vorgelesen; die Feier verlief zuerst in gepflegtem Rahmen, nur der Alte ließ sich nicht blicken, geschweige denn, Essen und bunte Teller auszuteilen. Danach wurde kräftig Punsch gebechert, die Stimmung wurde lockerer und ausgelassener, aber alles hielt sich im Rahmen, keiner der Decksbauern rastete aus.

Am ersten Weihnachtsfeiertag hatte unser Dampfer um sechs Uhr nach kurzer Reise, wieder nordwärts, Hafen Nr. 12 erreicht: Tocopilla, eine saubere, schachbrettförmig angeordnete Stadt in der Atacama-Wüste; hier hatte es seit dreißig Jahren nicht mehr nennenswert geregnet. Die vegetationslosen Berge der Umgebung schimmerten in einem kupferhaltigen Rotbraun.

Frühmorgens mussten mal wieder tonnenweise zentnerschwere Fischmehlsäcke umgestaut werden und nach einigen Stunden in der Koje zur Aufbesserung meines Schlafkontos ging ich mit den Leichtmatrosen ›Eumel‹ und ›Beatle‹ von Bord. Nach kurzem Fußmarsch erreichten wir das legendäre Etablissement Quince veintiuno (›1521‹). Das war nun keine Anstalt für Höhere Töchter, sondern ein fast familiäres Haus für die Bedürfnisse der Seelords. Im Empfangsraum mit urgemütlichen Plüschsofas, Bartresen und Musikbox wurde in lockerer, entspannter Atmosphäre angebändelt oder im Atrium des Hauses unter freiem Himmel ein gepflegter Cuba libre, aber auch ein chilenischer *pisco* (Weinbrand) getrunken.

Wir ließen an diesem bedeutenden Festtag Jesus einen guten Mann sein und widmeten uns den leiblichen und unfrommen Genüssen, aber nur höchst anständig mit einer Partnerin, wir befanden uns schließlich nicht in einem Swinger-Club, sondern im Seemanns-Paradies, wo es streng monogam zuging. Alles andere bei diesem Fest der Liebe hätte auch zu großen Zerwürfnissen geführt.

Nach dem Motto ›Ob blond, ob braun, wir lieben alle Frau´n‹ hatte ich mir Carmen ausgeguckt, die rein äußerlich fast ganz das Gegenteil der Opern-Carmen ausstrahlte. ›Beatle‹ Otto machte in derlei Hinsicht keine besonderen Bemühungen oder Anstalten, wollte immerzu nur Musik von den ›Los Beh-Atles‹ hören, während die anderen *collegas* ›La Bamba – yo no soy marinero, soy capitan, bailar bamba ...‹ bevorzugten.

Letztendlich wurde unser blonder Pilzkopf von der rassigen mulata Patricia eingefangen. Seltsam nur – warum kreuzten keine anderen Seelords auf? Im Hafen lagen noch zwei andere Dampfer, ein Laimy (Engländer) und ein Spanier. War dieses ehrenwerte Haus etwa Reederei eigen und warum dieser eigenwillige Name, ›1521‹?

Als ich mit Klaus-Dieter (›Eumel‹) am nächsten Vormittag das Fallreep (Gangway) betrat, machte unser dritter Mann Otto (›Beatle‹) schlapp. Er brach in Tränen aus und jammerte herzzerreißend.

»Was bin ich doch für ein mieses A ...! Ich hab' meine Verlobte betrogen und das auch noch zu Weihnachten!«

»Mann, nu krieg hier ma' nich' den Moralischen, das merkt doch keiner, wenn du nur in Hamburg deinen Sabbel hältst!«, versuchte ich ihn wiederaufzurichten.

Nach einer Viertelstunde schien er sein schlechtes Gewissen verscheucht zu haben. An Bord verschwand er aber ganz schnell in seiner Kammer und heulte wahrscheinlich weiter. Wir, die Polleraffen, hatten uns schon über ihn lustig gemacht. Wie konnte sich nur so ein junger Dachs verloben und zur See fahren – dann auch noch nach Südamerika!

Auch die ›Verlobung‹ von Matrose Albert von der ›Viererbande‹ zuvor in Cartagena mit einer ordinären Dockschwalbe löste bei den meisten Janmaaten Kopfschütteln und Verwunderung aus. In der Früh, nach dem Duschen, gab er auch gern mal mit seiner Moliprawala (morgendliche Prachtwasserlatte) an, über die Albert sein Handtuch zu drapieren pflegte.

Voller Tatendrang wechselte ich dann an Bord mein Schuhwerk und erklomm mit ›Eumel‹ und dem ›Dicken‹ Steward einen Berg oberhalb Tocopillas. Er war zwar nicht so hoch wie der nahgelegene Cerro Colupo (2.335 Meter), aber wir schafften es auf 300 Meter und wurden mit einem grandiosen Blick zu den umliegenden Bergen und auf das Hafenstädtchen belohnt.

Pazifik und Küstenberge. Der Autor als Bergsteiger

Unser Trio war bei der Bergbesteigung trotz der kühleren Luft oben und dem anstrengenden Abstieg doch mächtig ins Schwitzen gekommen, ein anschließendes Bad im Pazifik kam uns dabei gerade recht. Am frühen Abend dieses Zweiten Weihnachtstages kehrte die Mannschaft noch einmal ins ›1521‹ ein und wir nahmen Abschied von unseren Mädels. Morgens um zehn Uhr hieß es wieder ›Leinen los!‹ und unser grauer Schwan nahm Kurs auf Coquimbo. Am darauffolgenden Sonntag klarte die Decksmannschaft die Luken auf und Montagmorgen machte die ›Hornbelt‹ in diesem mittelchilenischen Hafen fest. Mit Ein- und Auslaufen am späten Abend, mit Lösch- und Seeklarmachen, Backbordseite pönen kam ich wieder mal auf 15

Stunden Arbeitszeit. Landgang: Nur für unsere ›Oldtimer‹, die Matrosenbande; sie hatten als ›Altgediente‹ eben an Bord ihre Privilegien.

Am nächsten Tag erreichten wir die drittgrößte Stadt und wichtigsten Hafen Chiles, Valparaiso. Die unterhalb einer Hügelkette und dem Pazifik gelegene schmucke Stadt bot uns sicherlich wieder Gelegenheit für schöne Stunden an Land – dachten wir, wären da nicht diese vier großen Kriegsschiffe der US-amerikanischen und kanadischen Navy! Also beließen wir es am Abend bei einem Gang durch die fast europäisch wirkende Großstadt und mieden aus gutem Grund das Nachtjackenviertel. Seeleute der Christlichen Handelsschifffahrt und Soldaten der Kriegsmarine passen einfach nicht immer zusammen, was ich ja schon in Piräus am eigenen Körper erfahren hatte. Unsere Oldtimer-Viererbande durfte am nächsten Tag ihre einstündige Mittagspause verlängern und inspizierte das Hafenviertel, während die Frischlinge zähneknirschend an Bord bleiben und arbeiten mussten.

Valparaiso

Spätabends war unsere Liegezeit beendet und Silvester machte unser Pott nach einem aufwändigen Anlegemanöver im zu kleinen Hafenbecken von Lirquen, einer Siedlung bei Talcahuano, fest; wir hatten den südlichsten – 37° Breite – Hafen unserer Reise erreicht. Die fällige Feier am letzten Tag des Jahres zusammen mit Kowalski, Rüdiger und Otto blieb im gutbürgerlichen Rahmen. Irgendwie bestimmte ein Hauch von Melancholie die Feieratmosphäre, hatte uns ›Beatle‹ Otto mit seinem Lamento über die ›Ach-so-schreckliche-Weihnachtszeit-fern-der-Heimat‹ und seinem schlechten Gewissen etwa auch angesteckt?

Am Neujahrstag machte ich nach der Deckswache von sechs bis zwölf einen Spaziergang durch das Kaff. Was für ein Unterschied im Vergleich zu Valparaiso! Ein großer Teil der Häuser waren bessere Bretterbuden, es gab kaum befestigte Straßen oder Autos in dem von dichtem Wald umgebenen Nest. So viel augenscheinliche Armut hatte ich bis dahin in Chile nicht gesehen. Auf dem Weg zur Dorf-Pinte lief mir eine junge Frau

Lirquen

entgegen; sie schien eine verblüffende Ähnlichkeit zu haben mit Alicia, meiner ersten großen Liebe in Puerto Barrios (Guatemala), oder lag es nur daran, dass man am ersten Tag des Jahres 1965 alles etwas anders sah? In der einfachen Wirtschaft hatte sich natürlich die Ankunft des *barco aleman* herumgesprochen. Man erzählte mir von einem Deutschen, den es hierher verschlagen hatte. Also machte ich mich auf den Weg zu ›Kreuzer-Willi‹, der eine kleine Bar betrieb.

»Moin, moin, bist du vom Hamburger Schiff?«

»Ja, und du bist der ›Kreuzer-Willi‹. Wie kommst du denn zu dem Namen?«

»Schon mal was von der ›Graf Spee‹ gehört?«

»Die hat sich doch gleich am Anfang des Kriegs im Rio de la Plata vor Montevideo selbst versenkt, der Kapitän wollte seinen Leuten ein Selbstmord-Kommando ersparen.«

»Das war Kapitän Langsdorf*, ohne ihn wäre ich nicht hier in Südamerika gelandet.«

›Kreuzer-Willi‹ tischte mir seine abenteuerliche Lebensgeschichte auf, Stoff für einen dicken Wälzer. Als seine argentinische Frau und drei hübsche *chicas* erschienen, kommentierte seine bessere Hälfte nur: »Ah, alte Geschichte, kennen ich gut, erzählen immer wieder.«

Willi hatte seiner Frau und den Töchtern auch Deutsch beigebracht; dieser gebürtige Ostfriese schien eine richtige Frohnatur zu sein und führte hier als Zimmermann mit seiner Familie ein bescheidenes, aber offensichtlich glückliches Leben. Bis um Mitternacht hatte ich für guten Umsatz gesorgt – ich wollte nichts von Willi spendiert bekommen – und dann verabschiedete ich mich nach dieser nicht alltäglichen Begegnung.

---

* Langsdorf, der mit der ›Graf Spee‹ wegen schwerer Schäden nach einem Gefecht in der uruguayischen Hauptstadt lag, weigerte sich, auszulaufen und den Kampf mit den vor der Mündung des Rio de la Plata lauernden britischen Kreuzern aufzunehmen. Er rettete so das Leben hunderter Marine-Soldaten.

Rückreise

Am zweiten Januar verholte die ›Hornbelt‹ in die nahe gelegene Hafenstadt Talcahuano. An diesem Sonnabend arbeitete ich von sechs Uhr morgens bis sieben Uhr abends, darunter waren sechs Stunden Ladungsarbeit, bei der 150 Pfund schwere Säcke umgestaut werden mussten. Das hielt mich aber nicht davon ab, mit Otto das Abend- und Nachtleben dieses Hafens zu erkunden. In der Bar Marilu trennten sich unsere Wege, ›Beatle‹ ging zurück an Bord, ich zog es vor, mit Nina zu verschwinden, um am nächsten Tag morgens um zehn halbtot in meine Koje zu sinken.

Am späten Nachmittag musste ich mir diesen Ort mit seinem wunderschönen indio-spanischen Namen anschauen. Dabei geriet ich in einen Umzug mit etwa hundert Leuten. Vorneweg marschierte aber keine Blaskapelle, sondern fast ein Dutzend Gitarrenspieler.

Das gängigste Verkehrsmittel schienen größere und kleinere Pferde zu sein, auf denen auch Halbstarke und Kinder ritten.

Der Mittelpunkt des Viertels bestand aus einer kleinen Plaza mit einer im typischen spanischen Kolonialstil erbauten Kirche. Und dann war da noch ein Rummelplatz mit herrlich alten Karussells und einem Riesenrad von 15m Höhe. Fürwahr, ein besonders schöner und beschaulicher Rundgang.

Aus welchen Gründen auch immer hatten sich am nächsten Tag der nicht mehr ganz junge Erste und unser contra-maestro (Bootsmann) schon am Morgen ordentlich ›einen gegönnt‹, wahrscheinlich gab es mal wieder Ärger mit dem Alten.

Wir Decksmaaten waren gut damit beschäftigt, die übernommene Ladung Hartholz abzupallen*. Bei ruhiger See lief unser Dampfer nachmittags aus, Kurs 7° (fast Nord), Bestimmungshafen: Antofagasta. Nach zweitägigem Seetörn liefen wir in dieser größeren Hafenstadt ein.

Die Stadt gehörte einst zu Bolivien, das diesen Zugang zum Meer im sogenannten Salpeter-Krieg 1883 an Chile verlor.

In den beiden Tagen auf See verrichtete ich eine Arbeit, die trotz Sicherheitsvorkehrungen immer ein gewisses Wagnis bleiben wird. Der Vormast, etwa 13 Meter hoch, musste komplett gewaschen und gepönt werden. Eisern hatte ich mir den Spruch eingeprägt ›Eine Hand für dich, eine fürs Schiff‹ oder anders ausgedrückt: ein Fehlgriff genügt und man ist unweigerlich im Nirwana, frohlockend mit einer Harfe auf einer Wolke sitzend oder in Manitus Gefilden.

Als die ›Hornbelt‹ in Antofagasta an der Pier festmachte, verspürte ich nach vollendeter, kräftezehrender Mastverschönerung keine Lust, gleich wieder an Land zu spurten und frönte lieber dem Matratzen-Horchdienst in meiner Pofe.

Am nächsten Abend landete ich im Restaurant Bronx, um mir die Chilenische Küche munden zu lassen. Als ich dabei war, meine raffiniert gewürzten *pescados* (Fische, Außenbordskollegen) zu verspeisen, lächelten vom Nachbartisch zwei holde Damen herüber, die eine blond, die andere dunkelhaarig.

---

* abstützen, seefest machen

Ich bestellte für beide einen guten Aljecho (schwerer chilenischer Wein) und es dauerte dann nicht mehr lange, bis ich mit beiden ins Gespräch kam, die üblichen Dialoge halt. Rosa, die dunkelhaarige Perle, hatte es mir angetan, aber ihre Freundin wollte erst einmal nicht von ihrer Seite weichen. Da kam mir ein Gedanke, über den des Kavaliers Höflichkeit lieber schweigt, aber wer hat nicht außergewöhnliche Träume und Phantasien?

»Hasta mañana, Rosa, aqui a las siete! (Bis morgen, Rosa, hier um sieben!)«, verabschiedete sich plötzlich Pilar – und meine unanständige Idee löste sich in Wohlgefallen auf, war sicher auch besser so.

Auf diese Nacht mit Rosa folgte noch eine zweite. Dass ich sie in einem Restaurant ›aufgetan‹ hatte, war ja etwas ganz Neues. Am Sonnabend, dem vierten Liegetag des Schiffes in Antofagasta, lief ich dem Kapitän und seiner (Ehe-)Frau morgens um zehn fast in die Arme.

»Wo kommen Sie denn her?!«, fauchte mich der Alte an.

»Von Land, Kaptein, sieht man doch.«

Als ich zwei Stunden später mit meinen Decksbauern auf dem (obersten) Peildeck und in den Brückennocken Sonnensegel setzte, scheuchte mich der oberste Chef von Deck.

»Ihnen wird heute ein freier Tag abgezogen!«

»Na, umso besser«, entgegnete ich, »kann ich ja gleich wieder an Land düsen.«

Gesagt, getan. Wenig später tummelte ich mich mit Rosa und Pilar im warmen Wasser des Pazifiks und wir machten uns noch eine nette Zeit in ihrer kleinen ›Casa‹– ohne Pilar. Der Abschied war kurz und schmerzlos und wenig später lief unser Kahn aus.

Ich machte mir keine großen Gedanken über das Verhalten des Kapitäns. ›Da auf dieser Reise seine Frau mit an Bord ist, wird er wohl nicht so übel gelaunt sein und mir ein Dienstvergehen anhängen wollen‹, dachte ich. Schließlich wurde meine Anwesenheit an Deck nicht unbedingt gebraucht und mit dem Scheich hatte ich vereinbart, erst ab mittags zu arbeiten, wohlgemerkt an einem Sonnabend.

An vier Tagen insgesamt hatte also die ›Hornbelt‹ in Antofagasta festgemacht, das war die längste Liegezeit auf dieser Reise in Südamerika. Waren bis jetzt die Liegezeiten in den Häfen der pazifischen Staaten mit einigen Ausnahmen nicht gerade überwältigend, so kam es danach noch drastischer. Es wurde fast zur Regel, dass unser Dampfer morgens in einen Hafen einlief und ihn abends wieder hinter sich ließ.

Nach Antofagasta folgte Tocopilla, wo wir auf der Hinreise zwei Wochen zuvor eine kurze, aber behagliche und wohltuende Zeit hatten. Selbstverständlich kehrten die Decksjantjes wieder im zwanglosen, familiären Club 1521 ein, inklusive eines nachmittäglichen Sonntags-Schäferstündchens, freilich jeder mit der jeweiligen schon zuvor auserwählten Braut.

Tocopilla (Nord-Chile): Kupferberge der Atacama-Wüste

Am frühen Abend, gleich nach dem Abschied von Tocopilla, erspähte der Ausguck zwei Strich backbord voraus (auf etwa 337° / Nord-Nordwest) eine kleine dunkle Rauchwolke über der fast spiegelglatten See. Der wachhabende 1. Offizier änderte den Kurs, hielt darauf zu und informierte per Sprachrohr von der Brücke aus den Alten. Als die ›Hornbelt‹ sich der Rauchwolke näherte, erkannten wir drei Männer auf einem kleinen Fischkutter.

»Fuego, fuego! Socorro, socorro! (Feuer, Feuer! Hilfe, Hilfe!)« Der brennende kleine Kutter hatte schon erhebliche Schlagseite und wohl schon viel Wasser im Rumpf.

»Klar bei Rettungsboot!« befahl der Kapitän.

Schnell waren die Boots-Davits entsichert und unser Rettungsboot zu Wasser gelassen. Die Fischer wurden ins Boot gezogen und kamen über das flugs hinuntergelassene Fallreep an Bord. Von der ›Hornbelt‹ aus mussten die *pescadores* stumm mit ansehen, wie ihr Boot im Meer versank.

Was geschehen war, versuchte der älteste der Männer, anscheinend der *capitan,* wild gestikulierend und mit einem unverständlichen Wortschwall zu erklären. Erst einmal wurden die Schiffbrüchigen mit Zigaretten und Schnaps versorgt und in die freien Passagierkabinen geschickt. In Iquique, unserem nächsten Hafen, verließen sie unter vielen ›Muchas gracias!‹-Rufen und noch ein wenig *borracho* (betrunken) unser Schiff. Danach enterte eine ganze Armada von Uniformierten und wichtig dreinblickenden Schlipsträgern den Dampfer, um Kapitän und 1. Offizier über die Rettungsaktion zu befragen.

Ich nahm an, dass mein verspätetes Anbordkommen und die Begegnung mit dem Alten an Land in Antofagasta nun keine weiteren Folgen mehr hätte. Im nächsten Hafen Ilo, im Süden, Perus, wurde ich eines Besseren belehrt.

»Schöne Grüße vom Alten!«

Grinsend überreichte Kowalski mir das Kuvert. Ganz entgeistert las ich das Schreiben des Kapitäns: ›Wegen Ihres Dienstversäumnisses am heutigen Tage werden Sie hiermit verwarnt. Im Wiederholungsfalle werden Sie fristlos entlassen. Antofagasta, 9. Januar.‹

Damit nicht genug: Abends wurde ich zu ihm zitiert. Seine Zurechtweisungen ließen mich fast kalt; was ging es ihn eigentlich an, wann ich an Bord kam? Ich wollte auch den Bootsmann nicht ›in die Pfanne hauen‹, indem ich dem Alten von unserer gemeinsamen Abmachung erzählt hätte. Wahrscheinlich störte sich der Kapitän nur an meinem wenig unterwürfigen Auftritt an jenem Morgen. Sollte ich ihm entgegnen, dass es ganz selten einen Tag ohne Überstunden gab und dass die Ladungsarbeit, vor allem das Schleppen überschwerer Fischmehlsäcke die reinste Schufterei war?

Die unverhältnismäßige Reaktion des Schiffsführers, mir wegen einer Belanglosigkeit einen fristlosen ›Sack‹ anzudrohen, zeigte seinen miesen Charakter. Gut möglich, dass er den Bootsmann veranlasst hatte, mir die gefährliche Arbeit am Mast anzuordnen; diesem Gedanken ging ich nicht weiter nach, schließlich gehörten solche riskanten Arbeiten zu meinem Beruf. Der Alte war und blieb aus meiner Sicht ein unverbesserlicher Menschenschinder, vielleicht dachte er noch in den Kategorien des unbelehrbaren Herrenmenschendenkens der verdammten Nazizeit.

Gelegenheit zum Landgang gab es auch nicht in den nächsten beiden Häfen – Matarani und Pisco in Peru. Das Schiff füllte sich mit Baumwolle und Fischmehl; beide Ladungsgüter mussten in verschiedenen Luken verfrachtet werden, denn Fischmehl konnte sich, so unglaublich es auch erscheint, bei Kontakt mit Wasser entzünden.

Am Morgen des 15. Januars verbreitete sich eine ausgelassene Stimmung. Die ›Hornbelt‹ machte für zwei Tage wieder in Callão fest. Die Lüftermasten und Deckshäuser glänzten nun in einem frischen Weiß, das ich vormittags aufgetragen hatte, und schon am Nachmittag war ›ausscheiden‹ angesagt. Niemand konnte jetzt die Kuddel Daddel Dus in ihrem Landgangsdrang aufhalten.

Mein Weg führte mich geradewegs zu Mery, die mich im Three Coins schon erwartete. – Schiffsbewegungen, das Ein- und Auslaufen der Dampfer, wurden in fast allen Hafenstädten in einer besonderen Rubrik in den lokalen Zeitungen bekanntgegeben. Ich musste mich noch zwei Stunden bis zu ihrem Arbeitsende in Geduld üben, bis wir in ihrer *habitacion* (Wohnung) übereinander herfallen und gar nicht genug dem göttlichen Eros huldigen konnten. Glücklich erschöpft schliefen wir gegen Mitternacht ein, nicht ohne zuvor den dicken Junghans-Wecker zu stellen; ich musste pünktlich um sieben Uhr an Bord meinen Dienst antreten. Aus gutem Grund hatte ich meiner *gatita* (Kätzchen), wie ich sie nun nannte, den Ärger mit dem capitan verschwiegen. Den Gedanken an ein Achteraussegeln erstickte ich im Keim. Jahrzehnte später aber beschäftigte mich diese Überlegung schon, was wäre dann wohl aus mir geworden?

Dass Seelords einfach an Land blieben, aus welchen Beweggründen auch immer, ereignete sich nicht allzu selten. Zum Erstaunen meiner *compañeros* konnte es sich Rüdiger nicht verkneifen, dann am Abend im Three Coins Mery und mir zwei Rosen zu überreichen.

»Die sind zu eurer Verlobung«, scherzte er, wohl wissend, dass er damit ein Gerücht in die Welt setzte.

Nun war ich nicht der Einzige, der schweren Herzens Abschied nehmen musste; ich ahnte auch noch nicht, dass mir Mery schreiben würde und mich in ihren Briefen fast beschwor, mit ihr ein gemeinsames Leben zu führen. Viel Zeit zum Erinnern und Grübeln blieb mir nicht in den nächsten Tagen. In Huacho, Salaverry und Paita wurden teilweise selbst kleine Partien von 100 Tonnen Fischmehl geladen, die von den Decksbauern an Bord gehievt und verstaut werden mussten, weil es in diesen Häfen einfach keine Arbeiter dafür gab. In vier Tagen summierte sich diese Knochenarbeitszeit auf 35 Stunden, die mit einem lächerlichen Zuschlag von einer Mark pro Stunde abgegolten wurden. Ausgelaugt und müde von dieser schweren Maloche blieb keine Zeit für Landgang, Bordparties oder für das Absingen von Shanties. Angeblich durfte in Paita nur ein westdeutscher Dampfer festmachen. Als einmal gleich zwei *barcos alemanas* an der Pier lagen, sollen die Besatzungen das Hafenviertel buchstäblich auf den Kopf gestellt haben. Gustav, einen äußerst raren Spezi, störte das nicht; er ging ohnehin nirgendwo an Land und sparte eisern seine Heuer für den Traum eines Hausbaus in Harsefeld (bei Stade).

Auf Reede vor Paita, dem letzten peruanischen Hafen, wurde das obligatorische Bootsmanöver durchgeführt, eine willkommene Aktion und Ablenkung von der Schufterei in den Luken. In Gujackel, dem größten ecuadorianischen Hafen und in Manta, nordwestlich davon, übernahm die ›Hornbelt‹ hochwertigen Kakao und Kaffee.

Am Sonntag, den 24. Januar, ruhte die Arbeit nicht, acht Stunden schwerster Plackerei bei Umstauarbeiten in den Luken standen an. ›Nebenbei‹ überquerten wir von Süd nach Nord den Äquator und nahmen Kurs auf den Panama-Kanal, den die ›Hornbelt‹ am nächsten Tag durchquerte. Alle dafür notwendigen Aktionen wurden von Kanal-Personal durchgeführt. Das

Festmachen und Einholen der Leinen, die durch die eigens dafür vorgesehene Panama-Klüse in der Mitte des Vorder- und Achterstevens geführt wurden, besorgten Schleusen-Festmacher; es versteht sich von selbst, dass ein Lotse während der gesamten Durchfahrt auf der Brücke seine Kommandos gab. (*Noch zwei Mal sollte ich später als 3. Offizier auf der ›Dietmar Koel‹ den Panama-Kanal passieren.*)

Am späten Nachmittag konnte ich dann in Christobal meinen Kleidungsbestand aufstocken und wurde beim Bezahlen von Hosen und Schuhen mächtig übers Ohr gehauen, was ich aber erst später bemerkte. Arbeitszeug wurde von Reedereien nicht gestellt oder bezahlt. Bei einer Brutto-Heuer von circa 700,- DM, die aber nur durch viele Überstunden und Ladestunden erreicht wurde, waren die Reeder eben nicht gerade großzügig.

Tags darauf machten wir wieder in Cartagena fest, das 30. Mal auf dieser Reise mit insgesamt 24 Häfen in Südamerika vom 6. Dezember 1964 bis zum 26. Januar 1965. Was hatte ich alles in dieser Zeit erlebt und gesehen! Brüllaffen an den Ufern des Gatun-Sees im Panama-Kanal, Alligatoren im Tropischen Regenwald von Manta, die langgestreckte Atacama-Wüste, den fisch- und vogelreichen Humboldt-Strom davor, mitteleuropäisch wirkender Wald im Süden, die chilenischen ›Preußen Südamerikas‹, ganz zu schweigen von den zweibeinigen weiblichen Lebewesen, den *regalos del señores* (Geschenke, Gaben für den Mann).

Mit ›Rotkäppchen‹, einem Flurplatten-Indianer, dem Funker ›Zahli‹ und ›Beatle‹ Otto landete ich an unserem letzten Hafenabend im Club Principe, aber mit prinzipienloser Gemütslage vor unserer zweiwöchigen Atlantik-Überquerung. Trotz der unterschwelligen Moralkeule in meiner Seele ließ ich mich mit Maria zu einem wenig ergiebigen Tête-à-tête ein. Ihr Äußeres spiegelte die Vielfalt aller konträren Spezies Südamerikas wider; sie musste wohl sehr unterschiedliche Eltern und Großeltern gehabt haben – Weiße, Afrikaner und Indios.

»Que pasa, hombre? Porque tu estas poco triste? (Was ist los mit dir, Mann? Warum bist du etwas traurig?)«

Ich war ganz verblüfft, wie schnell sie meine Innenwelt erkannte, wenn man nicht ganz bei der Sache oder Frau ist, in diesem Fall war ich bei Mery in Callão. Das sonnige und aufmunternde Verhalten Marias aber brachte mir dann doch noch eine Hebung meines Innenlebens.

Eine Woche später war meine Stimmung wieder etwas im Keller; es wurde zunehmend kühler. Cirrus-(Feder-)Wolken zeigten Wetterverschlechterung an, der Klimaumschwung machte mir vor allem bei Arbeiten an Deck zu schaffen. Die Farbvorräte für Lüftermasten, Luken und Ladebäume gingen zu Ende und meine Verschönerungs- und Instandhaltungsmalerei verlagerte sich auf Innenräume, Kammern, Gänge und Waschräume.

Bei geregelter Arbeitszeit von acht bis sechs Uhr fand ich wieder Muße zu lesen – Emile Zolas ›Der Bauch von Paris‹. Meine Kollegen versuchten mit mäßigem Erfolg, mir das Schachspielen beizubringen.

Nach dem Passieren der Azoren am 4. Februar machte unser voll abgeladener Kahn in Le Havre fest. Meinen Geburtstag hätte ich lieber ›drüben‹ gefeiert; die französischen Häfen, die ich kennengelernt hatte, waren nun mal keine Seemannsparadiese. Das zeigte sich auch im nächsten Hafen Dünkirchen, wo ein paar Seelords nach dem Salle de Fête suchten und ihn nicht fanden.

Der Autor als Wappen-Kunstmaler

Eine Woche später konnten wir in Antwerpen endlich wieder einen zünftigen Landgang zelebrieren. In Belgiens größtem Hafen wurde eine kriminelle Hafenarbeiter-Bande ertappt, als sie ›unsere‹ wertvollen Kupferbarren aus Chile beiseiteschaffen wollte.

Von der Schelde dann in die Emsmündung; zwei Tage löschte unser Dampfer in Delfzijl hauptsächlich Fischmehl für die holländischen und niedersächsischen Hühner, die ja dann beim Verzehr auch immer diesen feinen Fisch-Hautgout hatten. Im Zeemannshuis konnte man Billard und Tischfußball spielen, was für eine tolle Beschäftigung! Ansonsten: tote Hose im Kaskopp-Hafen.

›Beatle‹ Otto bestieg schon in Antwerpen gleich nach dem Einlaufen den nächsten Zug nach Hamburg zu seiner Verlobten. Auch ich hatte schon längst den Entschluss gefasst, abzumustern, aber mir noch nicht überlegt, in welchem deutschen Hafen.

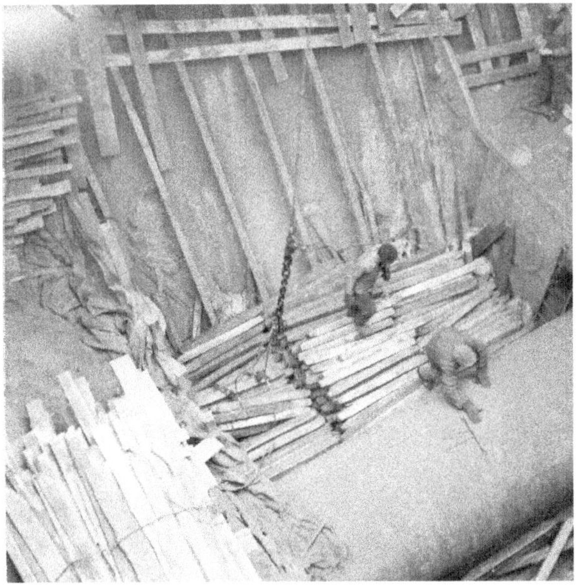

Löschen der Kupferbarren in Antwerpen

Am 22. Februar war es dann so weit; meine Kündigung konnte niemanden überraschen. Noch am selben Tag nachmittags ›schied ich aus‹, durfte aber Kammer und Koje zwei weitere Nächte in Anspruch nehmen. Mit Kowalski ließ ich mir abends den guten Barzac (chilenischer, schwerer Weißwein) munden, machte tags darauf einen Bummel durch St. Pauli und verabschiedete mich am 24. Februar von dem grauen großen Fischmehl-Kutter.

II. Fährschiff ›Peter Pan‹ (9. Schiff) Travemünde – Trelleborg

›Peter Pan‹ Teil 1 – Vorgeschichte

Sonntag, 28. Februar 1965: Während eines Besuchs bei meinem Schulfreund Rainer Voigt in der Küchengartenstraße in Hannover-Linden ergab es sich, dass wir beide im Treppenhaus eine hübsche Deern meines Alters trafen.

»Darf ich vorstellen, das ist meine Nachbarin – Ulla Hartmann – und das ist mein alter Freund aus unserer Mittelschulzeit am Lindener Berg. Früher nannten wir ihn ›Schorse‹, heißt aber Eckehard, fährt jetzt zur See und hat schon die halbe Welt gesehen, habe dir ja schon öfters von ihm erzählt.«

»Guten Abend, bin für ein paar Tage auf Landurlaub.«

»Hab viel von Ihnen gehört, wo Sie überall waren und was Sie so alles erlebt haben. Wie lange bleiben Sie noch hier?«

»Fahre am Mittwoch wieder nach Hamburg.«

Sie lächelte mich an und stieg die nächsten Stufen hoch.

»Gehst du mit ihr?«, wollte ich von Rainer wissen.

»Nee, sind nur gute Freunde, ist nicht mein Typ und ich nicht ihrer,« erklärte er mir knapp und bündig.

Es entsprach so gar nicht meiner Vorstellung von ihm, hatte er doch allein durch sein Äußeres – groß, schlank, dunkle Haare, schon ziemlich erwachsen aussehend – gewiss mehr ›Schlag‹ bei den Mädchen als ich, wäre da nicht seine Gehbehinderung durch ein marodes Hüftgelenk. Mit meinen originalen Sombreros aus Mexiko auf dem Kopf feierten Rainer und ich am nächsten Tag Rosenmontag in der Niedersachsenhalle. Von den vielen attraktiven jungen Frauen, wenn man sie denn trotz Kostümierung oder neckischer Hütchen gut erkennen konnte, war ich vollends hingerissen.

Stadthallen-Festsäle u. Niedersachsenhalle

Eintrittskarte

zum

30. Rosenmontag

am Montag, dem 1. März 1965, 20.00 Uhr

›Mein Gott, so viel hübsche Mädchen gibt's hier und ich verplemper meine Jugend bei der Seefahrt!‹, dachte ich mit Groll bei der Ansammlung der Evastöchter.

Sicherlich hatte ich es in den europäischen Häfen, in England, Skandinavien und in Hamburg, nicht nur mit Dockschwalben zu tun gehabt, aber in diesem Moment entlud sich mein ganzer Frust über die ungelebte Seite der Seefahrt.

Jemand zog an meinem Sombrero. Ich drehte mich um und erblickte – Ulla.

»Hallo, erkennen Sie mich wieder?« Mir verschlug es beinahe die Sprache.

»Ja, ja ... Sie ... wohnen doch im selben Haus wie Rainer«, stammelte ich.

»Wollen wir tanzen?«, forderte sie mich auf.

Damals ›ziemte‹ es sich nicht, dass die Frau den Mann ansprach. Umso mehr überraschte sie mich auch mit ihrer selbstbewussten Art. Schnell kamen wir zum ›Du‹, tanzten, tranken ganz gepflegt ›Oppenheimer Krötenbrunnen‹ und hielten bald auch schon Händchen. Rainer war erst einmal abgeschrieben. Als ich Ulla zu später Stunde mit dem Taxi nach Hause brachte, schwirrten mir tausend Gedanken durch Kopf und Seele.

»Wo soll's denn demnächst hingehen?«

»Weiß noch nicht – vielleicht Indonesien, Brasilien, Japan,« gab ich dieses Mal gar nicht so großmäulig zurück.

Sie gab mir einen ziemlich heftigen Abschiedskuss auf meinen Mund und verschwand im Hauseingang. Am Abend überreichte ich Rainer einen Brief für Ulla.

»Kann mir schon denken, was mit dir los ist, werde ihn deiner Flamme geben«, bemerkte er mit einem verständnisvollen Lächeln.

Einen Tag später, in Hamburg angekommen, hatte ich bereits die Idee meines Lebens! Warum sollte das Problem nicht lösbar sein? Musterte ich auf einem Fährschiff an, war ich eben nicht ›aus den Augen, aus dem Sinn‹ von Ulla. Bei der Reederei J.A. Reinicke wurde für die Indienststellung des Fährschiffs ›Peter Pan‹ der TT-Linie noch ein Matrose gesucht. ›Von Travemünde nach Hannover und umgekehrt ist es ja keine Weltreise, so könnten wir uns öfters treffen‹, dachte ich in meinem Verliebtheitswahn.

Die ersten Tage an Bord

Am 4. März unterschrieb ich den Heuervertrag, musste aber noch in Hamburg einen speziellen sechstägigen Lehrgang zum Feuerschutzmann mit abschließender Prüfung auf der ÖTV-Schifffahrtsschule hinter mich bringen, bevor ich meinen Dienst an Bord des ›Musikdampfers‹ (Passagierschiff) antreten konnte.

Was für eine herrliche Woche! Von morgens bis zum frühen Nachmittag Unterricht in Theorie und Praxis, danach ›Freiwache‹, also dolce far niente mit Radio hören, ins Kino gehen (›My fair Lady‹, ›Beckett‹), Bummel durch die Innenstadt und natürlich auch durch St. Pauli, wo ich im ›Santa Fé‹ den ehemaligen 3. Offizier der ›Reinhart Lorenz Russ‹ traf. (*Er war mittlerweile bei meiner ersten Reederei, Ernst Russ, zum Second Mate aufgestiegen.*)

Kein Rost klopfen, keine schweren Säcke schleppen, keine körperliche Arbeit zu allen möglichen Zeiten bei Tag und bei Nacht – und der ›Rubel rollte‹ trotzdem. Nach bestandener Prüfung fuhr ich nach Lübeck zur Flender-Werft, wo ich zum ersten Mal mein strahlend weißes Fährschiff betrat.

»Wo ist denn hier das Logis für die Janmaaten?«, erkundigte ich mich bei einem Werft-Grandi (Werftmitarbeiter).

»Musst du ganz nach unten gehen, so siebentes Stockwerk, aber von oben gerechnet.«

Tatsächlich lagen die Mannschaftsunterkünfte im untersten Deck unterhalb der Wasserlinie, daher gab es dort auch keine Bullaugen und kein Tageslicht, also ein ›Kellerloch‹.

Das war der erste Schock! Darauf folgte der zweite: Aus einigen Kammern schallte lautes Männer- und Frauengelächter. Als ich dann vor einer offenen Kammer stand, fielen mir Koffer und Seesack aus den Händen, erblickte ich doch ein halbes Dutzend Männlein und Weiblein fröhlich schwatzend und Martini trinkend im Raum.

»Komm rein, sind ja alle neu hier, drink doch ene met zur Begrüßung!«, forderte mich ein junger Mann auf.

Ich setzte mich auf eine Koje und stellte mich vor.

»Bin Eckehard aus Hannover und Janmaat (Matrose).«

»Bin Christoph, das ist Karin, das ist Dietmar, das ist Sigrid, das ist Ralf und das ist Heidi!«

Anscheinend waren wir alle um die zwanzig herum, mir fiel sofort auf, dass die anwesenden ›Jungmannen‹ glatt rasiert und wie frisch frisiert erschienen; die Deerns waren nicht übermäßig geschminkt und durchweg von ansprechendem Äußeren. Leise fragte ich den neben mir sitzenden Christoph inmitten des lauten Stimmengewirrs: »Wo habt ihr die denn aufgetan?«

»Gehören zur Besatzung, sind Stewardessen, auch erst seit drei Tagen an Bord, dürfen eigentlich nicht in unser Logis.«

Dass auch Frauen auf diesem Schiff arbeiteten, hatte mir zuvor niemand kundgetan; die Decksmannschaft bestand aus einem knappen Dutzend mehr oder minder weniger gestandenen Matrosen, einem Scheich und einem Zimmermann, aber keinen Junggraden – für sie gab es auf diesem Kahn ohne Luken und Ladegeschirr ohnehin nicht allzuviel zum Lernen. Schon an diesem ersten Tag ahnte ich, was auf uns alle zukommen würde: Liebeslust und -leid, Hahnenkämpfe, Eifersüchteleien, schmerzliche Trennungen und alles Mögliche an Glück und Ungemach – und so ereignete es sich auch in den nächsten Monaten. Genug Stoff für einen umfangreichen Roman mit vielen Akteuren und einer großen Spannbreite unterschiedlichster Charaktere.

Auf dem Vor- und Achterdeck hatten die Werftarbeiter eine ziemliche ›*wooling*‹ (Unordnung) hinterlassen; Tauwerk und Leinen lagen unaufgeschossen ziemlich durcheinander herum, Farbeimer waren nicht weggeräumt und die Decks brauchten eine ordentliche Dusche mit dem Deckswaschschlauch, um den Schmutz und den Dreck zu entfernen, wir hatten gut zu tun.

Am Freitag, den 12. März, mittags, wurde in der Lübecker Bucht die Übergabe an die Reederei TT-Linie zelebriert; Hauptgesellschafter war die Iduna-Versicherung. Nach den üblichen Reden der Werftleitung und der Eigner führten wir ein Bootsmanöver durch. In den Ansprachen wurden die Seeleute und Besatzung kaum erwähnt, was sich bis heute im Wirtschaftsteil der (Druck-)Medien nicht geändert hat, wenn es vor allem um die Container-Schifffahrt geht; als ob Umsatz, Gewinn und Aktienwert von den Managern und den ›Börsianern‹ erwirtschaftet würden. Zur Feier des Tages durfte sich die Mannschaft etwas abseits der Zeremonie auf dem Peildeck über eine ›großzügig‹ gespendete Kiste Bier hermachen., während die Bonzen und ihre aufgetakelten Frauen oder Mätressen natürlich teuren Champagner tranken.

In den nächsten beiden Tagen stellte sich die ›Peter Pan‹ in Trelleborg und Malmö vor; Vertreter der Hafenbehörden und auch interessiertes Publikum begutachteten die neueste und modernste Fähre im Verkehr zwischen der BRD und Skandinavien. Danach wurden in der Flender-Werft noch drei Tage gebraucht, um den letzten Feinschliff an Deck, in den Kabinen, Aufenthaltsräumen und dem Fahrzeugdeck, dem wichtigsten und größten Raum im Schiff, vorzunehmen, bevor der Landrattenkreuzer am 18. März den regelmäßigen Fährverkehr aufnahm.

Das so ganz andere Schiff

Im Gegensatz zu den damaligen Stückgutfrachtern ist ein Passagierschiff eigentlich nur eine überdimensionale Hülle, in der nicht zwischen Aufbauten und Luken unterschieden wird, auch Ladebäume gibt es in der Regel nicht. Die einzige Gemeinsamkeit – aller Schiffe – ist und bleibt die (Kommando-)Brücke.

Die ›Peter Pan‹ hatte insgesamt sechs Decks, rechnet man das hohe, auch für LKWs geeignete Fahrzeugdeck als ein Deck: Peildeck, Brücken- und Bootsdeck, das Passagierdeck mit größeren Räumen, wie Restaurant, Cafeteria, Küche und Bar, das Kabinendeck, Fahrzeugdeck und ganz unten Mannschaftsdeck und Maschinenraum.

Die 123 Meter lange Fähre bot 945 Passagieren und 230 PKWs Platz. Zur 80-köpfigen Besatzung gehörten außer der Decksbesatzung einschließlich Kapitän und Offizieren, den Maschinisten, den etwa 20 Stewardessen, auch Kellner, Aufwäscher, Küchenpersonal, Kioskverkäuferinnen und Musiker (*wie Cisco Berndt, der später mit der Country Band ›Truck Stop‹ bekannt wurde*). Die zwei über 10.300 PS starken schnelllaufenden Piel-

›Peter Pan‹

stick-Dieselmotoren trieben zwei Schrauben an, die dem Schiff eine Geschwindigkeit von über 20 Knoten (circa 37 km/h) verliehen.

Ingenieur Pielstick, der Rudolf Diesel noch persönlich gekannt haben soll, entwickelte in den 30er Jahren starke, aber raumsparende Motoren von Weltruf, die natürlich auch in den größten Schiffen der Kriegsmarine zum Einsatz kamen. Nach 1945 wurde ihm untersagt, weiter für MAN, heute Weltmarktführer beim Schiffsdieselmotorenbau, zu arbeiten. Pielstick entwickelte seine Motoren bei einer französischen Firma weiter; fortan galten Pielstick-Motoren als französisches Erzeugnis

Später bei meinen Kontrollgängen als ›Feuerwehr-Nachtwächter‹, die mich auch durch den Maschinenraum führten, war ich immer wieder fasziniert von diesen relativ kleinen Kraftprotzen mit ihrem zuverlässigen, monotonen, gleichförmigen Geschnatter der Ventile. Diese Motoren nahmen allenfalls die Hälfte des Platzes ein, den die mächtige Antriebsmaschine auf meinem ersten Schiff ›Georg Russ‹ beanspruchte, aber sie entwickelten das Vierfache an Leistung! Auch als Polleraffe interessierte mich von Anfang an das Reich der Flurplattenindianer im ›Unterbauch‹ der Pötte – was wäre ein Handels- oder Fährschiff ohne Motor?

Die ›Peter Pan‹ war eines der ersten ›Roll on – roll off‹ Schiffe: PKWs und LKWs fuhren unter der hochgehievten Bugklappe ins Schiff herein und durch die Heckklappe wieder hinaus. Undenkbar, dass vor dem Ablegen vergessen wurde, die Bugklappe wieder zu verschließen und zu sichern; diese Nachlässigkeit aber führte 1987 zu der großen Katastrophe der ›Herald of New Enterprise‹ vor Zeebrügge und wahrscheinlich 1994 auch zum Untergang der ›Estonia‹ in der Ostsee mit über 800 Toten, weil Wasser durch die Bugöffnung in das Fahrzeugdeck eindrang, die Schiffe destabilisierte und zum Kentern brachte.

Hatte schon auf Frachtern die Sicherheit des Schiffes in allen Bereichen einen hohen Stellenwert, so verlangten Sicherheitsvorschriften und -maßnahmen an Bord eines Passagier- oder Fährschiffes oberste Priorität.

Bis 1973 versah die ›Peter Pan‹ (erster Neubau) ihren Dienst auf der Ostsee-Route, bis sie als ›S.F. Panther‹ der britischen Reederei South Ferries zwischen England und Frankreich eingesetzt wurde und dann später mehrfach Reederei und Einsatzroute wechselte.

Heck der ›Peter Pan‹

Warum ist ein Schiff eine ›sie‹? Sie ändert häufig ihren Namen, wie auch ›Peter Pan‹, die als ›Terje Vigen‹, ›St. Clair‹ und zuletzt als ›Nusa Pejuang‹ Menschen und Fahrzeuge beförderte; 1998 wurde sie in Indien ›zu Grabe getragen‹, also verschrottet. Für einen Seemann ist kein Schiff ein seelenloses Objekt, sondern es hat Charakter und Seele, schon allein, wie es sich bei Sturm und Wellengang verhält. Wie viele persönliche Schicksale und Beziehungen zwischen Mensch und Schiff bleiben dann nur noch Erinnerung, wenn ein ehemals stolzer Kahn zum alten Eisen geworfen wird?!

Der Fährbetrieb

Hatte ich auf meinen bisherigen Dampfern ständig wechselnde Routen und Häfen und damit auch immer dieses Gefühl der Unbestimmtheit, die Vorfreude auf unbekannte, unvorhergesehene kleinere und größere Abenteuer, so fehlte dies auf einem Fährschiff mit seinen zwei Anlegehäfen verständlicherweise ganz und gar.

Um sieben Uhr morgens legte die ›Peter Pan‹ in Travemünde am Skandinavien-Kai an, dann begann das Aus- und Einschiffen der Passagiere, Autos und Brummis. Vier Stunden später hieß es ›Leinen los‹ und nach weiteren sieben Stunden lief der Musikdampfer in Trelleborg ein; um Mitternacht ging es wieder zurück nach Travemünde.

Auf dem Weg zum schwedischen Hafen, dem südlichsten des skandinavischen Landes in der Provinz Skåne, durchquerte die Fähre die Lübecker Bucht auf Sichtweite der schönen Mecklenburger Strände im Klützer Winkel, den Umriss nach etwa der Form Ostfrieslands ähnelnd, nur sehr viel kleiner und ohne Watt und vorgelagerte Inseln. Wie gern hätte ich dort damals auch einen Strandurlaub gemacht! Häufig sichteten wir Küstenwachboote der Volksmarine, die vor allem zur Abschreckung für ›Republikflüchtige‹ patroullierten.

Nach etwa drei Stunden Fahrt durch die Mecklenburger Bucht und die sogenannte Kadetrinne passierte ›Peter Pan‹ an Backbord Gedser Odde, den südlichsten Punkt Dänemarks auf der Insel Lolland und knapp zwei Stunden später die majestätischen weißen Kreidefelsen der Insel Møn mit dem 145 Meter hohen Aborrebjerg, eine der höchsten Erhebungen des dänischen Königreichs.

In der Nacht zeigten uns die Leuchttürme Darßer Ort und Buk auf der Rückfahrt von Trelleborg die Position an. Das Leuchtfeuer von Buk südwestlich von Kühlungsborn ist mit insgesamt fast 100 Meter Höhe über N.N. (Normal Null = Meeresspiegel) das höchstgelegene Deutschlands, sein viermaliges

Blinken alle 45 Sekunden kann bei guter Sicht bis zu 25 Seemeilen (circa 46 Kilometer!) weit zu sehen sein. Jeder Leuchtturm hat unterschiedliche Intervalle seines Lichts, um nicht mit anderen verwechselt zu werden. Diese sogenannte Kennung kann höchst unterschiedlich sein, sowohl, was die Zeit bis zum nächsten Aufblenden betrifft, als auch von der Anzahl und Länge des Feuerscheins, wobei man zwischen unterbrochenem Feuer, Blink- und Blitzfeuer unterscheidet.

Trelleborg, Leuchtturm

In der Regel genügte auf diesem Törn die terrestrische Navigation, also das Anpeilen von Seezeichen, Leuchttürmen und herausragenden Landmarken, wie Kirchtürmen, hohen Gebäuden, Bergspitzen oder Sendemasten; das Radargerät wurde nur bei schlechter Sicht in Betrieb genommen, GPS gab es noch nicht.

1965 hatte der Personen-Reiseverkehr von Schweden nach Deutschland bei Weitem noch nicht die heutigen Dimensionen wie auch der Güteraustausch per LKW.

Des Öfteren blieb nach dem Ausschiffen der eine oder andere Scania- oder Volvo-Brummi einfach im Fahrzeugdeck stehen, weil der Fahrer zu tief ins Glas geschaut oder verschlafen hatte. Matrose Christoph R. musste dann zuweilen mit dem bordeigenen Unimog einspringen und die Laster herausziehen, um das Deck für das Einschiffen frei zu machen.

Manchmal rollten besonders teure und gediegene Autos wie ein BMW V8 oder ein Ferrari an – mit mehr oder weniger bekannten Promis, wie zum Beispiel Hazy Osterwald, dem Schweizer Bandchef, der zu einer Schwedentour startete, wohlgemerkt zum Teil auch mit seinem deutschsprachigen Repertoire vom ›Kriminal-Tango‹ und der Aufforderung in seinem Lied ›Gehen Sie mit der Konjunktur!‹ in den Zeiten des Wirtschaftswunders.

Aber auch die Autos des ›kleinen Mannes‹ waren sehenswert, wie etwa ein putziges Gogomobil Coupé mit stolzem 18 PS Zweittaktmotor, eine BMW Isetta mit vorn angebrachter Einstiegstür, ein Messerschmitt Kabinenroller mit drei Rädern und Plexiglashaube (Schneewittchen-Sarg) oder aber die neueste technische Errungenschaft mit Wankel- (Kreiskolben) Motor: Ein kleiner NSU Spider.

Die Passagiere hielten sich auf der jeweiligen Route von der Anzahl her in etwa die Waage; wer mit dem eigenen Auto unterwegs war, wollte in der Regel weiter in den Norden Skandinaviens oder umgekehrt in den Süden, vor allem nach Italien. Der LKW-Transport auf der Fähre machte nur einen geringen Bruchteil des Fährbetriebes aus; auch bei den Brummis galt: Sicherheit zuerst! So wurden sie bei jeder Überfahrt gelascht, am Fahrzeugdecksboden festgezurrt. Na, das kannte ich ja schon zur Genüge vom Kahn Nr. 4 und 5 (›Bremer Westen‹ und ›Pallas‹).

Bei den Passagieren war alles vertreten: Alleinreisende, Pärchen, Gruppen, Vereine, Alt und Jung. Am auffälligsten erwiesen sich jüngere Schweden, wenn sie sich als Meute in der Bordbar zum kollektiven Besäufnis versammelten. Auch gab es eine große Anzahl der weniger Betuchten, die sich keine Kabine leisteten und sich dann in der großen Empfangshalle mit der Rezeption auf den gut gepolsterten Sitzen und Sofas in ulkigsten Lagen und Verrenkungen die Nacht beim Törn Trelleborg – Travemünde um die Ohren schlugen.

Den Decksbauern und Besatzungsmitgliedern, die nichts mit der Betreuung der Passagiere zu tun hatten, war es strengstens untersagt, sich in ihrer Freizeit unter die Fahrgäste zu mischen, was logischerweise besonders in den ersten Wochen so mancher Matrose gerade nicht befolgte. Wurde man ›enttarnt‹, war eine Abmahnung fällig. Es dauerte aber eine gewisse Zeit, bis

Empfangshalle 2 Uhr nachts

die Offiziere oder Stewards und Stewardessen in Erfahrung gebracht hatten, wer zur Besatzung gehörte.

Alles in allem: Was für eine total andere als meine bisherige Seemannswelt!

Arbeit und L(i)eben an Bord

Kannte ich auf meinen längeren Reisen keine geregelte Arbeitszeit mit meist vielen Überstunden in den angelaufenen Häfen und danach die ersehnten ruhigeren Seetörns, so hatte ich auf der ›Peter Pan‹ schon fast Dienst wie auf einer Behörde. Von drei Uhr nachts bis halb sieben Uhr morgens drei Stunden auf der Brücke, davon zwei am Ruder (Steuer) und zwischendurch eine Stunde als Ausguck. Danach, vor dem Einlaufen, mussten die verschiedenen Flaggen gesetzt werden, am Bug die Gösch, Flagge des Heimathafens, also den doppelköpfigen schwarzen Adler mit dem weiß-roten Schild auf der Brust, im Vormast auf Steuerbordseite die Nationalflagge des Bestimmungshafens oder des Herkunftlandes, in diesem Fall immer das gelbe Kreuz auf blauem Grund von ›Sverige‹, auf Backbordseite die Reederei-Flagge, gelb, blau und weiß mit den schwarzen Initialen TT und natürlich am Heck Schwarz-Rot-Gold.

Nach dem Anlegen, von sieben bis acht Uhr war Gangway-Wache angesagt. Nach dem Frühstück wurde häufig in zünftigem Ölzeug Farbe gewaschen oder LKWs gelascht. Des Seemanns Erzfeind, der Rost, war auf diesem Neubau vorerst noch unbekannt, auch das übliche Pönen (Malen) entfiel größtenteils, lediglich kleinere und größere Schrammen an der Bordwand mussten ausgebessert werden. Um halb zwölf hatte ich mein Acht-Stunden-Arbeitspensum erfüllt, musste aber von drei Uhr nachmittags bis sechs Uhr abends wieder den Ruder- und Ausguckstörn übernehmen und unsere weiße Groß-Jacht festmachen.

So konnte ich mit Sonnabend- und Sonntags-Mehrarbeit über 100 leicht verdiente Überstunden verbuchen. Was für ein paradiesisches Arbeitsleben, verglichen mit der Schinderei beim ständigen Lösch- und Seeklarmachen auf einem ›ordentlichen‹ Übersee-Stückgutfrachter und dem ohrenbetäubenden Lärm beim ›Rostmaschine fahren‹ – und das bei etwa gleicher Heuer! In unserer Freizeit entwickelte sich im Laufe der ersten Wochen eine permanente Party-Szenerie, meistens in der größeren Kammer von dem ›späten Frollein‹ Elly Brösch. Diese kleine, agile Dame, rangmäßig an Bord in etwa die Position, die der Bootsmann für den Matrosen innehatte, sie also zuständig für die Arbeitseinteilung der Stewardessen war, erfreute sich jedes Mal unserer Anwesenheit in ihrem Domizil.

Farbe waschen

»Ach, wie ich das liebe, diese jungen Menschen um mich zu haben!«, rief sie entzückt aus, wenn wir Janmaaten, eigentlich verbotenerweise, mit den Stewardessen unsere Fêten feierten.

Matrose Christoph R., unser intellektueller Unimog-Fahrer, gab unseren Treffen den Namen ›Noly-Club‹, wobei ›Noly‹ jede Art von alkoholischen Getränken – außer Bier – bedeutete. Christoph taufte mich ›PVP‹; der Name blieb auch bis 1990 – solange bestand unsere Freundschaft.

Wie ein großer Teil der Seelords, hatte auch das weibliche Personal nicht die Absicht, das gesamte Berufsleben auf einem Schiff zu verbringen; auch den Frauen trieb die Enge eines allzu geregelten, aber langweiligen und belanglosen Lebens auf die ›Peter Pan‹. Sie arbeiteten in der Rezeption, im Restaurant, in der Cafeteria, als Zimmermädchen oder in der Küche. Ein buntes Kaleidoskop verschiedener Frauenzimmer, von frisch gebackenen Abiturientinnen, geschiedenen Hausfrauen und auffällig vielen Friseurinnen fand sich an Bord ein.

Nun, es gehört nicht viel Fantasie dazu, dass das Zusammenleben von meist jungen Matrosen und Frauen an Bord zu allerlei Wirrungen und Irrungen führte. Nach über einem halben Jahrhundert gibt es etliche Lücken, um alle Ereignisse menschlicher Beziehungen auf dem Fährschiff korrekt wiedergeben zu können, was die Geschichten meiner Kameraden und meine eigenen Erlebnisse anbetrifft – es waren einfach zu viele Begebenheiten! Weshalb war ich eigentlich auf diesem Musikdampfer gelandet? Ach ja, wegen Ulla aus Hannover, die ich kurz vor Beendigung meines Landurlaubs kennengelernt hatte und mich Amors Pfeil ganz heftig traf.

Nach einigen Telefonaten und Briefen eröffnete sie mir, dass unsere Fernbeziehung nicht von Dauer sein könne, auch ein fest geplantes Treffen war über ein paar Wochen nicht zustande gekommen ... ›und außerdem war ja wohl Karnevalszeit‹. Wie gewonnen, so zerronnen, geplatzte Träume, Realitäten – es war anfangs nicht einfach für mich, mit dieser neuen Situation umzugehen, aber ich war wohl doch in meinem Denken und meinen Gefühlen schlicht und einfach wirklichkeitsfern.

Mein ›menschliches Umfeld‹ an Bord verscheuchte dann auch sehr schnell jegliche Gefühlsduseleien,

Nicht nur auf dem Schiff war die Palette der holden Damen ziemlich reichhaltig. An Land machten wir auch die Bekanntschaft mit jungen Frauen aus Skandinavien oder aus der BRD, die auf anderen Fährschiffen, der schwedischen ›Gustav Vasa‹ oder der ›Trelleborg‹ arbeiteten.

Nach dem Abgesang auf Ulla hatte ich aber erstmal nichts Besseres zu tun, als eine (platonisch gebliebene) Liaison mit Sigrid aus Lübeck anzufangen. Im Nachhinein betrachtet, war es von Beginn an eine l'amour fou: Sie war etwas älter als ich und hatte nach ihren Bekundungen in der Hansestadt einen festen Freund. Wir verbrachten viele gemeinsame Stunden an Bord oder an Land. Am Ende kam es aber einer Erlösung gleich, als sie sich Ende März von der ›Peter Pan‹ und mir verabschiedete, mir aber dann von weiterhin aus Eschborn im Taunus Briefe schrieb.

Heidi Sibelewsky aus Kiel hatte gerade ihr Abitur gemacht – damals ein Schulabschluss von weniger als 10 Prozent der Schulabgänger -, wollte auf die P(ädagogische) H(ochschule) gehen und Lehrerin werden. Sie war die Erste, die mich in langen Gesprächen über das zukünftige Leben auf die Idee brachte, nach meiner Seefahrtszeit vielleicht über den zweiten Bildungsweg (die Möglichkeit für berufserfahrene Nicht-Abiturienten), ein Lehrerstudium zu beginnen, was ich dann auch vier Jahre später in Angriff nahm.

»Jeder Jüngling hat nun mal den Hang zum Küchenpersonal«, schrieb vor 150 Jahren Wilhelm Busch höchst treffend. Auch ich ›angelte‹ mir Kaltmamsell Svana Benjaminson aus Reykjavik, die mich nicht nur mit Meeres-Leckereien des skandinavischen Buffets verwöhnte. Während meines Rudertörns auf der Brücke brachte sie mir sogar manchmal Garnelen, die im Dunkel des Steuerraums schwach leuchteten. Das tat zwar meinem Gaumen gut, aber ich musste aufpassen, nicht zum Moppel zu mutieren. Unsere Wege trennten sich im Juni erst einmal, der Kontakt blieb aber weiterhin noch vier Jahre bestehen.

Svana, mit damals typisch modisch hochfrisierten blonden Haarschopf, führte ebenfalls ein kosmopolitisches Leben: Aufgewachsen in Island, später Tätigkeit in Kopenhagen, auf ›Peter Pan‹ und ›Nils Holgersson‹, einem anderen TT-Liner, danach in London und Oxford. Zuletzt trafen wir uns im April 1969 in

Paris, wo sie gerade in einem Nobelrestaurant auf der Champs Elysée arbeitete; ich hatte als 3. Offizier auf der ›Dietmar Koel‹ in Le Havre einen Unfall und musste dann von Paris aus nach Hannover fliegen.

Am 4. Juni musterte ich von der ›Peter Pan‹ ab, wollte raus aus der ›Badewanne Ostsee‹ – das hatte ich mir jedenfalls vorgenommen.

›Peter Pan‹ Teil 2 – Vorgeschichte

Nach ein paar Wochen Auszeit, einschließlich eines Urlaubs in Übersee – aber am Chiemsee – fuhr ich am 10. August nach Hamburg.

»Na, mein Jung, sieht nich' gut aus im Moment, hab nur 'nen Kümo und die ›Methan‹ op min List«, eröffnete mir Max Timm auf dem Heuerstall. Na, wie toll, die Wahl also zwischen einem 600-Tonnen-Klütenewer und einem 15.000-Tonnen-Trampdampfer!

Nachdem ich mir die ›Anne-Liese Wüpper‹ in Altona angeschaut hatte (die schon vor fast dreißig Jahren vom Stapel lief und 1956 modernisiert wurde), brauchte ich nicht lange zu überlegen: Diese Schaluppe kam für mich nicht infrage, dann also lieber den großen Stückgutfrachter auf Trampfahrt.

Am nächsten Tag war die Seediensttauglichkeitsprüfung bei einem Arzt der See-Berufsgenossenschaft fällig, und ich entschloss mich am Nachmittag, trotz großer Zweifel, beim Komrowski Befrachtungskontor einen Heuervertrag für die ›Methan‹ zu unterschreiben; ich sollte zwei Tage später in New York anmustern. Zwar reizte mich der Flug in die damals größte Metropole der Erde und dann die exotischen Reisen dieser Tramper, aber die Ungewissheit darüber, wann dieser große Pott einen deutschen Hafen anlaufen würde, nährte doch meinen inneren Widerstreit. Am nächsten Tag sollte mir beim Generalkonsulat der Vereinigten Staaten von Nordamerika das Visum ausgestellt werden – aber dazu kam es nicht.

Abends kehrte ich mal wieder im ›Piccolo‹ auf St. Pauli ein; neben mir am Tresen saß ein junger Janmaat mit einem großen Gipsverband am rechten Arm.

»Na, bist inne Luke geplumpst?«, frotzelte ich ihn an.

»Kann froh sein, dass ich mir nicht mehr Gräten gebrochen habe, bin beim Laschen von 'ner großen Kiste gefallen«, erwiderte er mit einem gequälten Grinsen.

»Der Flieger aus New York ist heute Nachmittag in Fuhlsbüttel gelandet.«

»Sach bloß, du bist von der ›Methan‹?«

»Ja, wie kommste denn darauf?«

»Soll übermorgen für dich einspringen!«

»Is' ja 'nen dolles Ding, haste etwa schon unterschrieben?«

»Ja, natürlich!«

»Mach das rückgängig, der Dampfer ist schon drei Jahre nicht in Europa gewesen, die Mannschaft kannste vergessen,

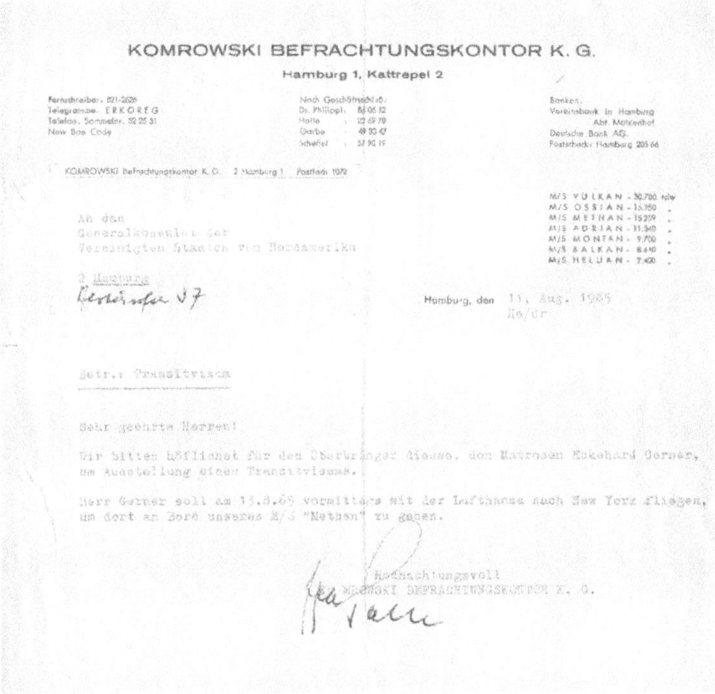

KOMROWSKI BEFRACHTUNGSKONTOR K. G.

Hamburg 1, Kattrepel 2

Telegramme: ERKOREG

Banken: Vereinsbank in Hamburg, Deutsche Bank AG.

KOMROWSKI Befrachtungskontor K. G. · 2 Hamburg 1 · Postfach 1072

M/S VULKAN - 30.700 tdw
M/S OSSIAN - 15.950
M/S METHAN - 15.259
M/S ADRIAN - 11.540
M/S MONTAN - 9.700
M/S BALKAN - 8.610
M/S HELUAN - 7.400

An das
Generalkonsulat der
Vereinigten Staaten von Nordamerika

2 Hamburg

Hamburg, den 11. Aug. 1965

Betr.: Transitvisum

Sehr geehrte Herren!

Wir bitten höflichst für den Überbringer dieses, den Matrosen Eckehard Gerner, um Ausstellung eines Transitvisums.

Herr Gerner soll am 13.8.65 vormittags mit der Lufthansa nach New York fliegen, um dort an Bord unseres M/S "Methan" zu gehen.

Hochachtungsvoll
KOMROWSKI BEFRACHTUNGSKONTOR K. G.

lauter bekloppte Berufstrinker!« Und dann erzählte er mir schier Unglaubliches. Durch das lange Zusammensein an Bord hatte sich das Gegenteil eines Miteinanders entwickelt, kleinste persönliche Animositäten führten zu häufigen Schlägereien unter den Polleraffen. Klaus, so hieß der Matrose in der Seemanns-Nachrichtenbörse, beschwor mich fast, nicht nach New York zu fliegen. Was sollte ich jetzt machen?

›Pacta sunt servanda‹ – wie F.J. Strauß damals zu sagen pflegte – Verträge müssen eingehalten werden. Nach einer schlaflosen Nacht in ›Erichs Hotel‹ entschied ich mich, nicht anzumustern. Zu meiner Verwunderung machte mir die Komrowski Reederei keine allzu großen Schwierigkeiten, den Heuervertrag zu annullieren, nachdem ich dem Personal-Inspektor die Geschichte eines schweren Unfalls zu Hause in meiner Familie vorflunkerte.

»Bei uns brauchen Sie sich aber nie wieder bewerben!«, gab mir der Personalfritze aber noch zum Abschied mit.*

Vielleicht sucht man bei der Reederei J.A. Reinecke für die ›Peter Pan‹ oder ›Nils Holgersson‹ doch noch einen Matrosen? So schlecht war es dort an Bord wahrlich nicht gewesen. Auch verspürte ich keinerlei Lust, in Hamburg herumzulungern und auf den nächsten passenden Dampfer zu warten.

Tatsächlich: ›Peter Pan‹ brauchte noch einen Matrosen!

Wieder ›dolce vita‹ – und Nachtwache

So musterte ich am 12. August auf dem Fährschiff an; es blieb der einzige Kahn, auf dem ich zweimal – und das auch noch hintereinander – anheuerte. In der Zwischenzeit hatte es etliche Veränderungen gegeben; ich kannte nur noch einige Decksbauern von meiner ersten Fahrzeit, andere, wie Schrat, Sarotti, Mufti und natürlich Kuddel waren neu an Bord. Wir fuhren an

---

* Zwei Jahre später saß die ›Methan‹ zusammen mit der ›Heidelberg‹ von Hapag nach dem israelisch-arabischen Sechs-Tage-Krieg für sechs Jahre im Großen Bittersee des Suez-Kanals fest.

Deck nun in Unterzahl und hatten in den Hochsaison-Sommermonaten auch noch drei Abfahrten an einem Tag: Morgens Trelleborg, nachmittags Travemünde und spätabends wieder Trelleborg und am nächsten Morgen Travemünde.

So kam ich auf einen durchschnittlichen Arbeitstag von elf bis zwölf Stunden, natürlich auch sonnabends und sonntags; dadurch erreichte meine Heuer ein ganz ansehnliches Volumen.

Trotz der vielen overtimes reichte es doch für Landgang, um zum Beispiel im Kino die neuesten und bis heute unvergessenen Filme wie ›007-Liebesgrüße aus Moskau‹ mit Sean Connery oder ›Jenseits von Eden‹ mit James Dean anzuschauen. Oder aber man verbrachte die Zeit im Bermuda-Kneipendreieck ›Jägerklause‹, ›Rote Laterne‹ und ›Anker‹ – in der Regel mit meinen Deckskameraden oder auch in gemischter Besetzung mit unseren Stewardessen.

Meine isländische Freundin hatte sich nach London aufgemacht und arbeitete dort in jenem Hotel, in welchem die Besenkammer später durch einen gewissen Boris B. Schlagzeilen machte. Nun herrschte ja kein Mangel an anderen Mädels, so wurde – allerdings nach langer Anlaufzeit – Sonja aus Norwegen meine Freundin, mit der ich auch noch Jahre später Briefkontakt pflegte.

Auch wenn es problemlos war, an Bord mit einer Deern anzubändeln, so brauchte es doch immer eine gewisse Zeit, bis die Dinge in ein gefestigtes Stadium gelangten. Trotzdem brachten gerade in dieser Beziehung die sechziger Jahre, weit vor den gutsituierten, bürgerlichen 68ern, eine Abkehr von alten, steifen, verlogenen und umständlichen Normen bei der Annäherung von Männlein und Weiblein. Dennoch musste man so manches Mal den Auerhahn-Balztanz vollführen oder wie ein Hirsch röhren, um bei der holden Weiblichkeit zum Ziel zu kommen – oftmals auch ohne Erfolg. Der schlimmste Gegner war und blieb die männliche Konkurrenz. Bestand meine Arbeit hauptsächlich bisher aus Wache gehen, LKWs laschen und die ersten Anzeichen von Rostbildung, vor allem außenbords, mit viel Rostschutz- und Decksfarbe zu unterbinden, so setzte mich der Scheich schon nach fast einem Monat zur Nacht-Feuerwache ein. Dieser Posten war zwar verantwortungsvoll, aber von nun an brauchte ich mir im wahrsten Sinne des Wortes, nicht mehr die Hände schmutzig machen; ich konnte eine ruhige Kugel schieben.

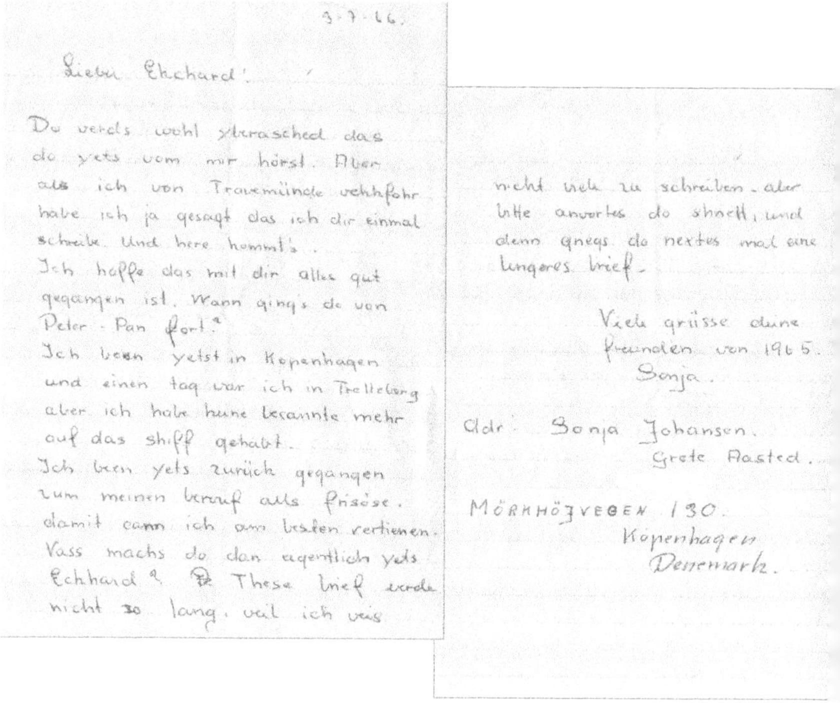

3.7.66.

Liebe Ekhard!

Du verds wohl überasched das do yets vom mir hörst. Aber als ich von Travemünde wehkfahr habe ich ja gesagt das ich dir einmal schreibe. Und here kommt's.
Ich hoffe das mit dir alles gut gegangen ist. Wann ging's do von Peter-Pan fort?
Ich been yetst in Kopenhagen und einen tag war ich in Trelleborg aber ich habe hune becannte mehr auf das shiff gehabt.
Ich been yets zurück gegangen zum meinen beruf als Frisöse. damit cann ich am besten verdienen.
Vass machs do dan eigentlich yets Eckhard? These brief werde nicht so lang, veil ich veis nicht viele zu schreiben. aber bitte anvortes do shnell, und denn gregs do nextes mal eine langeres brief.

Viele grüsse deine
freundin von 1965.
Sonja.

Adr: Sonja Johansen.
Grete Aasted.
MÖRKHÖJVEGEN 130.
Kopenhagen
Denemark.

Mein Dienst begann um halb elf Uhr abends und endete morgens um halb acht Uhr, also nach neun Stunden. Bei Dienstantritt führte mich mein erster Weg zur Bugklappe, bei der ich die korrekte Verriegelung überprüfte und Ausschau nach eventuell eintretenden Wasser hielt. Als einziger Decksmaat durfte ich mich in allen Räumen des Schiffs frei bewegen.

Was für ein Privileg! Natürlich bekam ich eine schmucke Jeans-Dienstuniform mit dem TT-Logo verpasst, ein albernes Käppi brauchte ich aber, Gott sei Dank, nicht zu tragen.

Nach dem Rundgang durchs Fahrzeugdeck und dem Inspizieren der PKWs und LKWs ging es zum Überprüfen der Heckklappe. Danach führte mich mein Weg in die Bar, in der ich mir am Tresen meine ›Dienstgetränke auf Kosten des Hauses‹ schmecken ließ: Verschiedene Cocktails allerfeinster Güte – Bloody Mary, Gin Fizz, Manhattan, Tom Collins oder Whiskey Sour, und natürlich Planter's Punch, Mojito und, na klar, gepflegten Cuba libre.

Nach der Bar steuerte ich das Restaurant und die Cafeteria an, um dann in den Kabinengängen nach Kerzenduft zu schnüffeln. Dabei kam es des Öfteren vor, dass ich an die Kabinentür klopfen musste und die Paxen höflich darauf aufmerksam machte, dass schon auf Warnschildern darauf hingewiesen wurde, keine Kerzen anzuzünden. Häufig machten junge Skandinavier/innen in ihren Kabinen Party, der billige, zollfreie Sprit an Bord forderte geselliges Beisammensein geradezu heraus. Selbstverständlich wurde ich mitunter auch dazu animiert, ein Gläschen mitzutrinken, wozu ich nicht abgeneigt war, vor allem, wenn die *svenska flickas* (schwedische Mädchen) unter sich waren.

Des Öfteren ergab sich auch eine Führung durch den Maschinenraum und auf die Brücke, dort, wo Passagiere sonst nicht zugelassen waren. Das wurde von der Schiffsleitung nicht so gern gesehen, aber toleriert; schließlich argumentierte ich, dass meine Rundgänge auch der Werbung für die TT-Linie dienten, auch wenn meistens nur weibliche Spät-Teenager und Twens zu meinem ›Kundenkreis‹ zählten.

Bei den Führungen unterließ ich es nicht, ziemlich großkotzig auch mit meiner bisherigen Seenmanns-Vita auf den Putz zu hauen, um mich selbst interessant zu machen, schließlich war meine Welt größer als Travemünde, Trelleborg und die Ostsee. Diese Aufgeblasenheit blieb aber wahrhaftig nur eine vorübergehende Charakterschwäche. Die Rundgänge führten zu etlichen Briefkontakten und auch zu einigen Wiedersehens-Treffen.

Was für ein Leben! Geregelte ›Arbeits‹-Zeit, keine Hektik, keine körperlichen Anstrengungen.

In der Decksmannschaft entstand ein Grummeln über meinen tollen Posten. Es blieb nicht unbemerkt, dass ich eine ziemlich ruhige Kugel schob und es dabei auch noch sehr leicht hatte, Deerns anzubaggern. Auch meine nächtlichen Ausflüge mit weiblicher Begleitung wurden zusehends von den Janmaaten, die als Rudergänger oder Ausguck im Ruderhaus und in der Brückennock ihre Wache gingen, mit äußerstem Argwohn registriert, nach dem Motto: Warum ausgerechnet der, warum hab' ich nicht diesen Traumposten? – Ich ahnte, dass meine Zeit als Nacht-Feuerwache bald zu Ende sein würde.

Zwischendurch war es mir möglich, für zwei Tage nach Hamburg zu fahren, wo ich mich bei verschiedenen Reedereien, wie Transerz, Narcot und Seetrans vorstellte, mir aber nur in Aussicht gestellt wurde, in unbestimmter Zukunft eine frei werdende Matrosenstelle zu besetzen.

Ich konnte es aus alter Gewohnheit nicht lassen, St. Pauli einen Besuch abzustatten. An der Ecke Reeperbahn / Große Freiheit gab es das verruchte Café Mehrer, in dem ich mich an einem nummerierten Tisch mit Telefon niederließ und ein Alsterwasser bestellte. Das Lokal war gut gefüllt; an den Vierertischen saßen Frauen und Männer allein, zu zweit oder in kleinen Gruppen unterschiedlichen Alters. Es dauerte kaum eine Viertelstunde, da läutete mein Tischtelefon.

»Hallooo, ich bin die Uschi, sitze am Tisch 16, links von dir, möchte mich mit dir unterhalten, darf ich zu dir kommen?«, flötete eine nicht mehr ganz taufrische Frauenstimme.

»Moment mal, muss dich erstmal anpeilen!«, antwortete ich und drehte langsam meinen Kopf in die angegebene Richtung und erblickte zwei Damen, schätzungsweise in den Mittvierzigern.

»Bist du die Blonde oder die Schwarzhaarige?«

»Bin die mit der Cleopatra-Frisur.« Volltreffer!

»In Ordnung, dann komm rüber!«

Für den Rest des Abends und der Nacht gibt es nur zwei zutreffende Wörter: Außergewöhnlich superb! Heute würde man neudeutsch/denglisch sagen, es war nicht nur ein Speed Dating, sondern ein High-Speed Dating ohne Anschleichen, Täuschung und langwieriger Rituale. Nicht immer gefallen einem nur Gänseblümchen, auch Rosen in voller Blüte haben ihren Reiz.

Diese Nacht half mir über meine Enttäuschung hinweg, vorerst keinen Wunschdampfer in Aussicht zu haben. Ich musste mich aber bald für das Ende der bequemen, aber ziemlich abenteuer- und ereignislosen Fährschiffsära entscheiden, um nicht ganz und gar eine Beamten-Mentalität zu entwickeln.

Seenotrettung ›Republikflüchtiger‹

Am 5. Oktober geschah das, was sich heutzutage tagtäglich, wenn auch in anderer Form, in leidvoller Weise, auf dem Mittelmeer ereignet. In der sogenannten Kadetrinne zwischen Gedser Odde in Dänemark und Darßer Ort, auf der Halbinsel Fischland-Darß-Zingst in der DDR, betätigte sich ›Peter Pan‹ als Seenot-Kreuzer – auch das war eine deutsch-deutsche Geschichte in der Ostsee anno 1965.

In der aufkommenden Dämmerung, bei mittlerem Wellengang aus Nordwest hatte Ausguck ›Kuddel‹ ein kleines Schlauchboot an Steuerbord voraus ausgemacht (entdeckt), worauf der Erste den Kurs von 40° (fast Nordost) auf 85° (fast Ost) änderte und auf das winzige Gummiboot zuhielt. Als sich die ›Peter Pan‹ bis auf etwa 20 Meter längsseits genähert hatte, wurde die Steuerbord-Seitenluke des Fahrzeugdecks geöffnet und die zwei jungen Männer schafften es mit mühsamen und langsamen Bewegungen an ihren Paddeln bis dicht unterhalb unserer Seitenpforte.

Mit letzter Kraft hangelten sie über die ausgeworfene Lotsentreppen-Strickleiter an Bord, kein leichtes Unterfangen, dümpelte doch die Nussschale gefährlich auf und ab. Völlig ermattet und erschöpft, aber mit dem Anflug eines Lächelns, legten sie sich erstmal rücklings auf das blanke Eisendeck. Es dauerte einige Zeit, bis einer der beiden die Sprache wiedergewonnen hatte.

»Sind gestern Nacht von Darß aus los, ein Scheinwerfer hätte uns beinahe erfasst und ein Volksmarine Boot war auch nicht weit, später kam der Wind aus der falschen Richtung auf ... «.

Die Rede verstummte, dann schüttelten ihn Weinkrämpfe, während sein Kumpan nur wortlos nach oben in unsere Gesichter starrte.

»Nur 'ne Viertelstunde später und ihr hättet uns nicht gesehen, wir hätten es nicht länger geschafft.«

Sie schilderten uns später ihre Geschichte. Beide Männer stammten von der vorpommerschen Halbinsel, hatten genaue Ortskenntnisse von Überwachungsanlagen und Abwehrmaßnahmen gegenüber Republikflüchtlingen. Ihre Flucht über die Ostsee hatten sie seit langem geplant. Nun war es Brauch, Schiffbrüchige im nächsten Hafen, also im neutralen, aber sicheren Trelleborg, an Land zu bringen. Als die Schweden sie in Empfang nahmen, bedankten sich die beiden überschwänglich bei uns für ihre Rettung. Ich hätte gern mehr über ihren Lebensweg im ›Goldenen Westen‹ erfahren.

Wer jemals in die Gesichter von Menschen im Augenblick ihrer Rettung geschaut hat, wird diesen Anblick nie mehr vergessen. Was für eine Ironie, die Petrus am nächsten Tag bereithielt: Die See zeigte sich fast spiegelglatt, die Sonne schien vom fast wolkenlosen Himmel; etliche Tage eines goldenen Oktobers begannen und ließen die Welt fürwahr in einem anderen Licht erscheinen.

Am Monatsende wurden auf der ›Peter Pan‹ in der Flender-Werft, der Geburtsstätte, etliche kleine Umbauten und Verbesserungen vorgenommen. Zeit für mich, die Hansestadt Lübeck genauer zu erkunden, aber auch ins Kino zu gehen – der Film ›Ekel‹ von Roman Polanski sorgte gerade für Schlagzeilen.

Die meisten Besatzungsmitglieder, bis auf wenige Decksbauern und Maschinisten, nahmen einen willkommenen kurzen Zwangsurlaub. Mangels dürftiger Gesellschaft an Bord, hatte ich nun auch viel Zeit zum Lesen: Francoise Sagan: ›Bonjour Tristesse‹; Stendhal: ›Rouge et noir‹ (aber auf deutsch); Heinrich Böll: ›... und sagte kein einziges Wort‹.

›My boy Lollipop‹ war zu der Zeit der meistgewählte Titel der Musikboxen in den Lieblingslokalitäten.

Nach sechs Tagen Werftzeit dann wieder der alte Rhythmus an Bord. Mittlerweile war ich schon seit über zehn Wochen Nacht- und Feuerwächter. Der Unmut und das Grummeln innerhalb der Decksmannschaft über meinen fantastischen Posten wurde immer stärker.

Es wurden Gerüchte gestreut: ›Der hockt doch nur die ganze Zeit in der Bar rum und trinkt auf Reedereikosten die besten Spaßmacher ... Schleppt jede Nacht 'ne Andere ab ... Kriegt die feinste Verpflegung, was vom skandinavischen Buffet für die Passagiere übrigbleibt ... Morgens weckt er uns immer in bester Laune und grinst noch dazu – das hält man doch im Kopf nicht aus ... Kriegt noch *overtimes* angeschrieben ... Macht den Job schon ewig ... und ...‹

Auf Anordnung des Bootsmanns drehte ich in der Nacht von Sonnabend auf Sonntag (27./28. November) meine letzten Feuerwehr-Runden und verrichtete danach wieder ordentliche Arbeit als Tagelöhner – Farbe waschen, malen, Deck schrubben.

Am 1. Dezember musterte ich ab, fuhr nach Hamburg, meiner zweiten Heimat, und quartierte mich im Hotel König ein. Ich konnte mir auf der ›Peter Pan‹ ein hübsches Sümmchen zusammensparen. Das Kapitel ›Matrose auf einem Musikdampfer‹ hatte sich erledigt.

III. MS ›Transatlantic‹ (10. Schiff)

Einmal um die ganze Welt

Wie üblich: Zwischenstation Hamburg

Was macht ein Seemann zuerst, wenn er in Hamburg landet? Natürlich, einen Reeperbahnbummel. Dieses Klischee stimmte ausnahmsweise mit der Wirklichkeit überein. Nach der ersten Übernachtung in St. Georg steuerte ich abends auf St. Pauli dieses Mal den ›Kansas-Keller‹ an, aber Sylvia aus Castrop-Rauxel glänzte leider durch Abwesenheit. Danach landete ich im ›Silbersack‹, wo ich Lilo, eine andere Deern aus alten Zeiten, traf.

Nach drei Stunden Klönschnack mit Köm und Bier landeten wir in ihrer Wohnung, in der Großen Elbstraße 104, ebenso am darauffolgenden Abend. – Mein Bedarf an St. Pauli war nun erst einmal wieder gedeckt. Das Wochenende verplemperte ich mit ausgiebigem Schlaf, ›Spiegel‹ lesen und zur Abwechslung in einem Kino, wo die tiefsinnigen Geschichten von ›Dick und Doof als Wüstensöhne‹ und ›... als Ehemänner‹ liefen. Warum nur konnte man damals über Stan Laurel und Oliver Hardy so lachen?!

Am Sonntag beschlich mich für ein paar Momente ein sonst vorher nicht gekanntes Gefühl der Einsamkeit und inneren Leere. Ich brauchte unbedingt einen richtigen Dampfer! Tags darauf konnte mir Max Timm auf dem Heuerstall nur die ›Johann Haltermann‹, einen 3.500-Tonnen-Tanker für Spezialflüssigkeiten, unterwegs in Nord- und Ostsee und im Mittelmeer, anbieten. Dieser kleine Pott, knapp 100 Meter lang, hatte tatsächlich 25 (!) Mann Besatzung, so viel, wie heute auf den größten Containerschiffen fahren. Mehr aus Neugier, denn mit konkreten Absichten, schaute ich mir das ›Gefäß‹ im Neuhöfer Hafen an. Nach einer Explosion war dieser 1954 gebaute Mini-Tanker 1960 umgebaut und verlängert worden und galt somit fast als modernes Schiff mit großzügigen Logis für die Seelords.

Mein Entschluss stand eigentlich schon vorher fest: Nein, nicht noch einmal Tanker. Die ›Ernst G. Russ‹, drei Jahre zuvor, war mir noch in unguter Erinnerung. Dann lieber doch noch einige Zeit in Hammonia verbringen und vielleicht das große Los ziehen; schon am nächsten Tag sollte es Wirklichkeit werden!

Bei meinem ›Rundgang durch die Gemeinde‹ hatte ich im ›Piccolo‹ auf St. Pauli aus einer Unterhaltung zweier Janmaaten einige Sätze aufgegriffen.

»Jetzt lassen die schon in Japan Dampfer bauen, soll billiger als bei uns sein.«

„Transatlantic" aus Japan

Die in Japan gebaute „Transatlantic" auf der Fahrt nach Europa.

Eigener Bericht

Hamburg, 27. Dezember

Im Februar wird das MS „Transatlantic", das erste Schiff einer Serie von drei Neubauten, die von der Hamburger Poseidon Linie in Japan bestellt worden sind seine erste Direkt-Abfahrt von Rotterdam, Antwerpen, Bremen und Hamburg nach Montreal antreten. Das MS „Transatlantic" wurde kürzlich, wie berichtet, von der Reederei in Japan übernommen.

Gebaut wurde das Schiff bei der Mitsui Shipbuilding & Engineering Ltd. [illegible] in Japan. Es besitzt eine Tragfähigkeit von 8120 tdw und hat einen Gesamt[illegible] von 428 000 cbf Getreide bzw. 400 000 cbf Stückgut.

[illegible]

»Ich glaub', da ist für die Poseidon einer vom Stapel gelaufen.«

»Suchen aber keine Leute.«

Als ich Dienstag an Max Timms ›Luke‹ im Heuerstall erschien, strahlte er mich förmlich an.

»Do es een Matros bi Poseidon afsprungen, het wohl Flugangst kregen, kannst för emm an Süntach nach Japan fliegen. Is dat wat för di?«

»Un ob! Ick mouk dat gligs kloar, bin schon wech zur Reederei!«

Von der Heuerstelle, oberhalb der Landungsbrücken und des Elbtunnels bis zum Sitz der Reederei am Jungfernstieg war es mit der S-Bahn kein langer Weg. Noch nie hatte ich dann so schnell und bedenkenlos den Heuervertrag unterschrieben.

Erdumrundung (1. Teil) – Die Flugreise nach Japan

Nach drei Tagen Heimaturlaub in Hannover-Linden begann mein Dienstantritt kurioserweise auf dem Flughafen Hamburg-Fuhlsbüttel – was für ein Auftakt, erst einmal als Seemann der Lüfte!

Die Erstbesetzung, jetzt für mich schon meine zweite nach der ›Peter Pan‹, war für die ›Transatlantic‹ schon längst abgeschlossen gewesen, bis wohl im letzten Moment die zurückliegenden Abstürze des ersten Düsenverkehrsflugzeuges, der britischen ›Comet‹ in den Fünfzigern, einem Matrosen seine Ängste so übermächtig werden ließen, dass er kurzfristig ausstieg. (*Verglichen mit dem heutigen alltäglichen Flugverkehr und seinen Sicherheitsstandards, war das Fliegen damals zwar kein allzu großes Risiko, aber es gab weitaus häufiger Unfälle und Abstürze.*) ›Wat dehn eenen sien Uhl, es deen andern sien Nahtigall‹ oder anders gedeutet ›Was dem einen sein Pech/Unglück, ist dem anderen sein Glück.‹ So war ich also zu dieser Reise gekommen.

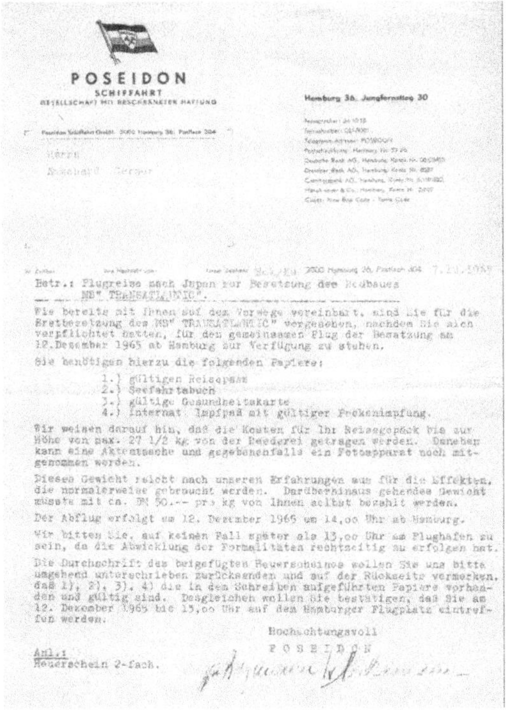
POSEIDON
SCHIFFAHRT
GESELLSCHAFT MIT BESCHRÄNKTER HAFTUNG

Hamburg 36, Jungfernstieg 30

Herrn
[illegible]

7.12.1965

Betr.: Flugreise nach Japan zur Besetzung des Neubaues MS" TRANSATLANTIC".

Wie bereits mit Ihnen auf dem Vorwege vereinbart, sind Sie für die Erstbesetzung des MS" TRANSATLANTIC" vorgesehen, nachdem Sie sich verpflichtet hatten, für den gemeinsamen Flug der Besatzung am 12. Dezember 1965 ab Hamburg zur Verfügung zu stehen.

Sie benötigen hierzu die folgenden Papiere:

1.) gültigen Reisepaß
2.) Seefahrtsbuch
3.) gültige Gesundheitskarte
4.) internat. Impfpaß mit gültiger Pockenimpfung.

Wir weisen darauf hin, daß die Kosten für Ihr Reisegepäck bis zur Höhe von max. 27 1/2 kg von der Reederei getragen werden. Daneben kann eine Aktentasche und gegebenenfalls ein Fotoapparat noch mitgenommen werden.

Dieses Gewicht reicht nach unseren Erfahrungen aus für die Effekten, die normalerweise gebraucht werden. Darüberhinaus gehendes Gewicht müßte mit ca. DM 50.-- pro kg von Ihnen selbst bezahlt werden.

Der Abflug erfolgt am 12. Dezember 1965 um 14,oo Uhr ab Hamburg.

Wir bitten Sie, auf keinen Fall später als 13,oo Uhr am Flughafen zu sein, da die Abwicklung der Formalitäten rechtzeitig zu erfolgen hat.

Die Durchschrift des beigefügten Heuerscheines wollen Sie uns bitte umgehend unterschrieben zurücksenden und auf der Rückseite vermerken, daß 1), 2), 3), 4) die in dem Schreiben aufgeführten Papiere vorhanden und gültig sind. Desgleichen wollen Sie bestätigen, daß Sie am 12. Dezember 1965 bis 13,oo Uhr auf dem Hamburger Flugplatz eintreffen werden.

Hochachtungsvoll
P O S E I D O N

Anl.:
Heuerschein 2-fach.

Mit all den anderen Seelords, die mittlerweile vollzählig (32 Mann) im Flughafen eingetrudelt waren, enterte ich eine viermotorige ›Vickers Viscount‹. Sie war die erste Turbopropp-Maschine, kreiert ebenfalls von britischen Ingenieuren.

Am 12. Dezember, 3. Advent, brachte uns der Silbervogel von Hamburg nach Amsterdam-Schiphol, der erste Flug meines Lebens! Nach einer Stunde Aufenthalt ging die Schiffsbesatzung an Bord einer großen ›Douglas DC8‹. Dieses vierstrahlige Langstrecken-Flugzeug war mit 250 Plätzen der erste Großraumflieger und hatte bei einem Testflug bereits 1961 die Schallmauer durchbrochen.

Was in unserer Zeit der Globalisierung schon längst eine Selbstverständlichkeit, etwas Alltägliches ist, so bedeutete vor einem halben Jahrhundert ein Flug von Amsterdam nach Tokio noch etwas Besonderes, fast noch Abenteuerliches, nicht nur wegen des horrenden Flugpreises, den Otto Normalverbraucher absolut nicht hätte aufbringen können.

Schon als Jüngling hatte mich die Technik der Fliegerei fasziniert. Ich war Stammgast bei der ILA (Internationale Luftfahrt Ausstellung) in Hannover-Langenhagen – und nun durfte ich solch einen weiten Flug erleben! Bis heute blieb es ein herausragender Meilenstein in meinem Leben.

Nun flog die DC8 der KLM nicht Kurs Ost oder Südost, sondern sie peilte die nördlichen Gefilde um den Nordpol an. Ein Überfliegen der Sowjetunion in den Zeiten des Kalten Krieges war damals illusorisch. In der etwa zu zwei Dritteln ausgelasteten Maschine saß neben mir Matrose Kurt – aber mit Hemd und Gurt. Er bestellte sich gleich nach dem Start bei einer Stewardess ein Glas Cola-Rum und leerte es genüsslich in langsamen Zügen.

»Hast du 'ne Macke, is doch bestimmt viel zu teuer hier in 'nem Flugzeug.«

»Geht alles auf Reedereikosten – Prost!«

»Das glaub' ich nich.«

»Guck 'mal genau in den Schrieb von Poseidon – Getränke sind frei.«

»Und wenn die nur Brause oder Wasser meinen?«

»Alle Arten von Getränken, steht da, also, warum stellst du dich so an?«

»Du kannst mir viel erzählen, außerdem will ich so 'nen Flug nüchtern erleben.«

Als ich mich im Flieger umschaute und das eine oder andere Gesicht der Seelords aus unseren paar Stunden in Fuhlsbüttel und Schiphol erkannte, stellte ich fest, dass es sich kaum jemand ohne Spaßmacher auf den Klapptischchen vor seinem Sitz bequem gemacht hatte. Ich aber blieb standhaft, versuchte zu schlafen, was mir aber in Sitzhaltung nicht gelang und fragte dann eine etwas ältere, aber ansprechende Stewardess, ob ich der Cockpit-Crew einen Besuch abstatten könne.

»Just wait, I will you wake up and then you can go into the cockpit.«

Nach etwa einer Stunde, die ich dösend in meinem Sitz verbrachte, ergriff mich der Gedanke von einer wahrhaftigen grenzenlosen Freiheit. Vor nicht einmal zwei Wochen schipperte ich zwischen zwei Häfen fade hin und her – jetzt befand ich mich in 10 Kilometern Höhe über dem Meer auf dem Weg ins magische, fremde Reich der aufgehenden Sonne.

Ein leichter Stupser an meiner Schulter riss mich aus meinen überschwänglichen Gedanken – wollte mich etwa schon eine Geisha wachmachen?

»Now you can come into the cockpit!«, eröffnete mir die zuvor angesprochene Stewardess. Sie führte mich nach vorn in die ›Kommandobrücke‹ des großen Vogels. Im Halbdunkel erblickte ich vier Männer vor ihren Bedienungs- und Messgeräten, die in diesem Moment ganz unangestrengt Erdbeeren mit Sahne speisten.

»Hello, I'm Ecki, a german sailor. I would like to see your operation center, thank you for admission«, begrüßte ich sie mit lauter Stimme. Selbst hier an der Spitze der Maschine musste

Die Douglas DC8 der KLM

man sich gegen einen nicht gerade geringen Lärmpegel Gehör verschaffen.

»And I'm Jack, the captain, beside me my first officer, on the left back to me the navigator and on the right there's my engineer – you're welcome.«

»Thank you, captain. Where are you all from?«

»I'm from Texas, Rüdi (der Co-Pilot) is Dutch, Kevin (der Navigator) is Canadian and Sean (der Ingenieur) is a crazy Scotch-man.«

»Oh, it's really an international crew.«

»I guess your crew is international, too?«, fragte mich der Pilot.

»I don't know, we stay together for the first time. I think most of them are Germans.«

So ging die Konversation auch mit den drei anderen im Cockpit munter weiter, der Navigator und der Ingenieur erklärten mir bereitwillig ihre Instrumente und Armaturen. Um der Wahrheit die Ehre zu geben: Ich verstand nicht alles, gab ihnen aber durch Kopfnicken den Anschein, auch die sehr speziellen Fachtermini verstanden zu haben. Beim Co-Piloten schaute ich aus der Kanzel.

»Where are we now?«

»Just north of Iceland, next we'll cross Greenland«, antwortete der Navigator.

Ich erblickte unten im Halbdunkel der Polarnacht große weiße Flächen, durchzogen von schmalen oder breiteren schwarzen Streifen. Bei wolkenlosem Himmel und Mondschein wirkte diese Welt der Arktis von oben beinahe traumhaft und surreal. Dieser Anblick des eisigen, fast zugefrorenen Nordmeeres löste bei mir einen kalten Schauer über den Rücken aus, was für eine lebensfeindliche Sphäre! Nach einer guten Viertelstunde verabschiedete ich mich aus der Pilotenkabine.

»Good luck, thank you very much.«

»See you later, alligator«, rief mir der Captain noch zu.

»Maybe, somewhere, sometime, somehow.«

Als ich mich danach durch den Mittelgang zu meinem Platz durchschlängelte, waren die meisten Passagiere, überwiegend Männer mittleren und gesetzten Alters, in ihren Sitzen eingeschlafen. Ihr Schnarchen wurde vom Lärm der Triebwerke übertönt. Doch an einigen Plätzen wurde vor unüberschaubaren Longdrinks laut palavert. Diese Leute hatte ich schon in Hamburg und Amsterdam gesehen, es konnten ja nur die Männer von der ›Transatlantic‹ sein. Kurt war auch noch nicht eingeschlafen und machte Anstalten, nun schon leicht lallend, mit mir zu plaudern.

»Willst du umschulen, von Dampfer auf Flieger? Was haste denn so lange im Cockpit gemacht?«

»Hab die Route geändert, fliegen jetzt Kurs Süd-Südwest in die Karibik«, scherzte ich zurück. »War jedenfalls ziemlich interessant, bin ja noch nie inner Pilotenkanzel gewesen, die Jungs da vorn sind ganz locker drauf.«

»Wann kommen wir denn in Anchorage an?«, wollte er wissen.

»Dauert bestimmt noch ein paar Stunden, die stehen da wohl jetzt gerade auf. Will versuchen zu pofen (schlafen).«

Damit beendete ich unsere kurze Unterhaltung. Danach schnarchte auch Kurt, ich aber hatte so meine Schwierigkeiten. Zum tiefen Schlaf in einem Sitz fehlte mir die Begabung; ich beneidete die Passagiere, die damit kein Problem hatten, ohne eine horizontale Liegefläche einzuschlummern. So döste ich weiter vor mich hin, hatte aber doch noch kürzere, flache Schlafphasen.

Als ich wieder einmal durchs Fenster spähte, war wegen der Dunkelheit nichts zu erkennen. Später erkannte ich an Steuerbordseite die schneebedeckte Alaska-Kette und den majestätischen Mount McKinley – mit seinem 6.200 Meter der höchste Berg Nordamerikas und weltweit die höchste Erhebung nördlich des 50. Breitengrades. (*2015 gab Präsident Obama diesem Gipfel seinen ursprünglichen indianischen Namen – Denali – zurück.*)

Am frühen Nachmittag landete die Maschine in Anchorage am Cook Inlet (Fjord, Belt) um Kerosin zu tanken. Leider war unser Aufenthalt nur knapp bemessen. Wir konnten uns im Flughafengebäude und in der näheren Umgebung die Beine vertreten. Natürlich war hier schon tiefster Winter eingekehrt und die Sonne lugte bei wolkenverhangenem Himmel über dem Horizont hervor. Menschen sah man kaum auf den Straßen, dafür aber dicke, merkwürdige Autos, die mir wie eine Kreuzung aus bekannten Ami-Schlitten und Lieferwagen erschienen.

Ich hätte noch gern Spuren russischer Herrschaft und Besiedlung des größten amerikanischen Bundesstaates erkundet. Alaska, flächenmäßig mehr als viermal größer als Deutschland, gehörte zu Russland und wurde 1867 ›für'n Appel und 'nen Ei‹ vom Zaren an die Vereinigten Staaten verkauft. Für die läppische Summe von sieben Millionen US-Dollar gab der Russenherrscher ein Gebiet von 1,7 Millionen Quadratkilometern auf, damit er und sein Hofstaat in St. Petersburg weiter seine rauschenden Feste feiern konnte; aus der bitterarmen Bevölkerung war für das Wohlleben des Adels nicht mehr herauszupressen.

Fest eingebrannt in mein Gedächtnis hat sich ein ausgestopfter Grizzly-Bär von mindestens drei Metern Höhe in bedrohlicher Pose, bezeichnenderweise am Ausgang des Flughafens. Mit einem solchen lebendigen Kameraden wollten wir es nicht zu tun haben und so schlüpften nach zwei Stunden alle Paxen wieder in den blau-weißen Silbervogel, der nun mit Kurs auf Tokio abhob.

Zeitumstellung war ja für uns Seelords kein Fremdwort, nur dieses Mal vollzog sich, was manchmal Tage, gar Wochen dauerte, in wenigen Stunden. Dazu kam noch das Überfliegen der Datumsgrenze. Diese Linie, in der Regel der 180. Längengrad, hat aber aus geopolitischen Gründen kleinere Ausbuchtungen nach Westen oder Osten, so dass wir auf unserer Route erst bei 170° östlicher Länge, der Grenze zwischen der UdSSR und den USA, einen Tag hinzufügen konnten.

Die KLM hatte uns auf diesem Flug auf einem großen Bogen direkt westwärts befördert – auf einer Loxodrome, der direkten und kürzesten Verbindung zwischen zwei Punkten auf einer Kugel. Von Amsterdam-Schiphol bis Tokio-Haneda überquerte die DC8 also 225 der insgesamt 360 Grad umspannenden Erde!

Hätte man jemanden aus der Mannschaft gefragt, zu welcher Uhrzeit und an welchem Tag die Maschine in Tokio landen würde, ohne dabei auf das Flugticket zu schauen, wäre die Antwort wohl nur ein Schulterzucken gewesen.

Am Montag, den 13. Dezember, purzelte ein Großteil der ›Atlantic‹-Seelords ziemlich beduselt und desorientiert die Gangway des Fliegers auf dem Rollfeld des Haneda-Tokyo Airports herunter.

In Japan

Nach dem Ausfüllen einer peniblen, überproportionalen großen Zollerklärung, auf der von der Armbanduhr bis zum Koffer (!) alle mitgeführten Gegenstände anzumelden waren, brachte uns ein Bus ins nahe gelegene Haneda Prince Hotel; was für ein Gegensatz zu meinen bisherigen einfachen und bescheidenen Unterkünften in Bremen und Hamburg! Uns erwarteten großzügige Räumlichkeiten, geschmackvoll eingerichtet mit meist zierlichen Möbeln und ein riesiges Bad, fürwahr first class mit fünf Sternen. Unsere Schuhe mussten vor der Tür bleiben und glänzten mithilfe dienstbarer Geister am nächsten Morgen wie frisch gekauft aus dem Schuhgeschäft.

Da die Reise am folgenden Vormittag weitergehen sollte, hätte einer Visite in Tokio nichts im Wege gestanden; ich musste aber erst einmal richtig ausschlafen. Außerdem wusste ich aus Erzählungen anderer Janmaaten, dass Japan schon damals ein exorbitantes Preisniveau hatte.

Mochten in der Fantasie die geheimnisvollen und gar nicht so prüden Geishas noch so verlockend sein, ich konnte und wollte nicht schon zu Beginn einer Reise meine noch nicht verdiente Monatsheuer ›auf den Kopf hauen‹.

Am nächsten Tag, vor unserem Weiterflug, sickerte durch, dass einige Seelords der Versuchung nicht widerstanden hatten, doch in die Metropolis zu fahren und dort das wahre Gesicht hinter den immerwährenden lächelnden Gesellschafterinnen kennenlernten – sie wurden größtenteils auf das Übelste abgezockt.

Nun stand der dritte Abschnitt unserer Flugreise bevor. Eine zweimotorige Fokker F27 ›Friendship‹-Propellermaschine sollte uns nach Okayama bringen, etwa 150 Kilometer östlich von Hiroshima, auf dem südwestlichen Teil der Hauptinsel Honshu.

Auch dieser zweistündige Flug war für mich ein besonderes Erlebnis. Schon nach etwa einer knappen halben Stunde passierte die etwas über 40 Passagiere fassende kleine Maschine den Fudschijama (Fujisan), mit 3.776 Meter Höhe Wahrzeichen und Heiligtum Japans. Es gibt wohl wenige Bergriesen auf der Erde, die sich so einprägsam und majestätisch aus der Umgebung hervorheben. Über dem Grün der umliegenden Wälder thront Japans höchster ›Berg der Berge‹ mit seinem von Eis und Schnee bedeckten Gipfel – ein unvergesslicher Anblick.

In der Zwischenzeit hatte ich mich schon etwas mit Kurt angefreundet und wir saßen wieder nebeneinander.

Der Fujiyama, Japans höchster Berg (3.776 Meter)

»Guck mal nach achtern, die Stewardess verteilt warme Würstchen.«

Ich schaute nach hinten und dachte nun, eine warme Bockwurst genießen zu können. Voller Vorfreude öffnete ich einen warmen Plastikbeutel, den mir eine – wie gewohnt lächelnde – Flugbegleiterin überreichte. Es kam aber keine Wurst zum Vorschein, sondern nur ein warmer Waschlappen. Was für eine Enttäuschung! Es sollte nicht die einzige Veräppelung in Japan bleiben.

Erstaunlich, dass wir während des Fluges überwiegend grünes Land sahen. Erst später erfuhr ich, dass Japan zu zwei Drittel mit Wald bedeckt ist. Natürlich schauten wir auch auf die riesigen Flächen der Städte hinab – Nagoya, die alte Kaiserstadt Kyoto, Osaka und Kobe, das Reich der aufgehenden Sonne ist ja nun wahrlich nicht die Taiga.

Nachdem die F27 in Okayama gelandet war, wurde unsere Besatzung in einen Bus verfrachtet und in einer halben Stunde zur Mitsui-Werft nach Tamano gebracht. Erst jetzt konnten wir unser schwarz-weißes Schmuckstück in Augenschein nehmen. Da auf unserem Dampfer auch in den Logis noch etliche Arbeiten anstanden, bezog die Mannschaft erst einmal ein einfaches Quartier auf dem Werftgelände.

Tamano, ein kleines Städtchen, liegt direkt gegenüber der viel größeren Stadt Takamatsu auf der Insel Shikoku, nur getrennt durch eine etwa 10 Kilometer breite Meerenge. Selbstverständlich wollten wir umgehend den Ort erkunden. Alle Klischees, die sich als Schulkenntnisse oder Halbwissen im Kopf

In Tamano

verankert hatten, bestätigten sich merkwürdigerweise. Die meisten Häuser waren von einfacher und fragiler Bauart mit den typisch japanischen Schindeldächern. Ein Großteil der Frauen kleidete sich in traditionelle kimonoartige, bunte, lange Gewänder. Statt Schuhen trugen sie leichte Sandalen mit Stegen unter der Sohle. Kleine Kinder wurden auf dem Rücken getragen. Aber wie wohl überall auf der Welt, sahen wir auch gar nicht so japanisch, sondern westlich gekleidete Teenager mit Nietenhosen oder Röcken. Einige Radfahrer hatten Atemschutzmasken umgebunden und die wenigen Autos erschienen mir alle etwas zu klein geraten.

Bis auf eine ›Drink Coca Cola‹-Reklame waren alle Beschriftungen in japanischen Schriftzeichen gehalten. Warum nur fanden wir trotzdem ziemlich schnell eine Kneipe? Die erste ›Bar‹, wie auch die weiteren Lokalitäten, hatte fast Wohnzimmer-Ausstrahlung: Klein und fast gemütlich deutsch, beherrscht von einem langen Tresen mit winzigen Barhockern.

»You want beer or sake?«, sprach mich die niedliche, kleine Barfrau an.

»I never had sake, in Germany we have Schnaps, so I like to have sake.« Mehrmals wollte sie das Wort Schnaps wiederholen, was ihr letztendlich unter vielem Gekichere nicht ganz perfekt gelang.

Sake, der japanische Reiswein, hatte aber einen viel höheren Alkoholgehalt als europäischer Rebensaft und beflügelte unsere Konservation mit der Bar-Mieze. Matrose Kurt, der wegen seiner nicht gerade überragenden Körpergröße ›Shorty‹ genannt wurde, taufte unsere junge Bedienung ›Baby San‹.

Am frühen Abend füllten sich die Kneipen mit Werftarbeitern, die zum Teil noch ihren Blaumann (Arbeitskleidung) trugen. Es war üblich, nach Feierabend mit ihrem Chef oder Vorarbeiter einzukehren und sich zu betrinken. Dafür genügten ein paar Gläser Sake; Japaner, Asiaten allgemein, vertragen nicht viel Feuerwasser. Mir fiel auf, dass zumindest am Anfang jedes eingeschenkte Glas mit einem arrigato kommentiert wurde. Zur Freude der Anwesenden bediente ich mich dieses Wortes verbunden mit einem leichten Kopfnicken. Ich hatte meine erste japanische Lektion gelernt, höflich zu sein und ›danke‹ zu sagen. Im Laufe der Zeit vergaßen die Feierabendtrinker immer mehr ihre Umgangsformen, sie wurden lauter, lallten und hatten Mühe, sich auf ihren Hockern zu halten. All das kam mir sehr bekannt vor. Irgendwann, zu vorgerückter Stunde, leerte sich die kleine Kaschemme und unsere Truppe – Sandor, der Ungar, Shorty und ich – wurden höflich, aber bestimmt, mit einem *sayonara* (auf Wiedersehen) hinauskomplementiert.

Sandor Sipos hatte Glück gehabt, auch an Land gehen zu dürfen. Er war 1956 beim Volksaufstand aus Ungarn geflüchtet und seitdem wollte keine Behörde ihm einen Pass ausstellen – er wurde als *stateless* (staatenlos) geführt und meistens verwehrte man ihm von den Hafenbehörden den Landgang.

In Tamano gab es keine größeren Kontrollen beim Landgang; das Städtchen gehörte ja nicht zu den ausgemachten Hafenstädten, war ja mehr ein Werfthafen.

Was für ein Irrwitz, dass ein Mensch nichts zählte, wenn ihm ein Papier mit Stempeln fehlte! Was hatte er in seinem dreißigjährigen Leben schon an Schlechtigkeiten erlebt! Wenigstens bekam Sandor auf der ›Transatlantic‹ Arbeit als assistant-cook.

Am nächsten Tag setzten Shorty und ich mit der Fähre nach Shikoku zur Hafenstadt Takamatsu über. Tatsächlich gab es dort etliche Seemannspinten, in denen ein ungewöhnlicher Musikmix erklang, einerseits sehr fremdartig, aber auch mit Stilelementen westlich europäischer Klänge.

Eindeutig anders als sonst auf der Welt üblich erschien uns das weibliche Personal. Japan präsentierte sich damals schon als sinnenfrohe Nation, aber die Damen waren von Kopf bis Fuß eben auf japanisch eingestellt, angefangen bei der strengen Haartracht, den gepuderten Gesichtern bis zu den verhüllten Beinen. Statt High heels putzige Schühchen wie eine Mischung aus Sandalen und Badelatschen. War also das Äußere dieser

Hafenbräute schon sehr gewöhnungsbedürftig, so erst recht das Preisniveau für Getränke, mochten die Geishas auch ein noch so hübsch gekonntes Lächeln zur Schau stellen. Nachdem wir schon ein beträchtliches Sümmchen für Bier und Sake hingeblättert hatten, kam, was kommen musste – das Angebot einer Massage à la japonaise mit allem Drum und Dran.

»Only fifteen thousand Yen – you will never forget it!« Bei diesem Preis (heute circa 150 Euro) mussten wir die Segel streichen und unser Entschluss stand fest: Das werden wir lieber ganz schnell vergessen. Trotzdem verabschiedeten wir uns mit einer kleinen Verbeugung – ohne sayonara zu sagen. Das unverschämte Lächeln und Kichern der beiden Paradiesvögel habe ich aber heute noch in durchwachsener Erinnerung.

Warum nur schwärmten andere Seelords so in höchsten Tönen von ihren amourösen Abenteuern in Japan? Waren sie alle noch Herr ihrer Sinne und ihres Verstandes, in einer Nacht eine halbe oder gar ganze Monatsheuer zu versenken? Kurt und ich begruben unsere Geisha-Illusionen und fuhren in der Nacht mit der Fähre zurück nach Tamano.

Die letzten Werftarbeiten zogen sich noch über vier Tage hin, so dass die Decksmannschaft bis auf die Übernahme von Proviant und Store (Ausrüstung) nicht allzu sehr beschäftigt wurde. Davor die unvergessliche Flugreise von Amsterdam über die Arktis nach Anchorage, Tokio und Okayama, jetzt also Tage mit dolce far niente! Was für ein Kontrast zu manchen schlaflosen und kräftezehrenden Zeiten auf meinen Reisen zu den Großen Seen in den USA/Kanada und zur Westküste Südamerikas! Auch genoss ich die leicht bekömmliche rein japanische Verpflegung während der Werftzeit. Es gab zwar jeden Tag Fisch, aber in raffinierten Variationen mit exotischen Gemüse und verschieden zubereiteten Reis. Da konnte ich gut mal auf Kartoffeln verzichten.

An den letzten beiden Tagen hielt ich Ausschau nach Souvenirs und kaufte einen dunkelblauen Kimono mit rotem Obi (breiter Gürtel) und natürlich ein Paar hübsch verzierter

Geisha-Schühchen. Sayonara hieß es dann auch am letzten Abend in der Mitsui-Bar, wo Shorty und ich uns von ›Baby San‹ verabschiedeten.

Die ›Transatlantic‹

Erst einen Tag vor dem Auslaufen, der Jungfernfahrt, bezogen die Janmaaten ihre großzügig bemessenen Einzelkammern.

Am 18. Dezember in der Früh war es dann so weit. Japanische Fähnchen schwingend standen die Decksmaaten nach dem ›Leinen los!‹ auf dem Vor- und Achterdeck, während die ›Transatlantic‹ mit halber Kraft voraus und unter vielem Getute ihren Geburtsort verließ und ihre Reise antrat. Nach dieser weinig spektakulären Aktion musste ich um acht Uhr meine Wache auf der Brücke antreten und steuerte den jungfräulichen Kahn vorbei an der Insel Shödoshima durch den Harima-See weiter unter der Brücke zwischen den Inseln Awaiishima und Shikoku in den Pazifik.

Die ›Transatlantic‹ kurz vor der Jungfernfahrt

Außer dem Alten, dem nicht mehr ganz taufrischen Kapitän Müller, und dem wachhabenden Zweiten fand sich auch der Guarantee Engineer Toyoji Miyata ein. Sie folgten mit angestrengter Miene den Bewegungen des Schiffes in diesem engen Fahrwasser. Auch wenn der Dampfer auf kleinste Ruderausschläge ziemlich prompt reagierte, kam auch ich durch den häufigen Kurswechsel ganz schön ins Schwitzen.

Mit 131 Meter Länge, 18 Meter Breite und einem Tiefgang von 8 Meter war die ›Transatlantic‹ nicht gerade ein übermäßig großer Pott. Ein 7.200 PS starker Dieselmotor verhalf dem 8.100 Tonnen tragenden Vierluken-Schiff über eine recht ansehnliche Geschwindigkeit von 17 Knoten (fast 32 km/h); damit gehörte es schon zur Klasse der Schnellfrachter.

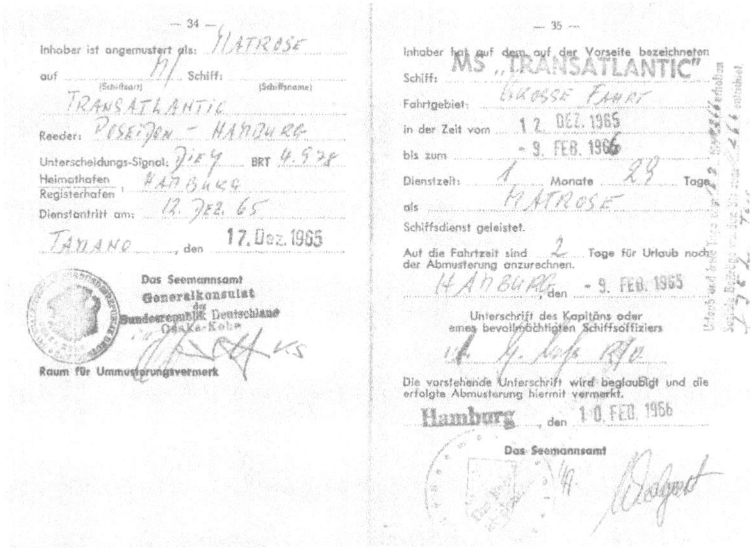

— 34 —

Inhaber ist angemustert als: Matrose
auf M/ Schiff: (Schiffsart) (Schiffsname)
Transatlantic
Reeder: Poseidon – Hamburg
Unterscheidungs-Signal: DIEY BRT 4.978
Heimathafen / Registerhafen: Hamburg
Dienstantritt am: 12. Dez. 65
Tamano, den 17. Dez. 1965
Das Seemannsamt
Generalkonsulat der Bundesrepublik Deutschland
Osaka-Kobe
Raum für Ummusterungsvermerk

— 35 —

Inhaber hat auf dem auf der Vorseite bezeichneten
Schiff: MS „TRANSATLANTIC"
Fahrtgebiet: Grosse Fahrt
in der Zeit vom 12. DEZ. 1965
bis zum - 9. FEB. 1966
Dienstzeit: 1 Monate 29 Tage
als Matrose
Schiffsdienst geleistet.
Auf die Fahrtzeit sind 2 Tage für Urlaub noch der Abmusterung anzurechnen.
Hamburg, den - 9. FEB. 1965
Unterschrift des Kapitäns oder eines bevollmächtigten Schiffsoffiziers
Die vorstehende Unterschrift wird beglaubigt und die erfolgte Abmusterung hiermit vermerkt.
Hamburg, den 10. FEB. 1966
Das Seemannsamt

Schon 1935 verkehrten Schiffe der Reederei Poseidon, einer Tochtergesellschaft des Stinnes-Konzerns im Kanada/USA-Große Seen-Dienst. Mir und anderen Seelords der 32 Mann starken Besatzung war aber schon auf dieser ersten Reise klar, dass in Hamburg Endstation sein würde; schließlich kannte ich dieses Fahrtgebiet zur Genüge. Mochte die ›Transatlantic‹ auch auf dem neuesten Stand der Technik sein und den Matrosen eine geräumige Kammer sogar mit Klimaanlage bieten, hegte ich doch schon Pläne für eine neu zu entdeckende Ecke der Erde.(Schon 1973 wurde der Kahn verkauft, fuhr danach unter dem Namen ›Lloyd Helsinki‹ und von 1975 bis 1986 als ›Franz Stenzer‹ für DSR (Staatsreederei der DDR). Bis 1999 durchpflügte dieses erste, von einem deutschen Reeder in Japan in Auftrag gegebene Schiff die Weltmeere.)

Erdumrundung (2. Teil) – Von Japan nach Hamburg

Nun nahm unser Dampfer im Ost-Pazifik Kurs auf die Bashistraße zwischen Formosa (Taiwan) und den Philippinen, vorbei an den Ryũkyũ-Inseln (Okinawa), den südlichsten Eilanden Japans, um danach im Südchinesischen Meer die äußerste Spitze Süd-Vietnams anzusteuern. Zu unser aller größten Freude sollten wir in Bangkok Tapioka (Mehl aus der Maniok-Knolle) laden. Einen besseren *port of destination* (Zielhafen) konnten sich die Seelords also wahrlich nicht wünschen! – Natürlich war ich als ›alter Bangkok-Fahrer‹ ein begehrter Gesprächspartner, hatte dort vor anderthalb Jahren ja schon das Seemannsparadies genossen und schätzen gelernt.

»Sach mal, du warst zweimal da, was läuft denn da so? Auch alles so teuer wie in Japan?«, wurde ich gefragt.

»Na, werdet den Unterschied schon erleben. Wer nicht auf seine Kosten kommt, hat selbst schuld«, antwortete ich leicht sibyllinisch.

Neben meiner Seewache von 8.00 bis 12.00 (20.00 bis 24.00) Uhr wurden Überstunden (Zutörnen) erwartet, fast schon direkt eingefordert. So arbeitete ich auch jeden Nachmittag von 13.00 bis 17.00 Uhr, hatte also eine regelmäßige Arbeitszeit von zwölf Stunden, auch sonnabends und sonntags.

Auf einem nagelneuen Schiff war Rost klopfen natürlich noch kein Thema – Gott sei Dank! Aber alles, auch der letzte

Bolzen, Schäkel oder Draht musste konserviert oder eingefettet werden. Außerdem fanden Werkzeuge, Tampen, Drähte, Taue, Farben, Pinsel und Rollen erst einmal einen Stammplatz im Kabelgatt. Bei angenehm warmen, nicht heißen Temperaturen, einem fast ständig blauen Himmel und geringem Wind und Seegang verrichteten wir unsere Arbeit an Deck mit wahrem Frohmut, nicht zuletzt auch aus Vorfreude auf schnuckelige Thailänderinnen – und Siam-Whisky.

C R E W - L I S T

OF THE GERMAN MOTORVESSEL "TRANSATLANTIC" / D I E Y. Master: Richard MUELLER.
Voyage: From TAMANO to HAMBURG/Germany via BANGKOK/Thailand.
leav.: Tamano 18 DEC 1965

No.	Rank	Name	Given Name	Date and Place of birth		National.	No. of Sea book
1	Master	MUELLER	Richard K.	13 DEC 08	Hofgeismar	German	930/62
2	1st Offc.	KRAMER	Heinrich H.	26 DEC 37	Sachsenhagen	"	228/53
3	2nd "	JABLONSKI	Gerhard	15 JAN 36	Arenshausen	"	A650/1953
4	3rd "	EDOL-WISCHENAU	Detleff	28 MAR 41	Baden/Wien	Austrian	A40/57
5	Rdo.Offc.	NESS	Guenther	22 AUG 23	Hamburg	German	0011/59
6	Ch. Eng.	BUDDE	Wilhelm	09 AUG 10	Hamburg	"	3890/60
7	2nd "	MEISTER	Peter	05 OCT 36	Kiel	"	867/56
8	3rd "	ADOMEIT	Hans-Werner	24 MAY 42	Lippstadt	"	0001/61
9	4th "	OSTERMANN	Adolf	25 MAR 11	Brunsbuettel-Koog	"	2385/63
10	Electr.	GRIES	Karl-Heinz	21 SEP 38	Hannover	"	3300/58
11	Ass.Eng.	MIEMMEISTER	Horst	25 FEB 38	Fuerstenberg	"	1141/64
12	" "	RIDDER	Wolfgang C.	03 FEB 47	Nordenham	"	7130/65
13	Cook	BURWITZ	Jonny E.	26 DEC 02	Bant/Ruestringen	"	3124/59
14	Ass.Cook	SIPOS	Sandor	08 MAR 34	Budapest	Stateless	4437/64
15	1st Stwd.	SCHWEDLAND	Martin M.	29 OCT 14	Maulen/Koenigsberg	German	1362/65
16	2nd "	RHEIN	Horst A.	28 APR 37	Harburg	"	2696/65
17	Messstwd.	TUERK	Norbert	21 SEP 44	Hamburg	"	A671/63
18	"	SCHULTZ	Dieter	15 JUN 45	Hamburg	"	1832/62
19	Cab. Boy	MURSCH	Peter	27 AUG 47	Moelln	"	7139/65
20	Boatsw.	WOLLMANN	Helmut J	09 APR 35	Poetenitz	"	168/65
21	Carpenter	THIELE	Rolf	05 MAR 30	Schleswig	"	2204/65
22	Apprent.	SPRINGER	Martin	25 FEB 36	Hoyerswerda	"	1492/64
23	"	WEGGEMANN	Volker R.	26 FEB 41	Helgoland	"	792-58
24	A. B.	FROST	Kurt	16 SEP 41	Kubylle	"	1449/59
25	"	GERNER	Eckehard	09 FEB 45	Augustusburg	"	28/1961
26	"	RICKERT	Dieter	16 MAY 40	Tremsbuettel	"	1981/64
27	O.S.	WEPER	Klaus H.	26 MAY 42	Hamburg	"	1413/59
28	D'Boy	VIESER	Gerhard	24 JUN 47	Neustadt/Br.	"	120/65
29	Storek.	STIEMER	Heinz H.	20 MAY 36	Hamburg-Altona	"	4464/62
30	Wiper	GERHARDS	Friedrich W.	20 FEB 45	Langenapel	"	3329/63
31	"	JANISCH	Klaus-Dieter	16 OCT 44	Ravensberg	"	38/65
32	"	LENSCH	G. Karl	07 AUG 46	Heide/Holst.	"	35/65
33	Guar.Eng.	MIYATA	Toyoji	28 SEP 25	Toyama/Japan	Japanese	M0007547

....
Master

Dabei spielte das kurz vor uns liegende Weihnachtsfest eine untergeordnete Rolle. Der Alte bequemte sich Heiligabend in die Mannschaftsmesse, um uns mit ein paar warmen Worten ›Frohes Fest‹ zu wünschen. Kein bunter Teller, kein Weihnachtsbaum – hatte man wohl ›vergessen‹ -, kurzum: keine stilvolle Feier wie anno 1961 auf meinem ersten Dampfer ›Georg Russ‹.

Und dann das: Am ersten Weihnachtstag schipperte die ›Transatlantic‹ mit Kurs 225° (Südwest) ziemlich dicht an der Küste von Süd-Vietnam entlang. Das Land lag nicht jenseits des Horizonts, sondern nur einige Meilen entfernt. Dort sahen wir, stumm und fast ungläubig, kleinere und größere Feuerbälle in unterschiedlichen Abständen aufblitzen und es entwickelten sich schwarze, hässliche Rauchwolken: Der Vietnamkrieg war in vollem Gang.

Gegensätzlicher konnte wohl kaum ein anderes Geschehen sein. Es war Weihnachten und wir wussten, dass dort an Land Menschen zu Krüppeln geschossen wurden oder gar ihr Leben ließen – für was eigentlich?! Warum ist die Menschheit nicht imstande, diese Geißel zu verbannen, warum werden Ressourcen, menschlicher Erfindergeist und Geld nicht dazu verwendet, die Welt besser zu machen, statt immer neue Waffen herzustellen? Diese Gedanken gingen jedem durch den Kopf beim Betrachten des Infernos, das sich an Land abspielte.

Bangkok – das dritte Mal

Als unser Dampfer Kap Ca Mau passierte und mit Kurs 315° (Nordwest) die Bucht von Bangkok anpeilte, hellte sich unsere Stimmung wieder auf. Wir vergaßen erst mal den Irrsinn Krieg, gingen am zweiten Weihnachtstag vor Thailands Hauptstadt für ein paar Stunden wieder mal auf Reede und machten nachmittags an der Pier fest. Bangkok hatte mich wieder – und umgekehrt!

Nach dem Hochstellen der Ladebäume bei tropischer Temperatur erwachten bei einer erquickenden Dusche alle Lebensgeister und nichts hätte uns davon abhalten können, an Land zu eilen. Mit einem Zampan (Speedboat) ging es dann schnurstracks ins Nachtjackenviertel Richtung Mosquito-Bar, auch in der vagen Hoffnung, meine Lotusblume Toi zu treffen.

»Meinste, sie wartet jetzt gerade hier auf dich, ist doch schon 'ne Weile her, als du mit ihr deine glorreiche Zeit in Bangkok hattest«, gab Kurt zu bedenken, als wir die Lokalität ansteuerten.

»Hier haben wir uns jedenfalls verabschiedet, ging mir damals ganz schön an die Nieren.«

In den zurückliegenden zwei Wochen hatten Shorty und ich uns angefreundet. So manches Mal nach dem Ende der Seewache bei ›Balle‹-Rum mit Cola hatten wir über unsere bisherige(n) Lebensgeschichte(n) Klönschnack gehalten, einschließlich der dazugehörigen Seemannserfahrungen. Kurt, etwas älter als ich, als Kind aus Schlesien vertrieben, hatten Familienärger und eine nicht erwiderte Liebe zur Schifffahrt getrieben.

An diesem Abend sollte mein Wiedersehenstraum nicht in Erfüllung gehen, aber immerhin hatte ich beim Gespräch mit dem Boss (Wirt) in Erfahrung bringen können, dass ihm Toi nicht ganz unbekannt war. Ohne ihren vollständigen Namen zu kennen, wäre es fast unmöglich gewesen, sie nur mit der Beschreibung ihres Äußeren darzustellen – irgendwie sah das weibliche Personal hier fast durchweg ähnlich aus. Toi hatte mir nach unserem Abschied, in der Nacht vom 23. auf den 24. August 1964, in holprigem Englisch noch einmal geschrieben, aber danach versandete unser Kontakt. Also wechselten wir zur Golden Gate-Bar. Zu unserem Erstaunen hörte man im Gesprächswirrwarr des Öfteren ein mir bekanntes englisches Idiom – es konnte sich nur um Amerikaner handeln, die, wie wir wenig später erfuhren, als GI's ihren (Front-)Urlaub verbrachten. Der Krieg in Vietnam eskalierte immer mehr. Auch ein paar Frauen sahen gar nicht thailändisch aus, sie hatten einen dunkleren Teint und ausgeprägte Augenbrauen.

»Where are you from?«, wollte eine dieser Damen von mir wissen.

»I'm from West-Germany and you? You are not a Thai?«, erwiderte ich.

»I'm from India, from Bombay, my name is Indira.«

»Oh, it goes well with your country. (Der Name passt ja gut zu deinem Land.)«

Donnerlüttchen, 'ne Inderin, schoss es mir durch den Kopf, warum nicht, mal was Neues. Nach etlichen Tänzen und einigen Drinks schlich ich mit ihr um vier Uhr morgens an Bord; die Nachtdeckswache, Leichtmatrose Dieter, trank gerade in der Messe einen Kaffee, wie ich mit einem Blick durch Fenster erkannte. Anders, als auf der ›Paul Rickmers‹ mit der ich zuletzt in Bangkok war, hatte die Besatzung strikte Order, keine Frauen an Bord zu bringen.

Wohlweislich hatte ich mir für diesen Montag einen freien Tag genommen. Indira brachte mir das Einmaleins des Kamasutras für Anfänger bei, dabei entpuppte sie sich als sehr offen und keineswegs zimperlich. Erst mit Einsetzen der kurzen Dämmerung und nach einer Lagepeilung an Deck brachte ich meine exotische Lehrmeisterin von Bord.

Am späten Abend, nach erquickendem Schlaf und der physischen und psychischen Regenerierung von Indiras Unterricht, zog es mich gleich wieder ins Vergnügungsviertel, in dem sich mittlerweile einige neue Lokale wie die Roma-Bar oder OK-Club etabliert hatten. In diesen Etablissements verkehrte auch der eine oder andere GI, unschwer an seinem US-Slang zu erkennen; wohl aus gutem Grund trugen sie keine Uniformen.

Amerikaner, ob Seeleute oder erst recht Soldaten, waren im Allgemeinen nicht sonderlich beliebt. Sie gaben sich oft laut und auffallend, ihre Dollar wurden aber überall gern entgegengenommen. Wie wohltuend anders hatte sich doch der amerikanische Matrose Eddy vom Lykes-Liner in Beirut gezeigt. Ich hütete mich auch später davor, Klischees über bestimmte Nationalitäten zu übernehmen. Auf der Welt gibt es gute, weniger gute, schlechte und ganz schlechte Menschen. Hier, im Nachtjackenviertel, taten sich manchmal Amis in ihrem Verhalten besonders aus dem Rahmen fallend hervor. Den Grund dafür sollte ich zwei Tage später in Erfahrung bringen. An diesem Abend genügten mir ein paar Gläser Thai-Whisky und einige Tänzchen, um dann zu früher Stunde, so gegen zwei Uhr nachts, wieder an Bord zurückzukehren, schließlich war ich auf keiner Kreuzfahrt und musste um acht Uhr meinen Dienst an Deck bestreiten.

Nun hatte sich ein pekuniäres Problem eingestellt. Da ich erst seit etwas über zwei Wochen an Bord arbeitete, war mein finanzieller Spielraum erschöpft. Von der Schiffsleitung gab es keinen Vorschuss. Ich war gezwungen, Steward Martin Schwedland, einen älteren Ostpreußen, zu bitten, mir Landgangsgeld vorzustrecken. Diese gutmütige, bedächtige Seele von Mensch verhalf mir aus meiner Bredouille und so brauchte ich nicht, wie so manch anderer Seelord in Geldnöten, mein Radio oder meinen feinsten Zwirn zu versilbern.

Am nächsten Tag musste noch ein Schlag (Anstrich) schwarzer Außenbordsfarbe am Vordersteven angebracht werden, eine nicht allzu sehr kräftezehrende Arbeit, von der Stellage (Sitzbrett) aus, mit einer überdimensionalen Farbrolle. Nach Arbeitsende, Duschen und Abendbrot – wie üblich mit einer warmen Mahlzeit – steuerten Shorty und ich wieder die ›neuen‹ Bars an. Dort, im OK-Club hatte sich ein Frollein Aepen für mich interessiert. Seltsamerweise vollführte sie leicht unkoordinierte Bewegungen und ihre Augen schienen etwas zu glasig.

»Merkste denn gar nicht, die ist zugedröhnt«, gab Kurt zu bedenken.

»Ja, bisschen komisch kommt sie mir schon vor, aber so habe ich damals hier die Frauen nicht erlebt.«

»I need money for my medicine, please, give me ten dollar!«

Diese fast flehentlich vorgetragene Bitte der jungen Frau öffnete mir die Augen: Sie war drogenabhängig! – Wir versuchten, sie trotz mehrfachen Bemühens, nicht mehr zu beachten, vernichteten noch einige Thai-Spaßmacher, sprachen über Gott und die Welt und kehrten schon um Mitternacht an Bord zurück.

Nach dem Anstreichen der Bordwand von der Pier aus am darauffolgenden Tag, startete ich meinen fälligen Landgang mit dem Ziel Mosquito-Bar, in der ungewissen Erwartung, Toi doch noch wiederzusehen – die Hoffnung stirbt zuletzt. Als ich das schummrige Innere des Tanzschuppens betrat, scholl mir laute westliche Popmusik entgegen. Ich musterte vor allem die schwungvoll, aber elegant tanzenden Thailänderinnen und war fast schon so weit, meinen Traum zu begraben, als plötzlich aus dem Halbdunkel eine hübsche, junge Frau auf mich zulief – meine alte Liebe Toi! Nach fast unendlich vielen Küssen und Umarmungen fielen die ersten Worte.

»Why didn't you write to me?!« Was sollte ich bloß darauf antworten?

»No time, no way.« Ich versuchte, so gut es ging, ihr die Umstände zu erklären, warum ich ihr meine Ankunft nicht vorher mitteilen konnte; sie hatte ja auch kein Telefon.

»Never mind, it's so nice to be together with you, my darling!«, flötete sie zurück. Ihr Englisch war schon fast perfekt geworden, ihr Temperament ungezügelter und ihr Make up ein wenig greller, kurzum: Sie hatte sich in ihrem Wesen und in ihrer äußerlichen Erscheinung geändert.

Der Abend in der Bar währte nicht lange. Schon nach einem Tänzchen zu ›Oh, Donna‹ von Richie Valens und zwei Thai-Whiskies drängte mich ›Tiger‹ ziemlich direkt und unverblümt zum langersehnten Tête-à-tête. Wir machten uns auf den Weg an Bord. Von der Pier aus beobachtete ich, ob sich niemand in der Nähe des Fallreeps (Gangway) aufhielt – schließlich wollte ich unnötigen Scherereien aus dem Weg gehen. Wir huschten schnell und geräuschlos an Deck und in meine Kammer und ließen unseren Gefühlen und Bedürfnissen freien Lauf – hemmungslos, leidenschaftlich, bevor wir ermattet einschliefen. Ein paar Stunden später wachte ich auf und sah von der Koje aus, wie Toi am Waschbecken sichtlich nervös in ihrem Buko (Beischlaf-Utensilienkoffer) herumkramte und ungewöhnliche, ärgerliche Laute von sich gab. Mittlerweile war mir klargeworden, wonach sie suchte. Als sie sich wieder ins Bett legte, zitterte sie leicht und machte fahrige Bewegungen.

»I need some dollar for my medicine!«, stieß sie hervor.

»What happens to you? Are your drugs empty?«, fragte ich sie nun unverblümt. Statt einer Antwort vergrub sie den Kopf in ihren Händen, fing an zu schluchzen und weinte bitterlich. Solch negative Gefühlswallungen hatte ich in unserer ganzen gemeinsamen Zeit noch nicht erlebt.

Mit dem Krieg in Vietnam und den GI's hatten also auch Drogen verstärkt in Bangkok Einzug gehalten. Was war aus der einfühlsamen, sanften, stets lächelnden und gut gelaunten Toi geworden! Als ich nicht bereit war, ihr noch Dollar zu geben, gab sich die teuflische Fratze der Drogensucht endgültig zu erkennen. Laut schimpfend, fast schon schreiend und beleidigend, dann wieder flehend und weinend, versuchte sie mich umzustimmen. Ich musste hart bleiben und brachte sie noch im Morgengrauen von Bord. Was für ein Wiedersehen mit diesem schmählichen Abschied! Trotz alledem beschwor ich sie, sich mit mir am Abend wieder zu treffen.

Tagsüber verpasste ich dem Spiegel, der weißen Außenbordoberkante auf der erhöhten Back bei Luke eins, einen glänzenden Farbanstrich. Unser Dampfer hatte in der Zwischenzeit den größten Teil der Tapioka-Ladung übernommen und sollte am nächsten Tag nach Singapur auslaufen.

Abends machte ich mich mit unterschiedlichen Gefühlen auf den Weg zur Mosquito-Bar; ob sich Toi wohl an unser vereinbartes Treffen halten würde? Auch wenn sich meine Empfindungen geändert hatten, so behielt doch ein bejahendes Grundgefühl die Oberhand, als ich sie wieder im Lokal umarmen konnte. Schon nach einem Drink fuhren wir mit einem Zampan zu ihrem Domizil. In ihrem Zuhause hatte sich wenig geändert, allerdings war sie nun stolze Besitzerin eines Telefunken-Radios und eines Philips-Plattenspielers. Bei Kerzenlicht und unaufdringlicher ruhiger Thai-Musik ließen wir es erst einmal ganz kuschelig angehen. Sie schien fast wieder ganz die ›alte‹ Toi zu sein, so wie ich meine Lotusblume von Beginn an kannte. Als ich mich nach unserem Beisammensein gegen Mitternacht verabschieden und meinen Heimweg antreten wollte, kamen die bösen Geister zurück. Auch ihre erneute Vorstellung mit Tränen und wüsten Beschimpfungen ließen mich standhaft bleiben, ich konnte und wollte ihr nicht noch mehr Dollar für ihre Drogen geben.

Ganz unrühmlich und beinahe unsentimental sagte ich ihr Lebewohl. Wie ihr weiterer Lebensweg verlief? Ich werde es wohl nie erfahren; sie bleibt mir lebenslang in bittersüßer Erinnerung.

Von Singapur heimwärts

Am Jahresende wurden meine zwiespältigen Gedanken durch viel Arbeit verdrängt. Nach letzten Außenbordarbeiten (dem Anstreichen des Hecks), Seeklarmachen (Luken zu, Ladebäume in ihren Halterungen befestigen), legte die ›Transatlantic‹ abends ab. Drei Stunden später mussten wir in der Bucht von Bangkok ankern; die Maschine machte Schwierigkeiten. Der japanische Garantie Ingenieur war nun nicht gerade zu beneiden, schaffte es aber nach zwei Stunden, die aufgetretene schadhafte Maschinensteuerung wieder flott zu machen. Mit MAN-Schiffsdieselmotoren gab es fast nie irgendwelche Maleschen. Dieser unvorhergesehene Aussetzer des Antriebs bescherte mir eine ruhige 8-12- und 20-24-Wache.

Bei der anschließenden Silvesterparty in der Mannschaftsmesse kam weder bei mir noch bei den anderen Polleraffen eine ausgelassene, lockere Stimmung auf, schließlich hatte jeder nur maximal sieben Stunden bis zur nächsten Wache und ein Abschied von einem ansprechenden, richtigen Hafen für erlebnishungrige Seelords fiel immer schwer.

Die ›Transatlantic‹ durchpflügte in den ersten drei Tagen des Jahres 1966 auf Kurs 155° (etwa Süd-Südost) den Golf von Thailand und bei Kap Punggai, im Süden der malayischen Halbinsel, drehte unser Dampfer nach Steuerbord auf 250° (etwa West-Südwest), um dann nach zwei Stunden vor Singapur an der Ölpier festzumachen, um zu bunkern.

Auf dem Hauptdeck hatte sich während der sechstägigen Liegezeit in Bangkok beim Laden eine dicke Schicht von verschüttetem Tapioka gebildet, die erst einmal von Deck gespült werden musste – wohl zur kulinarischen Freude der Seevögel und Außenbordkollegen (Fische). Dolce vita hatte sich für über drei Wochen erledigt. In Singapur war mal wieder nichts mit Landgang. Der Alte erteilte während des sechsstündigen Bunkerns an der weit außerhalb der Metropole liegenden Pier Landgangsverbot, wohl auch aus Sorge, dass sich der eine oder andere Seelord in eine mandeläugige chinesische Schönheit vergucken könnte und das Auslaufen verpassen würde. An diesem Tag war ich einschließlich meiner Seewache fast fünfzehn Stunden auf den Beinen – normaler Seemanns-Arbeitstag.

Beim Bunkern passierte ein Malheur, wie ich es vorher noch nicht erlebt hatte: Aus den Entlüftungsrohren (Schwanenhälse) ergoss sich eine beachtliche Ladung stinkenden Schweröls aufs Deck, das die Janmaaten gerade erst gereinigt hatten. Ein Teil des Öls floss durch die Speigatten (Abflußöffnungen) direkt ins trübe, buntschillernde Wasser, dieses Mal wohl sehr zum Leidwesen der Fauna und Flora im Meer. Der Rest wurde dann nachts in die Straße von Malakka befördert, mit einem harten Strahl aus dem Deckswaschschlauch; Umweltschutz war damals fast noch ein Fremdwort. In den nächsten Wochen bekamen alle Aufbauten noch einen schönen, weißen Lackanstrich. Neben meiner Seewache törnte ich jeden Tag zu, so dass in einem halben Monat fast siebzig Überstunden anfielen.

Diese Haupthandelsroute befuhr ich schon das dritte Mal. Nach dem Passieren von Sabang und Banda Aceh an der Nordwestspitze Sumatras (*2005 vom Tsunami vollständig zerstört*) ging es auf westlichem Kurs an Ceylon (Sri Lanka) vorbei und durch den 8°-Kanal nördlich der Malediven in Richtung Golf von Aden (Jemen).

Am Abend des 12. Januars passierte die ›Transatlantic‹ den Bab el Mandeb, das südliche Tor zum Roten Meer. Tags darauf schaffte ich es, einen 20 Liter Farbeimer umzukippen, anschließend fiel mir in den kläglichen Farbrest noch meine Sonnenbrille hinein – ein Unglück kommt selten allein, vor allem, wenn es der 13. des Monats ist.

Zwei Tage später warf unser Nobelkahn vor Suez den Anker, um den von Norden kommenden Schiffskonvoi passieren zu lassen. Mit Shorty und Dicky, einer der beiden OA's (Offiziersanwärter) wurde eine zünftige Kanal-Party zelebriert.

Dicky, auf Helgoland geboren, hatte als einer der ersten Matrosen diesen neu geschaffenen Dienstgrad. Neben der üblichen Matrosentätigkeit sollten OA's während des Brückenwachdienstes erste nautische Kenntnisse und Erfahrungen sammeln, um dann auf der Seefahrtschule das Patent A5, Steuermann auf Großer Fahrt, zu erlangen.

Der sprunghaft angewachsenen westdeutschen Handelsflotte – nach Einheiten, also Anzahl, eine der größten der Welt – fehlten vor allem ausgebildete Nautiker. Erst wenige Reedereien stellten OA's ein, allgemein üblich war noch die Ochsentour vom Moses zum Matrosen. Nach insgesamt fünfjähriger Fahrzeit – drei Jahre als Junggrad, zwei Jahre als Matrose – konnte man auf die Seefahrtschule (für Nautische Schiffsoffiziere) gehen.

Als ich am nächsten Morgen nach unserer Suez-Party aus der Koje sprang, fühlte sich mein Kopf leicht vierkantig an, das letzte Gläschen war wohl zu viel des Guten. Das wäre halb so schlimm gewesen, wenn mir der Scheich (Bootsmann) nicht den Auftrag erteilt hätte, zusammen mit Matrose Dieter die Schwergutbezüge am Hauptmast zwischen Luke 2 und 3 noch extra gut zu laschen. Permanent hämmerte ich mir bei dieser Aktion die alte Seemannsweisheit ein: ›Eine Hand für dich, eine fürs

Schiff‹, als wir gut 12 Meter über Deck die Tampen (Taue) festzurrten. Um 11 Uhr hievte der Zimmermann unter Anleitung des 3. Offiziers den Anker und danach steuerte ich bis 12 Uhr die ›Transatlantic‹ in den Suez-Kanal. Zwölf Stunden später ging der Lotse in Port Said von Bord.

Abends auf meiner Seewache im Mittelmeer scheuchte mich der ständig grinsende Alte aus dem Brückenhaus in die Brückennock, als ich mit dem Dritten, aus Baden bei Wien (!) stammend, mit dem schönem Vornamen Detlef, einen munteren Plausch über unsere Reise und das Schiff hielt.

»Ausguck wird draußen gegangen!«, schnauzte mich der Kapitän an.

Ich dachte nur: ›Wieder so ein alter Korinthen-Kacker.‹

Tags darauf briste es stark aus Nordwest auf, der ›Eiserne Gustav‹, die automatische Steuerung, wurde abgeschaltet und der Dampfer von Hand gesteuert, es befanden sich also drei Mann auf der Brücke: Third Mate, Rudergänger und Ausguck.

Mit dem Zutörnen war es erst einmal für sechs Tage vorbei, da Regen und Spritzwasser Anstricharbeiten an Deck unmöglich machten. Außerdem war es empfindlich kühler geworden. Auch die Maschine schien einen Schnupfen bekommen zu haben, sie lief nicht mehr rund und mit lahmen 10 Knoten schipperte der Neubau durchs unwirtliche mare mediteraneo.

Am 21. Januar passierten wir Gibraltar und vier Tage später lief unser Kahn bei ›grauer Suppe‹ (Nebel) in Rotterdam ein. Im größten umschlagsstärksten europäischen Hafen blieben wir nun vom 25. Januar bis zum 4. Februar, also elf Tage Liegezeit; die hätten die Seelords doch viel lieber an einem exotischeren Ort verbracht.

Nach dem Festmachen enterte ein Trupp Janmaaten die ›Transpacific‹, einen betagten Kahn der Poseidon-Linie, auf dem sich einige ältere ›Reederei-Hasen‹ wiedersahen. Anschließend durchstreifte die Poseidon-Truppe gemeinsam das Viertel Kartendrecht, Klein-St. Pauli auf Holländisch, mit den üblichen Lokalitäten und Spelunken. Als ehemaliger Große Seenfahrer tauschte ich meine Erfahrungen mit den Jantjes der ›Trans-Pipifax‹ aus – mit viel Heineken-Bier und Genever.

Am nächsten Abend steuerte ich das Deutsche Seemannsheim an und sah den Film ›Ein Mann geht durch die Wand‹ – ein gutbürgerlicher Abend. Es gibt natürlich in den großen Häfen auch Seemannsheime anderer seefahrender Nationen, zu einem großen Teil von den jeweiligen christlichen Kirchen getragen. Ein Seemannsheim ist aber nun mal eine andere Welt als all die Mosquito-Bars in fernen Kontinenten.

Zwei Tage später machte ich im Café de Wyck die Bekanntschaft mit den Decksbauern der ›Krugerland‹, einem Afrika-

Löschen der Tapioka-Ladung in Rotterdam

Liner der Globus-Reederei. Später landeten wir im L'Ambassadeur. Hinter dem hochtrabenden Namen versteckte sich aber nur die Botschaft: Getränke zu Mondpreisen und abgetakelte Dockschwalben – eine Bar übelster Sorte.

Am nächsten Tag blieb ich brav an Bord, landete aber tags darauf aus schlechter, alter Gewohnheit wieder mit Polleraffen der ›Krugerland‹ in der Bar Habanero, wo wir zu später Stunde als ›Moffen‹ beschimpft wurden. Nun ja, die Bombardierung Rotterdams durch die Reichsluftwaffe lag gerade mal 26 Jahre zurück. Natürlich hätte ich mir bei dieser langen Liegezeit auch liebend gern die wieder aufgebaute Stadt angeschaut, aber schließlich war ich tagsüber zum Arbeiten an Bord, auch sonnabends und sonntags; in den Räumen, Gängen und Treppen mussten noch umfangreiche Malerarbeiten ausgeführt werden.

Am Sonnabend, den 5. Februar, fuhr die ›Transatlantic‹ auf der Nieuwe Maas und dem New Waterweg, eigentlich der letzte Abschnitt der Rheinmündung, in die Nordsee. Warum der Rhein, in den Niederlanden Waal genannt, an dieser Stelle ausgerechnet zu einem Nebenarm der Maas degradiert wird, bleibt mir ein Rätsel.

Mit Kurs 220° (fast Südwest) steuerte der Dampfer die Schelde-Mündung an und musste vor Vlissingen ankern, weil unser Liegeplatz in Antwerpen noch nicht frei war. Am darauffolgenden Sonntag kündigte ich meinen Dienst beim First Mate Heinrich Kramer. Nach nur zehnstündiger Liegezeit in Antwerpen ging es wieder zurück nach Bremen, wo die ›Transatlantic‹ um zwei Uhr nachts festmachte, was ein paar Janmaaten aber nicht davon abhielt, danach noch in die ›Weserperle‹ einzukehren. Mittlerweile hatte es stark geschneit und der Schnee musste von Deck und Luken geschippt werden. Was für eine lästige Arbeit!

Schon in der darauffolgenden Nacht musste das Schiff wieder seeklar gemacht werden, um dann zum ersten Mal unseren Heimathafen Hamburg anzulaufen. Zum letzten Mal steuerte ich unseren stolzen, neuen Pott in die Elbmündung;

um vier Uhr hatte mich Hammonia wieder, es war der letzte Arbeitstag an Bord und mein 21. Geburtstag.

In zwei Monaten umrundete ich die ganze Erde von Hamburg nach Hamburg! Diese Weltumsegelung und meinen Ehrentag feierte ich natürlich mit Shorty gebührend ›auf dem Hügel‹ (St. Pauli). Nach einer letzten Nacht in meiner Koje erledigte ich Papierkram beim Seemannsamt und bei der Reederei.

Da mich das anstehende Fahrtgebiet der ›Transatlantic‹ – Große Seen, USA und Kanada – in keinster Weise mehr reizen konnte, dazu auch noch im Winter, schaute ich bei der ›Hamburg-Süd‹ vorbei. Diese, nach Hapag und Lloyd, drittgrößte deutsche Reederei bedient hauptsächlich Häfen an der südamerikanischen Ostküste.

Bingo! Auf der ›Cap Palmas‹, die noch im Südatlantik herumschipperte, wurde eine Matrosenstelle frei. Also demnächst auf nach Südamerika – Brasilien, Uruguay und Argentinien.

Das letzte Kapitel im Binnenland

Erst einmal fuhr ich nach Groß Ilsede, östlich von Hannover. Während meiner Zeit auf der ›Peter Pan‹ hatte ich Ingrid kennengelernt und Briefkontakt gehalten. Nun war der große Moment gekommen, ihr einen echten Kimono samt Obi und Strohhut zu präsentieren.

Ingrid, dunkelhaarig und von mittlerer, fast kleiner Statur, passte bestens in den japanischen Zwirn und bedankte sich überschwänglich. Bei unserem Wiedersehen gab es aber einen kleinen Wermutstropfen. Ausgerechnet an diesem Tag kam ihr Vater, der als Monteur für die Firma ›Peiner Kran‹ arbeitete, von einer Dienstreise zurück. (*Er hatte in Bremen auf einem norwegischen Frachter die Bordkräne repariert.*)

»Papa, darf ich dir vorstellen: Das ist Eckehard, er fährt als Matrose zur See.«

Mürrisch, fast geringschätzig blickte mich ihr ›Alter‹ an.

»Ach nee, auch so einer von der Sorte, die im Hafen nichts Besseres zu tun haben, als sich zu besaufen. Auf dem Norweger war die Mannschaft bis auf den Käpt'n ziemlich besoffen bis sternhagelbreit. Was für ein Sauhaufen!«, schimpfte er. Wie sollte ich darauf reagieren?

»Auf deutschen Schiffen gilt immer noch: Dienst ist Dienst und Schnaps ist Schnaps«, gab ich kleinlaut zurück. Die Norweger können nicht mit Alk umgehen.«

Das konnten deutsche Seeleute zwar auch nicht immer, aber wer betrunken zum Dienst erschien, wurde unter Deck geschickt und bekam einen ›gehörigen Einlauf‹ (Standpauke) verpasst.

»Na ja, will ich mal glauben, aber das, was ich da gesehen habe, war die reinste Katastrophe«, erwiderte Ingrids Vater.

Ob er das Klischee vom immer betrunkenen Seemann abgelegt hatte, daran konnte ich nicht glauben, zutiefst saß sein Groll über das Erlebte. Ich feierte mit Ingrid und ihrem Bruder Jürgen einen ausgelassenen Rosenmontag in der Niedersachsenhalle in Hannover. Ingrids Karnevalkostüm war ein voller Erfolg und zog alle Blicke auf sich.

IV. MS ›Cap Palmas‹ (11. Schiff) Stückgutfrachter – Ostküste Südamerika

Erste Reise nach Rio Grande do Sul, Montevideo und Buenos Aires

Am 25. Februar, nach Erledigung der üblichen Formalitäten, enterte ich am späten Nachmittag in Hamburg die ›Cap Palmas‹, mit fast 13.000 Ladetonnen und ihren Abmessungen von über 150 Länge und fast 20 Meter Breite etwa so groß wie die ›Cap San Diego‹, dem Museumsschiff am Baumwall nahe der Elb-Philharmonie.

Als MS ›Bertioga‹ lief sie bei der Kieler Howaldtswerft 1957 vom Stapel und gehörte zur Reederei ›Hamburg-Südamerikanische Dampfschifffahrt Gesellschaft Eggert und Amsinck‹ – so

›Cap Palmas‹

der alte offizielle Name. Wir Seeleute bezeichneten die Reederei nicht gerade geschmackvoll nach der Schornstein-Kennung, weiß mit rotem oberen Rand als ›Nüllenkopf‹.

In meinem Seefahrtbuch wurde aber nicht der geläufige Reedereiname Hamburg-Süd eingetragen, sondern Rudolf A. Oetker; nun transportierten wir aber nicht Unmengen von Backpulver. Zu damaliger Zeit war der Herr aus Bielefeld, wie auch andere Industrielle und natürlich Banken, in das boomende und gewinnbringende westdeutsche Reedereigeschäft eingestiegen.

»Bin der neue Janmaat, war vorher bei Poseidon und Horn«, stellte ich mich am Liegeplatz Hansa-Hafen, Schuppen 51, ein paar Decksbauern in der Mannschaftsmesse vor – meine Zeit auf ›Peter Pan‹ verschwieg ich geflissentlich, wollte nicht gleich als Musikdampfer-Matrose abgestempelt werden. Ein junger, schlaksiger dunkelhaariger Polleraffe hatte auf dem Seesack meine Adresse erspäht.

»Ach nee, noch'n Hannoveraner, bin aus Wennigsen am Deister, heiße Peter, reiß hier die letzten Monate als Leichtmatrose ab.«

Tags darauf, am Sonnabend, absolvierten wir beide einen Landgang der gutbürgerlichen Art und mieden die einschlägigen Etablissements von St. Pauli, stattdessen steuerten wir Lokalitäten wie das ›Hofbräuhaus‹, das ›Ballhaus am Michel‹ und natürlich das ›Zillertal‹ an, in denen hauptsächlich Touristen verkehrten – keine Orte für Dockschwalben. Natürlich blieben Kontakte zu ›anständigen‹ Mädchen nicht aus, beschränkten sich aber auf übliche Plaudereien und ein paar Tänzchen.

Am Sonntag schauten wir uns im Hauptbahnhof-Kino ›Das Narrenschiff‹ an, ein wahrhaftig sehenswerter Film mit großartigen Schauspielern.

Zwei Tage später lief die ›Cap Palmas‹ mittags aus, bei zunehmenden Nebel musste ich als 8-12 Wachsgänger neben meinem Rudertörn (steuern) auch den Ausguckstörn auf der

Back (erhöhtes Vorderschiff) beziehen. Unter ständigem Nebelhorntuten und mit halber Kraft schlich der Dampfer an den westfriesischen Inseln vorbei, um nach eineinhalbtägiger Fahrt nachts um 2 Uhr in Antwerpen festzumachen. Nach vier Stunden Schlaf die stets gewohnten Arbeiten: Löschklarmachen – Bäume hoch, Luken auf – und Deck aufklaren (aufräumen); die Freibordmarke, die für die verschiedenen Gewässer die Ladekapazitäten anzeigte, erhielt von mir einen neuen Anstrich.

Entrosten manuell (oben) und maschinell (unten)

Schon am nächsten Tag traten wir unsere Reise über den Südatlantik an. Beim Übernehmen der Ladung war einiges schiefgelaufen, so verbrachte die Decksgang einige Stunden in Luke 1, um Kisten, Fässer und Kartons umzustauen. In der ersten Woche an Bord summierten sich meine overtimes auf weit über

30 Stunden und etliche, extra bezahlte Ladungsstunden – gut für mein Sparkonto und Landgangs-Budget.

Auf dieser ersten Reise Südamerika Ostküste legten auch zwei sogenannte ›Überarbeiter‹ an Deck Hand an, zwei junge Argentinier, einer davon mit deutschen Vorfahren. So brauchten sie keinen damals sündhaft teuren Flug zu berappen und konnten an Bord noch etwas für ihren Geldbeutel tun. Die beiden, Diego und Louis, erweiterten auch meine nicht gerade überragenden Spanischkenntnisse, wobei ich feststellte, dass in Argentinien das eine oder andere Wort vom *castillano*, der offiziellen spanischen Sprache, abwich, zum Beipiel wurde statt *dinero* das Wort *plata* (Silber) für Geld benutzt.

Obwohl die ›Cap Palmas‹ kein neues Schiff mehr war und der Rost schon an allen Ecken und Kanten sein zerstörerisches Werk begonnen hatte, war das Ladegeschirr in einem guten Zustand und sehr gängig, was auf dem Neubau ›Transatlantic‹ nicht zutraf. Dort musste so mancher Block (Rolle) oder Schäkel erst richtig betriebsbereit gemacht werden.

Vorbei an der Westspitze Frankreichs ›Uschang‹ (Ile d'Oussant), an Kap Finsternis (Cabo Finisterre), der Nordwestecke Spaniens, passierte unser ›Weißer Schwan des Südatlantiks‹ am 9. März Madeira und zwei Tage später die Kapverdischen Inseln vor der Küste Westafrikas. In diesen Gewässern bot sich uns ein Naturschauspiel der ganz besonderen Art: Über ein Dutzend Wale kreuzte unseren Kurs. Es war für alle ein überwältigender Moment, die riesigen Leiber, deren ganze Größe unter Wasser man nur erahnen konnte, so ruhig beim sich ständig wiederholenden Auf und Ab im Meer dahingleiten zu sehen. Was für ein Anblick!

Wehte bis dahin ein beständiger Nordost-Passat, so erreichten wir vier Tage später das Gebiet der Mallungen, auch Rossbreiten genannt, weil auf den Segelschiffsreisen der Entdecker – und Eroberer – der Wind erlahmte und unberechenbar aus unterschiedlichen Richtungen kam. Die portugiesischen und spanischen Konquistadoren kamen nicht voran und bald ging auch der Proviant zur Neige; dann mussten die mitgeführten Pferde als Verpflegung dienen.

Es wurde spürbar wärmer. Kurz vor dem Tageswechsel vom 13. auf den 14. März überquerte die ›Cap Palmas‹ den Äquator. Ein paar Tage später sichteten wir in der Dämmerung einen künstlichen Satelliten, damals allgemein nach dem ersten, von der Sowjetunion ins All geschossenen Himmelskörper noch Sputnik (Reisegefährte) genannt.

Außer meiner 8-12-Wache törnte ich jeden Tag nachmittags zu. Die Arbeitszeit betrug also 12 bis 13 Stunden – jeden Tag. Die gewohnten Arbeiten standen an: Entrosten, mennigen, pönen, labsalben und spleißen. Dabei passierte mir das blamable Missgeschick, das Auge (ringförmiges Ende) einer vierkardeeligen (vier einzelne Stränge) Trosse falsch gesteckt zu haben. Damals schämte man sich noch, wenn einem ein handwerklicher Fehler unterlief – aus welchen Gründen auch immer.

Rio Grande do Sul

Endlich, nach über zwei Wochen auf See, sahen wir am Abend schon die Lichter von Rio Grande do Sul, mussten aber erst noch auf Reede ankern, bevor die ›Cap Palmas‹ Sonntag, 20. März, in den am äußersten Südrand Brasiliens gelegenen Hafen einlief.

Ganz anders als auf der ›Hornbelt‹ auf Westküste Südamerika-Fahrt begann eine Phase der ›Großen Freiheit‹ mit nur drei Häfen und langen Liegezeiten. Die einschlägigen Seemannskneipen lagen praktischerweise nur fünf Minuten von der Pier entfernt. Großspurig warben diese etwas besseren Bretterbuden mit greller Leuchtreklame und der Bezeichnung ›Nightclub‹. Nun waren wir auch nicht in London oder New York gelandet, sondern in Brasilien, damals noch als Entwicklungsland bezeichnet.

In der Bar Piranha bestand das weibliche Personal aus jungen Frauen aller Hautfarben, von weiß bis ganz schwarz.

Dieses Mal entwickelte ich eine Passion für Caterina, eine ziemlich dunkelhäutigen Amazone. Die Anbahnung vollzog sich standardgemäß in vier Stufen: Erste Kontaktaufnahme am Bartresen, dann ein paar Tänzchen nach Sambaklängen oder Popmusik, danach ein längeres Schwätzchen an einem Tisch und, last but not least, Eintörnen meistens bis zum Morgengrauen.

Straßenbild in Rio Grande do Sul

Kaum ein Seelord war des Portugiesischen mächtig, aber ein Kauderwelsch aus Englisch und Spanisch verhalf uns doch zu einer, wenn auch nicht immer befriedigenden Konversation. Bei Tagesanbruch schlich ich mich um sieben Uhr an Bord. Der Bootsmann teilte mir die heikle und nicht ganz ungefährliche Arbeit des Mastreinigens und -waschens zu. Gleich nach dem Ausscheiden (Feierabend) schmissen wir uns in Schale und erkundeten die Etablissements jenseits der Hafenmeile. Peter aus Wennigsen, unser OA (Offiziersanwärter) und ich betraten die Bar Suzana, die auf

kleinen Werbezetteln zu einem Besuch aufforderte, damit uns die Nächte in Brasilien gefallen würden, natürlich in einem *buen ambiente, higiene esmerada* (ordentliche Sauberkeit) und mit *musica a su gusto.* Hier erregte eine flotte *café con leche* – leicht gebräunte – Grazie meine Aufmerksamkeit, die ein Top mit der Aufschrift ›007‹ trug.

»Soy zero zero siete«, stellte sie sich selbstbewusst vor.

»Yes, you look like a James Bond girl, pero tu no eres Sean Connery!«

»Never mind, a hora tu es mi hero!«

Wir mussten herzhaft lachen, ich sah ja nun wahrhaftig nicht so aus wie der zur Film-Kultfigur gewordene britische Geheimagent. Lucia, so ihr eigentlicher Name, blieb die nächsten Nächte mein sailor-girl. War es der lange Seetörn, das Überangebot an femininen Verlockungen oder totale Zügellosigkeit, dass ich nun – und auch in den folgenden Häfen – das ungeschriebene Gesetz, sich während der Liegezeit nur für eine Hafenbraut zu entscheiden, gebrochen hatte? Bei alledem war mein Handeln aber weit entfernt von heutigen Erscheinungen, wie Flatrate Bordells und Swinger Clubs.

In der Mannschaftsmesse kreisten die Gespräche um das Thema Nr. 1, wobei kaum ein abfälliges Wort über die brasilianische (Hafen-) Damenwelt fiel. Unser kleiner Moses hatte sich gleich am ersten Abend zusammen mit zwei anderen Junggraden in eine Bar verirrt, in denen anscheinend recht stämmige und kräftige Evastöchter in der Überzahl waren. Sie sollen unseren armen Moses sogar reihenweise einhändig (!) in die Luft gehoben haben. Das Lokal hieß dann auch ›die Bar der Kranfrauen‹.

Nach vier Tagen sagte ich Lucia adiós und konnte ihr versprechen, sie bald wiederzusehen. Unsere Ladung – Fahrzeuge, Maschinen, Chemikalien – war gelöscht und am 24. März nahm die ›Cap Palmas‹ mit südwestlichem Kurs auf Monte (Montevideo), gleich um die Ecke im Rio de la Plata.

Montevideo

Als wir am nächsten Tag abends die Hauptstadt Uruguays erreichten und nach zwei Stunden auf Reede die Hafenpier ansteuerten, passierte mir in der Hektik des Anlegens ein schwerer Fehler. Üblicherweise schmiss man wie ein Cowboy die am Ende mit einem speziellen Knoten beschwerte Wurfleine den Festmachern zu, die dann mithilfe dieser leichten Leine die schweren Trossen vom Schiff an Land zogen und um die Poller legten. Das andere Ende der Wurfleine wurde mit einem Palstek am Auge der Festmacherleine verknotet. Dabei hatte ich die erforderliche Leinenlänge, die für diesen Knoten benötigt wurde, falsch bemessen, so dass sich der Palstek auflöste und damit die Verbindung Trosse – Wurfleine – Pier in den Bach plumpste und perdu ging.

»Hast wohl deinen Matrosenbrief auf St. Pauli gekauft!«

»Is schon Schiet, wenn man zwei linke Hände hat!«

Diese und ähnliche Bemerkungen klingen mir noch heute in den Ohren. Beim nächsten Wurf war ich dann umsichtiger, aber

Montevideo

der erste Wurf war für einen Matrosen eine recht peinliche Vorstellung, ein Fehler, der einfach nicht passieren durfte. Gleich nach dem Festmachen ertränkte ich meinen Frust mit einigen Cuba libres in der Bar Punta Brava; anschließend ließ mich aber die blondgefärbte Letitia mein Missgeschick ganz und gar vergessen.

Montevideo

Nach vier Stunden Schlaf und fünf Stunden außenbords pönen brauchte ich unbedingt Erholung und legte mich nachmittags entgegen meinen üblichen Gewohnheiten erst einmal in die Koje; die wilden Tage zuvor in Rio Grande forderten ihren Tribut, es war Sonnabend, der 26. März.

Abends starteten Werner, unser OA, Peter und ich einen gutbürgerlichen Landgang, mieden das Nachtjackenviertel und kehrten in eine Milchbar (!) ein. So weit war es also schon gekommen, dass die physischen und psychischen Signale des Körpers und des Geistes uns zwangen, einen Abend ohne Rum auszukommen.

Am Sonntag – der Umschlag im Hafen ruhte – erkundeten Peter und ich die Metropole, in der fast die Hälfte aller Urus lebt. Im Gegensatz zu vielen anderen lateinamerikanischen Ländern schien sich hier doch ein breiter Wohlstand entwickelt zu haben.

Das Land, etwa halb so groß wie Deutschland, hatte schon zu Beginn des 20. Jahrhunderts die Grundlagen eines modernen Staates gelegt. Mit der Einführung der Sozialversicherung, eines kostenlosen Schulwesens und kostenloser medizinischer Versorgung, der Trennung von Staat und Kirche war Uruguay das fortschrittlichste Land Lateinamerikas geworden – und in welchem Staat der Welt fuhr schon ein Präsident einen VW-Käfer!

Nachdem wir die fast europäisch wirkende Metropole mit ihrer imposanten eigenständigen Architektur und etlichen Monumenten durchstreift hatten, kamen wir am Strand zu einem schlichten, aber würdigen Denkmal zur Erinnerung an das Kriegsschiff ›Admiral Graf Spee‹. Es wurde am 17. Dezember 1939 unter dem Kommando ihres Kapitäns Hans Langsdorff im Rio de la Plata versenkt. (*Ein aussichtloses Gefecht gegen drei alliierte Kriegsschiffe, ›Exeter‹, ›Ajax‹ und ›Achille‹, die vor Monte auf die ›Graf Spee‹ lauerten, hätte für den größten Teil der Marinesoldaten den sicheren Tod bedeutet. Einen dieser Überlebenden, ›Kreuzer Willi‹, hatte ich ja zuvor in Chile kennengelernt.*)

Bei diesem letzten Landgang in Montevideo verschlug es uns auch in eine öffentliche Tanzturnhalle, in der wir den tanzenden Paaren staunend zusahen. Die fast professionell vorgetragenen Darbietungen nötigten uns so viel Respekt ab, dass wir es erst gar nicht wagten, jemanden zum Tanz aufzufordern. Endstation in dieser Nacht war dann mal wieder das Hafenviertel, in dem wir uns nicht wie Fremdkörper vorkamen.

Buenos Aires

Nach drei Stunden Schlaf wartete ein Arbeitstag von 6 Uhr in der Früh bis Mitternacht auf mich: außerbords pönen, seeklar machen, auslaufen, Wache gehen. Im Rio de la Plata steuerten wir mit Kurs 275° Buenos Aires (Baires) an, wo die ›Cap Palmas‹ am nächsten Tag festmachte. Auf dieser kleinen Überfahrt, etwa 120 Meilen, konnte unser Dampfer nicht mit voller Kraft vorausfahren, um keine Kollisionen auf dieser von vielen kleineren Schiffen und Booten befahrenen Meeresbucht zu riskieren.

Am ersten Tag in der Stadt ›der guten Lüfte‹ schwirrte fast die gesamte Besatzung zur berühmt-berüchtigten Veinticinco de Mayo (25. Mai) aus. Diese Vergnügungsmeile in der argentinischen Hauptstadt erinnerte ein wenig an die Reeperbahn in St. Pauli. Seeleute und einheimische Sehleute bevölkerten die verschiedenen Etablissements. Noch ahnte ich das Fiasko nicht, das alsbald seinen Lauf nehmen sollte. Schon in den ersten Bars, in denen ich mit Matrose Kurt (Kuddel) Schneidereit einkehrte, merkten wir sehr schnell, dass das weibliche Personal nur auf Abzocke ausgerichtet war: Schöne Augen machen und dafür teure Drinks bestellen. In der dritten Kaschemme war das Maß voll. Unter lautstarkem Protest verließ ich als Erster diesen ungastlichen Ort, während Kuddel und andere Seelords noch einen Disput mit dem Wirt, den Kellnern und den Animiermädchen anzettelten. Nach den verbalen Attacken wurde das Personal tätlich und boxte einige Gäste regelrecht hinaus. Kurz vor dem Ausgang eskalierte die Situation zu einer Schlägerei. Ich wollte nun Kuddel beistehen und wehrte auf dem Rückweg die Haken der Angreifer ab. Plötzlich spürte ich auf meiner Schulter eine hart zupackende Hand. Als ich mich umblickte, schaute ich in das grimmige Gesicht eines Mannes mit kantiger Physiognomie und Oberlippenbärtchen.

»Policia! Finito, arrest!«, schnauzte er mich an, packte mich am Arm und ich wurde mithilfe eines weiteren Polizisten in

Zivil in einen Kleinbus geworfen. Dieses Mal landete ich zusammen mit Kuddel nicht auf einer Wache, sondern gleich im *calabus* (Gefängnis, Knast). Nachdem man uns Uhr, Geldbörse und Landgangsausweis abgenommen hatte, bemerkte ich auf dem unfreiwilligen Weg an verschiedenen Zellen vorbei unseren rothaarigen 1. Offizier. Wir waren auf der Reise nicht gerade ziemlich beste Freunde geworden.

›Cap Palmas‹ im Hafen von Buenos Aires

»Ach, was für eine Überraschung, Sie auch hier! Hätte nie gedacht, sich mal im Knast zu treffen, is ja wohl 'nen dolles Ding!«, frotzelte ich ihn an. Er begegnete meinem Blick aus Hohn und Schadenfreude mit einer Miene aus Wut, Zorn, Ohnmacht und Zerknirschung.

»Wir sprechen uns noch an Bord, verschwinde in deine Zelle!« Die Gemeinschaftszelle beherbergte etwa ein Dutzend Männer meist jüngeren Alters, Seeleute vieler Nationen und hombres argentinos. In einer Ecke stand ein größerer stinkender Kübel für die Verrichtung unserer Notdurft. Auf primitiven Holzpritschen konnten die Insassen sich unzulänglich niederlassen und dem Morgen entgegendösen. Eine Rechtfertigung für diese Art der Verwahrung und Freiheitsberaubung blieb uns die argentinische Polizei schuldig, Protest war zwecklos. Einige

Figuren machten aber schon rein äußerlich nicht den Eindruck biederer Bürger. An diesem Ort machte es auch keinen Sinn, mit dem Schicksal zu hadern – andere Länder, andere Sitten.

Am nächsten Morgen um zehn Uhr wurden Kuddel und ich entlassen. Wenigstens bekam ich meine Klock wieder, im Portemonnaie war nun aber gähnende Leere; deshalb zu reklamieren, hätte uns aber nur den Aufenthalt in dieser ›Komfortzelle‹ verlängert. Später erfuhr ich, dass der Alte höchstpersönlich den Ersten, Kuddel und mich mit einer nicht unbeträchtlichen Summe ausgelöst (freigekauft) hatte. Nun, dieses ganze Geschehen musste unter dem Begriff ›Rechtsstaatlichkeit auf südamerikanisch‹ abgehakt werden.

Auf dieses verzichtbare Abenteuer folgte gleich das nächste Malheur. Als ich wieder meinen Dienst an Deck aufnahm, sollte der Anker gefiert (heruntergelassen) werden, um die lädierte Bordwand rings um die Ankerklüse (runde Öffnung für die Ankerkette) auszubessern. Das war üblicherweise eine Arbeit des Zimmermanns, der aber durch Abwesenheit glänzte und an Land wohl Besseres zu tun hatte. Ich löste zu hastig die Bandbremse und der Anker rauschte mitsamt Kette unvorhergesehen zu schnell in die Tiefe. Beim Versuch durch schnelles Gegendrehen am großen Händel den Vorgang zu stoppen, knallte mir der Handgriff genau auf die linke Augenbraue und es entstand ein ganz ansehnlicher Riss, der unbedingt medizinisch versorgt werden musste.

Also landete ich am gleichen Tag im deutschen Krankenhaus; jedenfalls hatte ich jetzt ein schönes, weißes Bett und keine verlauste, löchrige übel duftende Wolldecke für die nächsten beiden Nächte. Hübsche deutschsprachige Krankenschwestern umsorgten mich, nachdem der *medico* meine klaffende Wunde fachgerecht genäht hatte. Außerdem konnte ich die Gesellschaft einiger älterer Nörgel-Gramusels genießen, wie sich es für ein deutsches Hospital gehörte.

Am 1. April verließ ich das Krankenhaus auf eigenen Wunsch am Nachmittag; die beiden Episoden, Knast und

Klinik, hatten ein Ende und ich trat wieder meinen Dienst an Bord an. Es wurden Äpfel geladen und ich schob in (Kühl-) Luke 3 eine geruhsame Raumwache mit Mütze und Pullover.

Am Sonnabendnachmittag machten sich über ein Dutzend Seelords auf zur Seemanns-Hazienda, die der Schweizer Eugen betrieb. Hier, fernab der Metropole, erlebten wir einen gelungenen abwechslungsreichen Tag mit schwimmen, Billard spielen – und reiten. Mein caballo entpuppte sich als sehr eigensinniger Vierbeiner, machte nicht immer, was ich wollte, und lief in der Pampa direkt auf einen einsam stehenden Baum zu, um dort sein Hinterteil zu schaben, wobei ich vorsichtshalber mein linkes Bein anhieven musste, damit ich nicht zwischen Pferd und Baum geriet. (*Seitdem habe ich ein gestörtes Verhältnis zu Rössern*). Am Abend gab es ein typisches argentinisches Grillfest mit reichlich *asados* (Steaks), dicken Pommes und frischem Mangold, untermalt mit dezenter leicht melancholischer Tango-Musik.

Nach diesem so ganz anderen Landgang zur ›Wellness-Oase‹ zog es uns aber doch noch danach ins Nachtjackenviertel. Vor der Silvio-Bar raunte mir Kuddel bedeutungsvoll zu:

»Wirst bestimmt heute nicht allein schlafen.« Nachdem wir, schon weit nach Mitternacht, in diesem Lokal gehobenen Standards an einem Tisch Platz nahmen, tauchte vor mir eine sündhaft hübsche junge Frau auf.

»Na Kleiner, musst du nicht schon im Bett sein?« Total verdattert und verunsichert war ich zu keiner Antwort fähig.

»Na, hat es dir die Sprache verschlagen?«, lästerte sie weiter.

»Bist du aus Deutschland?«

»Nein, ich bin Argentinierin, aber meine Oma stammt aus Hamburg.«

»Was machst du denn bloß hier in dieser Bar?«

»Na, was wohl?« Sie kraulte mit ihren Fingern meinen Hinterkopf und lächelte mich herausfordernd an.

»Das ist Butchie«, flüsterte mir Kuddel zu. Ich hatte schon des Öfteren an Bord in der Messe von ihr gehört. Das also war die ›Starfrau‹ der Hamburg-Süd, die nur blonde Jungs mochte, erinnerte ich mich. Kurt entfernte sich diskret und ließ uns allein.

»Du bist von der ›Cap Palmas‹, stimmt's?«

»Ja, bin das erste Mal in Buenos Aires.«

Ich bestellte zwei Cuba libre für uns, zu einem happigen Preis, der gehörte nun auch zu diesem fast schon vornehmeren Etablissement. Nach dem üblichen Geplauder, aber dieses Mal, ganz außergewöhnlich, auf Deutsch, eröffnete sie mir:

»Es ist schon zu spät, bin müde, wir treffen uns morgen um zwei Uhr nachmittags vor dem Queen's Hotel!« Sie stand auf, stöckelte durch die Tür und ließ mich verdutzt, ratlos und enttäuscht zurück. Sie hatte aber erreicht, mich vollends zu verwirren und meinen Verstand zu vernebeln. Solch einer weiblichen Granate war ich weder vorher und auch danach nicht begegnet, immerhin hatte ich die vage Hoffnung auf ein Tête-à-tête am Nachmittag.

»Jetzt weiß ich, warum Butchie die Traumfrau ist, erst die Anmache und dann *nada* (nichts)!«, moserte ich Kuddel an, der noch mit anderen Janmaaten unseres Dampfers in der Bar geblieben war.

»Die weiß genau, was sie wert ist, wart's ab, kommst schon zum Zug«, tröstete er mich und wir fuhren danach in der späten Nacht mit dem Taxi an Bord.

Überpünktlich, um viertel vor zwei, nach einigen Stunden unruhigen Schlafs, stand ich rauchend vor dem Hotel. Tatsächlich, Punkt zwei Uhr erschien meine große, schlanke Göttin. Was sich dann im Hotelzimmer ereignete verdient die Note summa cum laude für Mercedes, der eigentliche auch sehr passende Vorname Butchies. Das Licht schien grell in unser Liebesnest, von draußen tönte mal schwach, mal lauter der Verkehrslärm, als sie sich mit ihrer makellosen Figur präsentierte. – Mercedes stammte aus Tucuman, etwa 1.000 Kilometer nordnordwestlich von Baires gelegen. Ihre pechschwarzen Haare und ihr leicht dunkler Teint ließen auch auf indigene Vorfahren schließen. Butchie war sich ihrer äußeren und inneren Werte sehr wohl bewusst. Sie hatte mir total den Kopf verdreht, besser gesagt: ausgeschaltet.

(*Im Nachhinein hatte ich großes Verständnis für Professor Unrat aus dem Filmklassiker ›Der blaue Engel‹, seine l'amour fou zu Lola schien mir nachvollziehbar.*)

Dass ich während unseres Beisammenseins mit Mercedes auf Deutsch kommunizieren konnte, erhöhte den Reiz unseres Treffens ungemein. Sie arbeitete wochentags in einer Im- und Exportfirma mit geschäftlichen Verbindungen zur Hamburg-Süd, daher hatte sie auch Informationen, wann ein Oetker-Dampfer einlief. Ich musste an den Spruch denken: Eine schöne Frau gehört dir nie allein – und in diesem Milieu schon mal erst recht nicht. Überflüssige Gedanken, die unser Tête-à-tête aber etwas trübten.

Wir verabredeten uns für den nächsten Tag und am Abend fiel ich in meine Koje an Bord. Die letzten Nächte mit zu wenig Schlaf forderten ihren Tribut. Einigermaßen körperlich erholt, pönte ich dann tagsüber die Bordwand und musste danach häufig das Ladegeschirr bedienen; wir übernahmen tiefgefrorene Rinderhälften in unsere Tiefkühl-Luke 3.

Aus dem freudig erwarteten Rendezvous mit Butchie am frühen Abend wurde leider nichts, ich konnte kein Taxi auftreiben, kam zu spät zum vereinbarten Treffpunkt und so verfehlten wir uns. Also schlenderte ich durch die zweitgrößte Stadt Südamerikas mit ihren kleinen Gassen und den großzügig angelegten Straßen. Die Avenida Nueve de Julio der Metropole verfügte über zehn (!) Spuren und breiten parkähnlichen Fußwegen. Anfangs war ich nur allein unterwegs. Ausgerechnet vor dem Schaufenster eines Modegeschäfts wurde ich von einer nicht mehr ganz taufrischen Dame auf Englisch angesprochen, sie fragte nach dem Weg für ein bestimmtes, mir unbekanntes Monument. Sie war erst vor ein paar Tagen aus Old England in Argentinien eingetroffen, um an einer Privatschule Englisch zu unterrichten. Sie sah auch aus wie eine typische Lehrerin, mir gefiel aber ihre offene, ungezwungene Art und so beschlossen wir, gemeinsam ein Teil der Stadt zu erkunden. Als Seemann hatte ich gelernt, in jeder Richtung, auch in punkto Damenwelt, äußerst flexibel zu sein. – Ob sie wohl später, nach einer herben, persönlichen Enttäuschung in ihrem home country, ihr Glück in Argentinien gefunden hatte?

Es war ein netter Abend, aber mich zog es fast hypnotisch ins Vergnügungsviertel, vielleicht würde ich doch ›Königin Mercedes‹ wiedersehen. Ich traf sie in der Tat in der Silvio-Bar wieder. Auf meine riesengroße Freude folgte ein knallharter Tiefschlag.

»Ich muss jetzt nach Hause, habe noch einen weiten Weg vor mir, wir sehen uns hier morgen Abend um sechs«, verkündete sie und war flugs aus dem Lokal verschwunden. Ernüchtert und frustriert suchte ich mir eine andere Bar, traf dort unseren älteren Zimmermann Willi und trank mehr als mir guttat. Als er mich ermahnte, sich doch nun bald auf den Weg an Bord zu machen, spielte ich das bockige, böse Kind und wollte partout noch nicht mit zum Dampfer. Schon leicht schwankend, aber nicht von Seegang, machte ich mich dann später allein auf den Weg, wurde aber langsamer und zusehends richtig müde. Der Straßenverkehr war fast ganz zum Erliegen gekommen. Ich suchte mir ein Plätzchen auf dem Rasen unter einem Baum und schlief ein. Als ich aus meinen Träumen erwachte, befand ich mich aber nicht auf dem Meer, sondern in der Mitte einer großen Verkehrsinsel. Der nun wieder zunehmende Verkehr hatte mich in der Morgendämmerung geweckt. Ich berappelte mich langsam, versuchte meinen Weg und die letzten Stunden zu rekonstruieren; nichts war verloren gegangen, auch im Geldbeutel befanden sich noch etliche dollares und pesos. Dann bestieg ich ein Taxi und stand um sechs Uhr in der Früh mit meiner Arbeitskleidung an Deck, um Ladebäume auszurichten und den Achtermast oberhalb des Deckshauses zu entrosten.

Am Nachmittag nahm ich mir einen halben freien Tag, schlief mich aus und stand abends um sechs Uhr vor der verschlossenen Silvio-Bar, die erst um neun öffnete. Es blieb mir nichts anderes übrig, Butchie vorerst aus meinem Kopf zu bekommen und mich anderweitig zu orientieren.

In der Miami-Bar traf ich auf die junge Selima – mit brünetter Pferdeschwanz-Frisur und einem leicht melancholischen Blick. Sie schlug nun allen Ernstes vor, ins Kino zu gehen. Wieder mal etwas Neues! Warum eigentlich nicht? Ich entwickelte, aus welchen Gründen auch immer, doch so etwas wie einen Beschützer- und Gutmensch-Instinkt. Als wir zwei Stunden später nach anfänglicher zäher Konversation, sich dann aber steigender, intensiver werdenden Unterhaltung über Gott und die Welt, über das Leben und den Irrsinn und die schreiende Ungerechtigkeit unter den Menschen, uns auf den Weg zum Filmpalast machten, hatte sich schon ein zartes, kleines Pflänzchen der Zuneigung entwickelt. Nun, im Kino schmiegte sich Selima besonders dicht an meinen Körper, als James Bond von den Schergen Dr. No's verfolgt wurde. Was für eine Rolle für mich: der starke, furchtlose Behüter an der Seite eines verängstigten Mädchens!

Nach dem Film schlenderten wir aus dem Stadtzentrum in ein Viertel mit mehrstöckigen Wohnhäusern, die sich um einen unbebauten, mit Bäumen bepflanzten Innenhof gruppierten. Dort bedeutete mir Selima, etwas zu warten, sie würde gleich wiederkommen. Bloß nicht schon wieder eine Veräppelung und Enttäuschung!

»Todo claro, vamos en la casa!« Also doch kein Reinfall. Sie führte mich in den dritten Stock, schloss die Tür auf und dann befand ich mich in einer ganz normalen Familienwohnung.

»Tranquilo, familia dormir.« Ich sollte mich also ganz ruhig verhalten, die übrigen Familienmitglieder schliefen schon. In ihrem Zimmer hatte sich die jüngere Schwester ausquartiert, während ich unten wartete. Als wir uns bei gedämpftem Licht in dem Gemach umarmten, glaubte ich ein ganz anderes Mädchen vor mir zu haben, temperamentvoll, aktiv und gar nicht mehr schüchtern. Unsere Geräusche störten wohl niemand, denn besonders ruhig ging es in diesem Wohnblock nicht gerade zu, was mich aber nicht um einen erquickenden Schlaf brachte.

»Madre trabajar, hermana escuela. (Mutter ist zur Arbeit, Schwester auf dem Weg zur Schule).« Ich verkniff mir, sie zu fragen, was sie außer Bar- und Kinobesuch sonst noch so machte, aber warum sollte ich auch?

Nach dem desayuno mit starkem Kaffee und Spiegeleiern musste ich Selima leider eröffnen, dass dies vorerst unsere erste und letzte Nacht sein würde, da unser Auslaufen für den Abend bevorstand. Sie brach nicht in Tränen aus, aber ihr Gesicht nahm einen enttäuschten Ausdruck an. Da war es nur ein schwacher Trost ihr sagen zu können:

»In etwa zwei Monaten komme ich zurück.« Wieder einmal einer dieser traurigen, schwer zu ertragenden Seemannsabschiede.

Nachdem wir an Bord mit Decksarbeiten (›Klar Schiff‹) und seeklar machen gut beschäftigt waren, tauchten abends um sechs Uhr zwei Taxen auf, aus denen vier Damen entstiegen, um sich mit vielen Umarmungen und besos von ihren favoritos zu verabschieden. Warum sollte so etwas wie Zuneigung oder gar Liebe auch im Hafenmilieu nicht möglich sein? Immerhin war es der neunte Tag unserer Liegezeit und so manche Koje an Bord blieb in dieser Zeit ungenutzt. Eine Stunde später hieß es ›Adios Buenos Aires‹! Calabozo/Kalabus (Knast) – hospital – Seemanns-›Wellness‹-Oase – faire l'amour am Nachmittag – Händchen halten im Kino: Konnte das (Er)Leben in einer Woche noch bunter sein?

Die Rückreise

Mit Maschine voll voraus und Kurs 100° (fast Ost) durchpflügte unser Dampfer den Rio de la Plata in Richtung Südatlantik. Um acht Uhr trat ich als Rudergänger meine übliche Seewache auf der Brücke an und fiel nach Wachende und 14-stündiger Arbeitszeit nach Mitternacht in meine Schlafstatt.

Für fast drei Wochen bestimmte wieder ein geregelter, aber monotoner Tagesablauf das Bordleben. Neben der Seewache törnte ich jeden Tag nachmittags vier bis fünf Stunden zu. An allen Ecken und Kanten wurde dem Feind Nr. 1 mit der Rostmaschine der Krieg angesagt und danach mit Bleimennige und Farbe gepönt.

»Auf die Bäume, ihr Affen!«, befahl eines Morgens der Scheich. Es waren mal wieder die ramponierten Ladebäume zur Verschönerung und Instandhaltung dran – mit waschen, Roststellen ausbessern und pinseln. Bei ruhiger See und Sonne pur ein zwar nicht ganz ungefährliche, aber nicht allzu beschwerliche Arbeit.

Ladebäume waschen ...

... und ausbessern

Je näher wir dem Äquator kamen, desto häufiger wurden kurze, aber heftige Schauer am frühen Nachmittag; die ›Cap Palmas‹ hatte die ITC (innertropische Konvergenzzone) erreicht. Hier trafen Nordost- und Südost-Passatwinde aufeinander, stiegen auf und bildeten kilometerhohe Wolken, aus denen der Regen fiel.

Am 15. April überquerte der ›weiße Schwan des Südatlantiks‹ den Breitengrad Null (Äquator) und einen Tag später hatte ein Kolben der insgesamt sieben Zylinder unserer Maschine zuviel Temperatur bekommen und musste ausgetauscht werden. Das brachte uns einen ganzen Tag Ruhe und Dümpelei genau mitten auf dem Atlantik zwischen Südamerika und Westafrika ein.

Mithilfe einer flugs gebastelten Stahlleine mit einem Fleischerhaken zogen die Janmaaten ein paar kleine und mittelgroße Haie ›aus dem Bach‹. Die absolut negative Einstellung zu diesen Kreaturen – Haie = Menschenfresser – zu damaliger Zeit ließ einige Mannschaftsmitglieder beim Abschlachten zu Hochform auflaufen. Auch wenn mir Haie furchterregend erschienen, so empfand ich keinen Gefallen am Töten dieser Geschöpfe und wandte mich ab. Dabei fiel mir Schiller ein: ›gefährlich ist's den Leu zu wecken, verderblich ist des Tigers Zahn, jedoch der schrecklichste der Schrecken aber ist der Mensch in seinem Wahn.‹

Am 21. April morgens machte die ›Cap Palmas‹ für drei Stunden zum Bunkern in Las Palmas (Gran Canaria) fest, Gelegenheit für einen kurzen Landgang auf der noch von wenigen Touristen besuchten Urlaubsinsel.

Danach wurde es spürbar kälter, ein Tief über Irland bescherte uns Wind und Spritzwasser an Deck, die Außenarbeiten mussten erst einmal eingestellt werden. Wir passierten ›Kap Finsternis‹ und ›Uschang‹ und nach zwanzig Tagen auf dem Atlantik erreichte unser Kahn Rotterdam. Die nicht besonders hohe Attraktivität des damals schon größten Hafens Europas hielt mich davon ab, von Bord zu gehen. Stattdessen las ich abends Simmel ›Es muss nicht immer Kaviar sein‹.

Beim Malen des Schiffsrumpfes an der Pier übersah ich eine Öllache, rutschte in derselbigen aus, verlor mein Gleichgewicht, und die überdimensionale Farbrolle samt langem Stiel verabschiedete sich im Hafenwasser, was natürlich auch den Scheich veranlasste, mir wegen des Verlustes einen gehörigen Anschiss zu verpassen. Shit happens! Nach drei Tagen professionellen Löschens der Rinderhälften, Obst- und Maisladung beendete der Oetker-Dampfer am 30. April nach zwanzig Stunden See- und Flussreise diese Fahrt und legte sich um ein Uhr nachts im Heimathafen Hamburg an die Pier. Nachmittags schnürte ich meinen Seesack und fuhr mit der U-Bahn zum Hauptbahnhof. Vor dem Fahrkartenschalter tippte mir jemand auf die Schulter, ich schaute mich um und zu meiner Entzückung schaute ich in das Gesicht von Lony B., die ich während meiner Zeit auf dem Fährschiff kennengelernt hatte.

»Ist das nun Zufall oder was Höheres!«, rief ich strahlend vor Freude aus.

»Fährst du auch Richtung Hannover? Das passt ja prima. Wo warst du so nach ›Peter Pan‹?«

»Alaska, Japan, Thailand, Brasilien, Uruguay«, antwortete ich ein wenig großspurig, auf den Putz hauend.

»Und du, immer noch bei der TT-Line?«

»Ja, aber auf der ›Nils Holgersson‹.« Wir setzten uns in ein nicht besetztes D-Zug Abteil und plauderten unentwegt über die vergangenen Monate.

»Ach, du liebe Güte, wir sind schon an Uelzen vorbei, wie komme ich jetzt nach Soltau?«

»Fährst du eben mit mir bis nach Hannover!«

Dort angekommen lud ich sie – als ein Mann von Welt – zu Kaffee und Kuchen im angesagten Cafe Kröpcke ein. Nach einer Stunde verabschiedeten wir uns und sie musste nun einen Teil der Strecke wieder allein zurückfahren.

Zweite Reise nach Rio Grande do Sul, Montevideo und Buenos Aires

Vier Tage später, wieder zurück an Bord, grinste mich am Nachmittag Matrose Helmut vielsagend an.

»Unten anne Gangway steht 'ne Deern, die will zu dir, sieht aus wie 'nen Engel, hübscher Käfer.« Ich schaute über die Reeling – und erblickte Lony.

»Das ist aber 'ne Überraschung, komm rauf, ich zeig dir das Schiff!« Wohlwollend und großzügig gewährte mir der Scheich eine Arbeitspause, als wir Polleraffen gerade dabei waren, Luken und Ladebäume seeklar zu machen.

»Aber denk dran, um acht is Auslaufen!«

Nach einem Rundgang über Deck und auf der Brücke verschwand ich mit ihr in meiner Kammer, um gemeinsam einen Tee zu trinken und Händchen zu halten – mehr nicht. Schließlich war sie ja ein ›anständiges‹ Mädchen und ich ein ›junger Mann mit guten Manieren‹. Jahre später aber fragte ich mich doch, ob Zurückhaltung bei den jungen Damen manchmal von ihnen gar nicht erwartet wurde. Vom Naturell her war ich eben nicht der Typ Kampfhahn. Als ich dann mit ihr das Fallreep hinunter marschierte, folgten uns natürlich Blicke meiner Decksmannen, zumeist aber lächelnd und anerkennend, das bildete ich mir jedenfalls ein. Solcherlei Besucherinnen waren eher die Ausnahme auf einem Dampfer. (*Später traf ich mich des Öfteren mit Lony in Hamburg wieder, bis auch dieser Kontakt, wie viele andere auch im Leben, im Laufe der Zeit verebbte.*)

Nach 16 Stunden Fahrt auf der Elbe, in der Helgoländer Bucht und in der Weser luden wir an zwei Tagen im Bremer Überseehafen die üblichen deutschen Exportgüter: Maschinen, Chemikalien, Fahrzeuge und vor allem viele Artikel des Alltagsbedarfs, von der Armbanduhr bis zum Zweirad – heutzutage größtenteils in Fernost produziert. Ich meldete mich freiwillig zur ungeliebten Nachtwache, nicht ahnend, dass mich dabei die verschiedenen Aufgaben ganz schön auf Trab hielten. Die Festmacherleinen und -trossen mussten wegen des Tidenhubs gut im Auge behalten werden. Sie durften nicht zu straff, aber auch nicht zu lose gehalten werden. Auch die Stellung der Gangway/Fallreep erforderte eine ständige Überprüfung. Außerdem wurde bis tief in die Nacht Ladung in die fünf Luken gehievt; außer der Decksbeleuchtung brauchten die Schauerleute in den Laderäumen Licht. Ich legte Stromkabel und befestigte Sonnenbrenner (Scheinwerfer). Auch die verschiedenen Luken mussten geöffnet und geschlossen werden. In vielen Häfen kam es gar nicht so selten vor, dass auch nachts gelöscht oder geladen wurde – schon damals galt time is money. Alles in allem: Eine anstrengende Nachtwache!

Ich verschlief den Tag und trat um sechs Uhr abends wieder meinen Dienst an Deck an. Vorher stärkte ich mich auch noch mit einigen Äpfeln, die mit einer großen Kiste auf unerklärliche Weise schon in Buenos Aires nach achtern ›gewandert‹ war. Ich beherzigte also die uralte Mediziner-Weisheit: An apple each day keeps the doctor away.

Im nächsten Hafen, Antwerpen, erwartete uns ein sehr ausgefallenes Ladungsgut: 28 Charolais-Rinder, 23 Kühe und 5 Bullen, die in überdachten Stallboxen zwischen dem Lukensüll (erhöhte Lukenumrandung) und Schanzkleid (Reling) untergebracht wurden. Gott sei Dank kam ein französischer ›Kuhflüsterer‹ und Betreuer mit an Bord. Es wäre ja auch zu viel verlangt gewesen, wenn die Jantjes noch als wahrhaftige Cowboys hätten arbeiten müssen. Natürlich prangte schon am nächsten Tag ein Name für jede Kuh am Holzverschlag. Sie erhielten die Namen unserer diversen Hafenbräute in Südamerika. Meine Kuh wurde kurzerhand ›Butchie‹ getauft, was ich gar nicht so toll fand, hatte sich doch die Zweibeinerin in Baires auch von einer etwas miesen Seite gezeigt, während die Vierbeinerin einen viel gutmütigeren Eindruck machte und einen dicken Bauch vorweisen konnte. Die Bullen erhielten verständlicherweise die männlichen Vornamen vom Kapitän, den drei Offizieren und dem Chief (1. Ingenieur), was die Betreffenden gar nicht so amüsant fanden.

Der französische Viehhirt sprach *naturellement* kein Englisch, so wurde ich mit meinem Holzhacker-Französisch (Schulnote: ausreichend) des Öfteren als Hilfsdolmetscher gebraucht. François war ein frohgemuter Mittvierziger, der schon mal neben der einen oder anderen Kuh eingeschlafen war, wenn er mal etwas mehr Beaujolais getrunken hatte.

Am 10. Mai begann meine 13. Atlantik-Überquerung. Vier Tage später, auf der Höhe von Madeira, wurde Kuh ›Maria‹ in ›Elli‹, genauer ›Catcher-Elli‹ umgetauft; sie zeigte nun ihr wahres Gemüt: zänkisch, aggressiv und streitsüchtig. François hatte eine nette Neuigkeit für mich: meine ›Butchie‹ quälte sich mit ihren ersten Wehen und brachte wenig später ein gesundes Kalb zur Welt, einen kleinen, aber schon recht stämmigen Bullen; unser Bord-Cowboy half bei der Geburt ziemlich professionell. Natürlich scharten sich dabei etliche Janmaaten um Rind und Helfer. Für die meisten war die Ankunft des kleinen Vierbeiners etwas vollkommen Neues – und dazu noch auf einem Schiff! Der kleine Passagier wurde von Kuddel, dem Bilderbuchmatrosen, ausgerechnet ›Jogi‹ getauft.

Kühe ›Butchie‹ und ›Catcher Elli‹

›Jogi‹

Auf diesem zweiwöchigen Seetörn ereignete sich ansonsten wenig Bemerkenswertes, außer dass ich noch nie so viel und oft mit Erzfeind Rost zu tun hatte. Ein zwölf- bis dreizehnstündiger Arbeitsalltag war gang und gäbe, was mit diesen reichlichen overtimes mein Heuer-Volumen beachtlich ansteigen ließ. Trotzdem blieb noch Zeit, Zeugwäsche zu machen, zu lesen ›Vom braven Soldaten Schweijk‹ oder Tischtennis zu spielen, nicht gerade meine Lieblingssportart, viel zu schnell und hastig.

Die Tage auf See galten für die Mannschaft als verlorene Zeit, als ›Gefängnis mit Bierausschank‹. Da frischte jede noch so kleine Abwechslung unser Gemüt auf, wie die vier weiblichen Passagiere, die ganz mutig ausgerechnet mit uns Decksbauern in der Mannschaftsmesse die Überquerung des Äquators feierten. Das Quartett der Evastöchter aus der BRD, von jung bis mittelalt, von ganz hübsch bis hübsch hässlich, machten sich einen Spaß daraus, die Polleraffen anzustacheln, sich besonders in Szene zu setzen, sich interessant zu machen und den balzenden Auerhahn hervorzukehren. Nach Party-Ende – die Damen hatten mittlerweile ihre Kabinen mittschiffs aufgesucht – kam es dann doch zu offenen und lautstark ausgetragenen Eifersüchteleien unter den Männern.

Schade nur, dass die Ladies das nicht mehr miterlebten, sie hätten sich bestimmt darüber sehr amüsiert. Immerhin hatten wir es mitten auf See mal mit ›normalen‹ Frauen zu tun, die sich für eine Seereise, anstelle eines teuren Fluges, entschieden hatten, um deutschstämmige Verwandte in Brasilien zu besuchen.

Santos

Am 25. Mai machte die ›Cap Palmas‹ in Santos fest, dicht unterhalb des südlichen Wendekreises (24°) gelegen. Abends hielt es niemanden an Bord – bis auf die Wachsgänger an Deck und im Maschinenraum. Wenn auch die Hauptmaschine nach 360 (!) Stunden ununterbrochener Betriebsdauer stillstand, so lief doch auch im Hafen immer mindestens einer der sogenannten Hilfsdiesel zur Stromerzeugung. In kleinen Gruppen schwärmten die Decksjantjes und Maschinisten aus. Wie auf anderen Pötten auch, gingen die beiden verschiedenen Mannschaften in der Regel getrennt an Land.

Bestimmte Länder und Häfen auf den verschiedenen Kontinenten hatten unter den Fahrensmännern ein unterschiedliches Renommee. Wer sich an Land amüsieren wollte, in welcher Form auch immer, für den waren Nordafrika, der Vordere Orient, kommunistische und überwiegend mohammedanische Länder – Ausnahme Indonesien -, sowie Australien und Nordamerika nicht gerade Seemannsparadiese. Aber auch in den begehrteren Ländern gab es verschieden ausfallende Bewertungen de Hafenstädte. Santos jedenfalls hatte eine außergewöhnlich gute Bewertung.

Santos

Die reichlich vorhandenen Bars im Hafenviertel waren keine Bretterbuden, verfügten über ein angenehmes Ambiente und moderner Musiktechnik. An diesem Abend begegneten mir nicht allzu aufdringliche Mädchen und die Getränkepreise waren moderat. Spät in der Nacht landete ich in Marias Puppenstübchen. Über eine Aufwandsentschädigung, wie ansonsten oft üblich und abstoßend, wurde nicht verhandelt; ein Gentleman weiß, was sich gehört.

Am nächsten Morgen schaffte ich es erst um neun Uhr an Deck und lief ausgerechnet dem Ersten über den Weg.

»Dienstantritt war um acht!«

»Kommt nicht wieder vor«, entgegnete ich, wohlwissend, dass dieses Versprechen, wie bei anderen Janmaaten auch, nicht immer eingehalten werden konnte.

Auf der ›Cap Palmas‹ kamen häufig ein Jantje oder gleich mehrere Decksbauern zu spät, nicht verwunderlich bei den mannigfaltigen Angeboten für Beglückungen an Land. Diese Lässigkeiten beim Umgang kleiner Verstöße seitens der Schiffsleitung stand im krassen Gegensatz zur ›Hornbelt‹, auf der es dafür schon beim ersten Mal gleich eine Abmahnung vom Alten gab. Aber auch hier galt für jeden, solche Verfehlungen nicht auf die Spitze zu treiben. So bekam Matrose Kuddel später einen ›Sack‹ (Kündigung), als er bereits das dritte Mal auf der Reise versackt war und erst gegen Mittag an Deck aufkreuzte.

Beim Laden und Löschen gab es für die Matrosen beständig viel zu tun, was uns aber nicht abhielt, in Luke vier eine richtige Heuschlacht zu veranstalten. Wir hatten auch sonst dazu nie Gelegenheit; Heu (für unsere französischen Rindviecher) war normalerweise kein Ladungsgut. Abends übermannte mich die

Santos: Die Quais des größten Kaffeehafens von Brasilien

Müdigkeit, kein Wunder bei der kurzen Nacht zuvor und dem anstrengenden ›Heuvergnügen‹. Ich schlief auf der Sitzbank in der Kammer ein und wechselte danach in die Koje.

Am dritten Tag in Santos wurde Landgang nicht mehr genehmigt, da wir am frühen Abend ausliefen. Beim Ablegen passierte ein technisches Malheur, das wohl die ganze Stadt erschreckte. Unser Typhon (Signalhorn) wollte partout nicht aufhören zu tuten, erst nach quälend langen Minuten verstummte der Krachmacher

Buenos Aires

In fünf Tagen schipperte die ›Cap Palmas‹ mit Kurs 215° an der Südküste Brasiliens vorbei und bog dann beim mondänen Seebad Punta del Este (Uruguay) in Rio de la Plata ein, um dann am 1. Juni in Buenos Aires festzumachen. Uns erwartete nun eine fast zweiwöchige (!) Liegezeit. Die Maschine musste mal wieder repariert werden und die Lieferung eines Motorteils per Luftfracht verzögerte sich um mehrere Tage, so dass wir in den Genuss dieser langen Hafenzeit kamen.

Außer den gewohnten abendlichen Landgängen, die oft bis in die frühen Morgenstunden dauerten, ging uns natürlich tagsüber an Bord die Arbeit nicht aus. Zum einen erforderte der Lade- und Löschbetrieb ein ständiges Umstellen der Ladebäume und die Luken mussten gut aufgeklart (aufgeräumt, sauber gefegt) werden, um Ladung wie Tabak und Rinderhälften zu verstauen, zum anderen waren immerwährend Instandhaltungsarbeiten erforderlich.

Nachdem ich den Unterraum der Kühlluke drei akkordmäßig gereinigt hatte, glaubte ich, mir nach dieser schnell erledigten Betätigung in kleines Nickerchen in der hintersten, von oben nicht einzusehenden Ecke verdient zu haben. Schon nach kurzer Zeit forderte der nächtliche Schlafmangel seinen Tribut: Ich schlief selig richtig fest ein. Im Allgemeinen war die Arbeitsmoral in den südamerikanischen Häfen bei allen etwas beeinträchtigt, auch dabei passte man sich den landesüblichen Sitten und Gewohnheiten etwas an.

Als ich gerade von der schneebedeckten Naturlandschaft Neufundlands träumte, wurde ich jäh in die Wirklichkeit zurückgeholt, eine kalte Hand schüttelte meine Schulter und meinen Kopf.

»Hörst du mich, bist du noch wach?! Hier sind es nur noch fünf Grad, die Kühlung läuft schon über eine Stunde, hast du das nicht mitgekriegt? Die Luke ist dicht!«

Ich schlug die Augen auf und sah in Kuddels angsterfülltes Gesicht. Er hatte vorher im darüberliegenden Zwischendeck gearbeitet und verpieselte sich dann ins Kabelgatt, um es sich dort in einer Manila (Hanftrosse) bequem zu machen, bis er – Gott sei Dank – an mich dachte.

»Mann, oh Mann, noch 'ne Stunde später und wir hätten dich als Eisklumpen rausholen müssen!«

Dieses Schicksal blieb mir aber nun erspart. Es war nicht der einzige Beinahe-Schlusspunkt; so musste ich also doch auf keine himmlische Wolke steigen und bei Petrus immerdar auf einer Harfe spielend frohlocken. Der Bootsmann hatte wohl auch die Übersicht verloren, wo er welchen Decksbauer zur Arbeit eingeteilt hatte. Wie sonst konnte er dem Ersten melden: »Luke drei klar zur Kühlung«.

Natürlich wurde mit Kuddel abends in der Bar New Texas mein Weiterleben gebührend gefeiert. Mein sehr wählerischer Kumpel hatte eine passende Braut gefunden, mich aber überkam der sonderbare Drang, ein Restaurant aufzusuchen. Auf der Speisekarte konnte ich nur einige Gerichte richtig einordnen. Als ich bei einem Menü *pescado* (Fisch) las, tippte ich darauf. Der *camarero* schaute mich für einen Moment ungläubig an. Nach einer halben Stunde erschien er mit einem ziemlichen Kaventsmann von Fisch, also groß und dick, mit einer äußerst schmackhaften Füllung. Zum Erstaunen des Kellners verputzte ich den Außenbordskameraden vollständig – bis auf die abgenagten Gräten. Am nächsten Tag hielten meine *collegos* einen ungewöhnlich weiten Abstand von mir, nicht wegen einer Alkohol-Standarte – das störte eh niemanden – sondern wegen eines penetranten Knoblauchgeruchs, der noch zwei weitere Tage anhielt.

Am ersten Sonntag machte ich mich mit Hans und Heiner, ebenfalls Polleraffen, zum Hipodromo de San Isidro auf, der großen Pferderennbahn in Baires. Auf den unterschiedlichen Zuschauerrängen, vom gepolsterten Sitzplatz bis zum Stehplatz, hielten überwiegend Männer ihre Wettzettel in den Händen. Die auf den billigen Plätzen hatten meistens nur ein- oder zweimal ihre Favoriten-Galopper angekreuzt. Nach jedem Rennen erschollen fast gleichzeitig Jubelschreie und ein weitaus lauteres ›Mierda!‹ oder ›Cojo caballo!‹ (Sch..., lahmer Gaul!). Einige zerrissen in ihrem ungezügelten Temperament unter lautem Fluchen ihr meist schäbiges *camisa* (Hemd). Nun wurde mir auch klar, warum die Ärmsten der nicht gerade wenigen Armen in Argentinien ›Los camisados‹ genannt wurden.

Tagsüber wurden neben den üblichen Arbeiten am Ladegeschirr und in den Luken wieder mal entrostet, gemennigt und gepönt; overtimes hielten sich in Grenzen.

Sonnabends erfüllten wir unsere vierstündige Arbeitszeit, an beiden Sonntagen während unserer Liegezeit konnten sich die Decksbauern von den anstrengenden Nächten erholen. Da blieb auch noch Zeit, gegen die Besatzung der ›Cap San Antonio‹, einem Schwesterschiff des heutigen Museumsschiff ›Cap San Diego‹, Fußball zu spielen. Außerdem konnte ich an Land einige, nicht mehr ganz aktuelle ›Spiegel‹-Exemplare ergattern, um mich zu informieren, was so alles in der BRD, DDR und dem Rest der Welt ablief. Wirklich aufreibend waren also nicht übermäßige Arbeitszeiten, sondern das pralle dolce vita an Land – was für ein wohltuender Unterschied zu etlichen anderen Reisen (Große Seen, Westküste Süd).

Dachte ich, in punkto männlicher Vergnügungen schon einiges erlebt zu haben, so setzte eine Bar des Nachtjackenviertels Veinticinco de Mayo (25. Mai) das Pünktchen auf das ›i‹. In diesem Klopferbar getauften Lokal saßen die Männer an runden Tischen mit lang heruntergezogenen Tischdecken, unter denen die putas die hombres ›bedienten‹ – und das in aller Öffentlichkeit! Was sich heute in den sogenannten Swingerclubs abspielt und niemanden mehr aufregt, erfüllte mich – und andere Janmaaten – mit Ekel und Abscheu. Da half nur ein Lokalwechsel, um das Geschehen zu verarbeiten und im Beisein einiger Bordkumpel kräftig mit vielen Cuba libres herunterzuspülen. Zu später Nachtstunde begab ich mich auf den Weg an Bord, ein Taxi konnte ich mir wegen eintretender Ebbe im Portemonnaie nicht mehr leisten. Trotz etwas eingeschränkter Bewegungsmotorik schaffte ich noch zwei Kilometer, bis ich auf einer grünen Oase neben einem Baum vor meiner mit aller Macht einsetzenden Müdigkeit kapitulierte und mich in die Horizontale begab. Als ich wieder aufwachte, war es schon hell geworden und um mich herum brausten Autos, LKWs, Motorräder und –roller. Ich hatte mir in der Dunkelheit mit eingeschränkter Sehfähigkeit also eine große, runde Verkehrsinsel als Schlafstatt ausgesucht! Es war aber kein déjà-vu: Ich hatte zum zweiten Mal ein Faible für den Kreisverkehr entwickelt. Die restliche Wegstrecke zurück an Bord legte ich mit einem Brummschädel, aber schon mit fast normaler Gangart zurück.

Das ungeschriebene Gesetz, in einem lateinamerikanischen Hafen bei einer Braut zu bleiben, wurde ja in den großen Hafenstädten außer Kraft gesetzt. So bandelte ich in der Bar Bariloche mit Maria an. Ihre pechschwarze Haartracht hatte sie formvollendet zu einer Cleopatra-Frisur gestaltet, folglich taufte ich sie auch so. Auch mit ihr ging ich nach ein paar Tänzchen in die Spätvorstellung eines Kinos, in dem der Film ›Die Festung‹ lief. Am Ende erlebte ich abermals das überschwängliche Temperament der Argentinier: Sie erhoben sich von ihren Plätzen und spendeten frenetischen Applaus. (*Tage später, nach einem Kinobesuch mit Elvira, einer blonden Argentinierin mit schweizerischen Vorfahren, erlebte ich die etwas unschöne Lebhaftig-*

keit des Publikums, das den Film mit einem gellenden Pfeifkonzert bedachte.) Auch Cleopatras Naturell entpuppte sich danach in ihrem apartemento als umwerfend impulsiv und energisch. Sie hätte wohl selbst den Papst dazu gebracht, sein Zölibats-Gelübde zu vergessen.

Am Sonnabend, 12. Mai, ließen es die Seelords auf der ›veinticinco‹ noch einmal so richtig krachen und feierten mit reichlich Hochprozentigem unsere vortreffliche Zeit in Baires. Mit Kuddel und dem Steward hatte ich mich vom Gros der Decksbauern in eine kleine Bar am Rande des Vergnügungsviertels abgesetzt.

»Hab jetzt schon mein Dach zusammen«, lallte der Herr über die Alk-Flaschen und des Tabaks auf dem Schiff.

»Danach siehste aber nicht mehr aus«, lästerte Kuddel.

»Ich mein' doch das Dach für mein Haus!«

Es wurde schon an Bord gemunkelt, dass der Steward vor allem schottischen Whisky kistenweise schmuggelte und dabei ausgerechnet mit dem Zoll kooperierte. In Lateinamerika waren Bestechung und Korruption an der Tagesordnung, wenn man nur ordentlich ›schmierte‹. So hatte sich also der Verwalter des zollfreien Schnapses und der Zigaretten im Lauf von etlichen Reisen das Geld für ein Einfamilienhaus zusammen erwirtschaftet.

Nach gut einer Stunde Schlaf stand mir noch ein Arbeitstag mit fünf Überstunden bevor. Als ich einen Schauermann dabei ertappte, wie er an Deck Handschuhe und Schmeißleinen ›mitgehen‹ lassen wollte und ich ihn mit *bandito argentino* betitelte, wurde er fuchsteufelswild, zückte ein Messer, beschimpfte mich aufs Übelste und gab mir zu verstehen, dass ich ganz Argentinien beleidigt hätte. Als Kuddel auftauchte, ließ er seine Beute fallen und rannte von Bord. Nach dem Seeklarmachen lief die ›Cap Palmas‹ am späten Nachmittag aus.

Später trat ich meine 8-12-Seewache im Rio de la Plata an und übernahm gleich den Rudertörn. Am nächsten Tag erlebten wir zwei ungewöhnliche Phänomene. Am Horizont über dem

Südatlantik leuchtete der Himmel für eine Stunde in kurzen Intervallen von rot bis gelb. Es waren aber keine Blitze zu sehen und kein Donner zu hören. Solch ein gewaltiges Wetterleuchten kannte ich noch nicht.

Als ob unsere Maschine dem Geschehen nacheifern wollte, entfachte sie ein Privat-Feuerwerk: Aus dem Schornstein züngelten großen Funken empor. War bei der Reparatur etwas schiefgelaufen? Nach wenigen Minuten konnten unsere Ingenieure wieder aufatmen, der Spuk war vorbei. Wahrscheinlich hatten die Separatoren, die grobe Verunreinigungen herausfilterten, einen Aussetzer gehabt.

Rio Grande do Sul

Am nächsten Morgen machte unser Dampfer wieder mal in Rio Grande do Sul (Brasilien) fest. Abends kreuzte der mit einer Aktentasche bewehrte Koch an der Gangway auf. Mit Vorhaltungen über unsere sündige Lebensweise erntete dieser eher rare Spezi von uns nur Hohn und Spott. Wir wussten, dass er früher einmal mit dem Berufsziel Missionar geliebäugelt hatte.

»Koch, was hast du denn da in der Aktentasche?«, wollte Peter wissen. Er öffnete sie und der Inhalt war wirklich erstaunlich: Handtuch, Zahnpasta, -bürste und –becher und – Kondome der SBG (See-Berufsgenossenschaft).

»Willst du etwa sündigen gehen, das kann doch wohl nicht wahr sein!«, meinte Hein(er).

»Gott schuf Mann und Weib!«, erklärte unser Pfannenschwenker im Brustton seiner neuen Überzeugung und lief eilig die Gangway hinunter. Wir Jantjes waren im ersten Moment sprachlos, bevor ein allgemeines Gelächter einsetzte.

»Hat er ja auch recht, nu is er aber vom Paulus zum Saulus geworden«, kommentierte Hans diese wahrhaft denkwürdige Wandlung des ›Chef de la cuisine‹.

Später, an Land, fiel mir gleich am Eingang der Bar Suzana meine Perle Lucia um den Hals. Sie nahm mich gleich in

Beschlag und schon nach einer Stunde landete ich in ihrem Häuschen – das letzte Mal meiner beiden Brasilien-Fahrten.

Am nächsten Abend gelüstete es mich, zuerst einmal wieder in die Bar Piranha nahe am Hafen einzukehren, wo ich natürlich prompt Caterina, meine schwarze Krabbe, traf, die mich fest in ihren Fängen hielt, wodurch sich mein Problem, mit wem ich die Nacht verbringen würde, ganz von allein auflöste. Ich musste ihr in der Früh noch hoch und heilig versprechen, mit ihr am Abend zusammenzukommen.

Am Morgen verholte die ›Cap Palmas‹ an eine andere Pier. Der Rest des Tages (Freitag, der 17. Juni, ›Tag der deutschen Einheit‹) war für die meisten Seelords arbeitsfrei. Nach einem Skat-Frühschoppen erkundeten Peter und ich die verschlafene Kleinstadt, die natürlich so gar nichts mit den Metropolen gemein hatte.

Abends verwarf ich mein Versprechen, mich mit Caterina zu treffen und ging erst zwei Stunden nach dem vereinbarten Termin von Bord – welch ein kapitaler Fehler! Am Hafenausgang erkannte ich in der Dunkelheit schemenhaft meine schwarze Schönheit, die einen länglichen Gegenstand in der Hand führte. Vom schlechten Gewissen und Furcht geplagt, hielt ich das Objekt für eine Machete und nahm unverzüglich Reißaus in Richtung eines Holzzaunes. Oben angekommen, krachte der Zaun zusammen. Ich lief weiter und versteckte mich hinter einem LKW. Nach einiger Zeit, als die Stimmen und das Gelächter der anderen Landgänger verstummten, hielt ich ein Taxi an und ließ mich in ein etwas gehobenes Etablissement in der Stadt fahren. Vielleicht hatte ich auch die Situation am Hafen total falsch eingeordnet.

In der Bar Lagoa dos Patos traf ich Lydia, eine weiße Brasilianerin, die mich häufig fragte, warum ich denn so nervoso wäre. Als der Morgen graute, befand sich mein Gemüt wieder im Lot und ich fuhr zurück an Bord.

»Seht mal, unser Zaunkönig kommt zurück. Siehst immer noch ganz schön mitgenommen aus. Läuft vor ’ner schwarzen

Perle weg, nur weil die 'ne blinkende Handtasche hat!«, höhnte Kuddel, als ich in die Mannschaftsmesse zum Frühstück kam. Alle Janmaaten mussten laut lachen, nur ich saß verwirrt an meiner Back (Tisch) und grübelte, was wohl am Abend zuvor meine Panik ausgelöst hatte. Eines wußte ich aber ganz genau: Von nun an hieß ich ›Zaunkönig‹.

Santos/São Paulo

Nach dem Aufklaren (Aufräumen) des Decks und dem Seeklarmachen, lief der ›weiße Schwan des Südatlantiks‹ abends aus und ich trat meine 8-12-Wache auf der Brücke an. Mit Kurs 25° (etwa Nord-Nordost) steuerten wir Santos an, wo unser Dampfer abends am 20. Juni erst einmal auf der Innenreede ankerte.

Ich hatte schon mittags Ausscheiden (vorläufiges Dienstende), da mich der Scheich und der Erste dazu auserkoren hatten, die ungeliebte Nachtwache zu gehen. Während meine Kameraden mit unserem motorisierten Rettungsboot an die Pier übersetzten, durfte ich also meine Rundgänge an Deck und auf der Brücke ableisten.

Nach vierzehnstündigem Einsatz (von sechs Uhr abends bis zum nächsten Morgen um acht) nahm ich meinen Matratzenhorchdienst auf, schlief bis zum Nachmittag und erledigte die nicht mehr aufzuschiebende Zeugwäsche – ohne Maschine – mit den Händen.

Mittlerweile hatte unser Kahn an der Pier im Hafen festgemacht. Zähneknirschend musste ich mit ansehen, wie meine Kumpels gut aufgelegt und unternehmungslustig von Bord marschierten, als ich meine zweite Nachtwache antreten musste. Am nächsten Vormittag, nach kurzem Schlaf, machte ich mich auf den Weg zum Omnibus-Bahnhof, um nach São Paulo zu fahren.

Auf diesem Fußmarsch musste ich ein schier unglaubliches und hässliches Erlebnis verkraften. Auf dem Bürgersteig schob sich ein Mann mit amputierten Beinen ganz mühselig vorwärts.

Vor mir ging ein großer, kräftiger, nicht gerade ärmlicher Kerl mit Zigarre. Als er dem bedauernswerten Mann auf seinem Brett mit vier kleinen Rädern ganz nahe kam, vernahm ich einen ärgerlich klingenden lautstarken Kraftausdruck des ›vornehmen‹ *señors*, dabei versetzte er dem Rollbrett einen massiven Schubs, so dass der erbarmungswürdige behinderte Mann in den seitwärtigen Graben fiel.

Mich ergriff während dieses Geschehens eine noch nie gekannte Empörung und Wut. Spontan überkam mich der Gedanke, diesen Unmenschen auch gleich hinterher in den Graben zu befördern, aber meine ›vernunft‹-mäßige Alarmglocke im Kopf klingelte dabei unüberhörbar. Ich half dem armen Mann wieder auf den Gehweg. Die übrigen Passanten, Zeugen des widerlichen Vorfalls, gingen achtlos weiter. Ich aber schämte mich für mein feiges Verhalten. Schon damals hatte ich erfahren müssen, dass in vielen Ecken der Welt, Gleichgültigkeit den Mitmenschen gegenüber offenkundig war, ein Menschenleben nicht viel zählte. Wie wäre es mir aber ergangen,

Via Anchieta

wenn dieser Dreckskerl, von mir zur Rede gestellt, ein Messer oder Schießeisen dabei gehabt hätte?! Dieses Geschehen hat mich bis heute nicht losgelassen. Ist es nicht auch ein Sinnbild für die wahrhaft unmenschlichen Eigenschaften mancher Erdenbewohner?

Noch ziemlich verstört, betrat ich den Bus, der mich etwa 50 Kilometer weit auf der Autobahn Via Anchieta zur größten Stadt Brasiliens und Südamerikas bringen sollte. Erstaunlich, dass auf dieser kurzen Strecke die bergige Landschaft und Umgebung fast noch natürlich und menschenleer erschien.

São Paulos Innenstadt entsprach damals schon mit seinen Hochhäusern, dem brodelnden Verkehr und dem hektischen Treiben den anderen Metropolen in aller Welt.

Brasilien beherbergt Menschen verschiedenster Hautfarben, hier aber war ich erstaunt, auch Leute mit asiatischem Aussehen anzutreffen, also auch Chinesen und vor allem Japaner, fürwahr ein *melting pot* (Schmelztiegel) vieler unterschiedlicher Hautfarben und Ursprungs-Nationalitäten.

Ein Friseur, natürlich mit italienisch klingendem Namen, gestaltete meine Haartracht so formvollendet, dass die neue Frisur dann am Abend, nach meiner Busfahrt zurück nach Santos, im Nachtjackenviertel beim weiblichen Personal gebührende Anerkennung fand. In der Bar Virgo gesellte sich eine äußerst hübsche, noch sehr jung, beinahe jungfräulich aussehende Kindfrau zu mir an den Tisch und animierte mich, einen Caipirinha zu bestellen.

Sie erzählte mir die übliche Geschichte von ihrem ehemaligen älteren, fiesen Freund, der sie sitzen ließ, und dem folgenden Verstoß aus der Familie. Das kam mir schon sehr bekannt vor, schien aber in diesem damals sehr katholischen Land keine Seltenheit zu sein. Nach ein paar Tänzchen wollte ich naturgemäß in ihr Häuschen. Ihre Reaktion konsternierte mich.

»Sei mir bitte nicht böse, aber ich möchte es nicht. Du wirst mich sogar besser in Erinnerung behalten, wenn du noch einen

Brasil Tropical bestellst und wir uns dann verabschieden. Ich möchte keine puta werden, respektier es bitte.« Diese Unterhaltung hatte sich in etwa so sinngemäß in einer Mischung aus Spanisch, Portugiesisch und Englisch zugetragen. Tatsächlich habe ich die Erinnerung an das Mädchen Mafalda bis heute behalten.

Danach enterte ich die Bar Joana und anschließend Filipas Häuschen. Eigentlich hätte ich schon um sechs Uhr abends meine Nachtwache antreten sollen. Matrose Ulli hatte sich aber in freundschaftlicher Weise bereit erklärt, bis 23 Uhr meinen Dienst zu übernehmen. Völlig abgeschlafft machte ich dann meinen Rundgang an Deck, wollte mich auf der Bank des Palaverdecks* etwas ausruhen. Nun aber übermannte mich vollends die Müdigkeit und ich schlief prompt ein – schließlich fehlte mir, abgesehen von einer kleinen Ruhepause am Morgen, seit fast dreißig Stunden der lebensnotwendige Schlummer. Wenig später wurde ich sehr unsanft vom Dritten geweckt – mit einer Pütz (Eimer) Wasser, das er mir über Kopf und Oberkörper schüttete, beinahe klassisch wie im Text der dritten Strophe von ›What shall we do with the drunken sailor?‹

Ich berappelte mich wieder, schleppte mich bis acht Uhr über Deck und fiel dann sterbensmüde in die Koje. Als ich am späten Nachmittag erwachte und schlaftrunken in die Mannschaftsmesse schlurfte, erfuhr ich von Peter eine Neuigkeit.

»Kuddel hat ’nen Sack gekriegt, ist erst vor ’ner halben Stunde ziemlich hackevoll an Bord gekommen, war ja nicht das erste Mal.«

Heimreise

Die letzten Kaffeesäcke verschwanden in Luke vier und fünf. Die ›Cap Palmas‹ musste nun seeklar gemacht werden und am 24. Juni, nachts um ein Uhr, traten wir die Rückreise nach Europa an. Die Lichter der Stadt und des Hafens, vor allem die

---

* oberes Deck Achterkante Mittschiffsaufbau

roten, verblassten immer mehr, bis unser Dampfer bei ruhiger See und östlichem Kurs in die Dunkelheit hineintauchte.

Adiós, Südamerika!

Während der Überfahrt von zweieinhalb Wochen törnte ich jeden Tag vier Stunden zu – auch sonnabends und sonntags, um meine Heuer aufzubessern. Trotzdem blieb noch Zeit, um meine Schlafdefizite auszugleichen und zu lesen. ›08/15‹ von Kirst und ›Die drei Musketiere‹ von Dumas.

Neben der Seewache von 8-12, morgens und abends, gab es an Deck die gewohnten Arbeiten: Farbe waschen, entrosten, mennigen, pönen und Holzdecks ›scharf‹ scheuern und schrubben.

Am 30. Juni überquerte ich zum vierten Mal den Äquator von Süd nach Nord und drei Tage späte passierte die ›Cap Palmas‹ die portugiesischen Kapverdischen Inseln Santo Antão und São Vincente. Später, in Las Palmas auf Gran Canaria wurden die Schweröltanks gefüllt und nach diesem Bunkern steuerte unser ›Weißer Schwan des Südatlantiks‹ Kap Finsternis an der Nordwestecke Spaniens an. Auf Kurs NNO (nord-nordöstlich) blies uns mit Beaufort 6 ein Wind direkt von vorn entgegen, ziemlich außergewöhnlich für diese Jahreszeit.

Im Kanal *dwars* (querab) von Dover dann eine kleine Überraschung. Die ›Vava‹, mein sechstes Schiff (Levantefahrt) befand sich direkt auf Gegenkurs. Unser Funker nahm Verbindung auf und ich ließ es mir nicht nehmen, entgegen dem üblichen Brauch, meine ›Mittelmeerliebe‹ zu grüßen, indem ich unser Tuch (Nationalflagge) erst auf halbe Höhe und wieder hinaufzog. Dieses Dippen war ja sonst nur gegenüber Kriegsschiffen üblich.

Vom 11. bis zum 15. Juli löschte unser Dampfer in Rotterdam einen großen Teil der Ladung. Ich ließ es ruhig angehen und entschied mich, nach getaner Arbeit von zehn Stunden täglich, mit Alk, Weib und Gesang kürzer zu treten. Dafür war ja Rotterdam ein geeigneter Ort. So schlenderte ich durch die anfangs des Zweiten Weltkriegs von der Nazi-Luftwaffe zerbombte und wieder aufgebaute Innenstadt, sah im Deutschen Seemannsheim den Film ›Der Pauker‹ mit Heinz Rühmann und kehrte in der Hansa-Piesel ein.

In dieser Kneipe traf ich den Antreiber Gerd N., der auf der ›Paul Rickmers‹ nun doch zum Bootsmann befördert worden war. Meine Wiedersehensfreude hielt sich in Grenzen. So ganz anders verlief mein unverhofftes Treffen mit ›Schrat‹ von der ›Peter Pan‹. Dieser Matrose hatte auch dem Musikdampfer den Rücken gekehrt und wieder auf einem anständigen Frachter auf Großer Fahrt (Woermann Reederei/Süd- und Ostafrika) angemustert.

Kapverdische Insel

Am Sonnabend, den 16. Juli, hörten wir uns abends, nach dem Auslaufen, das Fußballspiel BRD gegen Argentinien im Radio an. Etwas später schrieb das umstrittene Tor für England während dieser WM Sportgeschichte – und auch der Hamburger Uwe Seeler, der mit hängendem Kopf nach dem Endspiel zur Königin trabte.

Nach achtzehnstündiger Fahrt machte die ›Cap Palmas‹ im Bremer Überseehafen fest, letzte Schönheitsmalerarbeiten außenbords sollten sie gut aussehen lassen, wenn sie in ihrem Heimathafen Hamburg einlief. Also pönte ich mal wieder ausgiebig mit weißer Farbe die Steuerbordseite. Am ersten Abend gönnte ich mir mit Matrose Smolly ein paar Bier im Remmers-Keller, das blieb dann auch die einzige Landgangs-›Ausbeute‹ in der Stadt des Rolands. Zwei Tage später, nach dem Seeklarmachen bei nicht gerade sommerlichen Temperaturen und strömenden Regen, legte unser Dampfer um Mitternacht ab und lief am 20. Juli um zwei Uhr nachmittags in Hammonia ein. Dort, im Rosshafen am großen Kühlhaus, sollten die tiefgefrorenen argentinischen Rinderhälften entladen werden.

Als wir uns beim Anlegen, dieses Mal mit Unterstützung zweier Schlepper, jeweils vorn und achtern, der Pier näherten, konnte ich mein Glück kaum fassen: stand da doch min Hamburger Deern Lony B.! Nachdem die letzte Leine um den Poller gelegt wurde, hatte ich es besonders eilig, schnurstracks die Gangway hinunterzulaufen, um Lony zu umarmen.

›strahlgetrieben‹

»Das ist aber 'nen dolles Ding, hab dich hier noch gar nicht erwartet!«

»Mein Chef hat mir frei gegeben, haben uns ja auch lange nicht mehr gesehen.«

Nach einem abendlichen Bummel durch die Hansestadt, ganz bürgerlich, St. Pauli links liegend lassend, brachte ich sie um vier Uhr morgens brav vor ihre Haustür im Stadtteil Rothenbaum. Liebend gern wäre ich ihr in die Wohnung gefolgt, aber wir mussten ja in diesem ehrenwerten Haus Rücksicht auf ihre Eltern nehmen --und man blieb ja dadurch anständig, züchtig und tugendhaft.

V. TS ›Dortmund‹ (12. Schiff)

Stückgutfrachter – Indonesien-Fahrt

»So, Sie wollen also auf Indonesien-Fahrt, da muss ich Sie leider enttäuschen, unsere ›Dortmund‹ kommt erst Anfang September nach Hamburg und muss in die Werft.«

»Wollte noch Urlaub machen, bis dahin kann ich warten.«

»Die Reise fängt aber wahrscheinlich erst Ende des Monats an, Sie können aber schon vorher anmustern.«

»Einverstanden, ich unterschreibe.«

Wieder hatte ich meinen Wunsch in die Tat umsetzen können, mit dem nächsten Dampfer eine unbekannte Ecke der Erde kennenzulernen, und das auch noch bei der HAPAG, (West-) Deutschlands größter und bekanntester Reederei.

Als ich am 21. Juli aus dem respektablen Gebäude am Ballin-Damm hinaustrat und auf die Binnen-Alster schaute, überkam mich das bekannte grandiose Gefühl der Vorfreude auf eine fremdartige Welt – allein schon geographische Begriffe wie Sunda-Inseln, Surabaya und Java weckten meine Glückshormone und ließen mich vergessen, was ich sonst so vorher über die HAPAG zu hören bekam: Dienstantritt mit Kommandos und Trillerpfeife, strengster hierarchischer und fast militärischer Umgang innerhalb der Besatzung, also kein außerdienstlicher Kontakt zwischen Offizieren und Mannschaft, harte Bestrafung bei Disziplinlosigkeit ... und desgleichen Vorurteile mehr.

Fazit am Ende der Reise: alles *dumm Tüch* (dummes Geschwätz)! Nun leistete ich mir eine mehrwöchige Auszeit als Landratte, einschließlich eines Urlaubs in Gmunden am Traunsee. Der Blick auf meine zurückliegende Seefahrtszeit trübte sich dabei immer mehr von rosarot bis tiefgrau; hatte ich doch in dieser Zeit an Land Erlebnisse der zwischenmenschlichen Art, die mir bisher größtenteils nicht vergönnt waren, vor allem, was den Kontakt mit den ›normalen‹ Deerns meines Alters betraf. Das war aber mal das unabänderliche Seemannslos.

Am 2. September ging es wieder zurück nach Hammonia an Bord der ›Dortmund‹. Mit über 160 Meter Länge und fast 20 Meter Breite konnte der Pott 10.000 Tonnen in sechs größeren und zwei kleineren Luken laden. In zwei Süßöltanks wurde hauptsächlich Palmöl transportiert. Eine BBC-Turbinenanlage von über 9.000 PS brachte das 1954 gebaute Schiff auf beachtliche 17 Knoten (31 km/h). Dieser damals als hochmodern gepriesene Antrieb hat sich aber nicht bewährt, der gute, alte Dieselmotor treibt auch noch heute fast alle Schiffe an.

Fast zwei Wochen verbrachte die ›Dortmund‹ im Schwimmdock der Howaldts-Werft, um dann mit Schlepperhilfe am Schuppen 74 im Kaiser-Wilhelm-Hafen festzumachen. Einmal mehr viel Zeit und Gelegenheit, mit den anderen nach und nach angemusterten Janmaaten ins Nachtjackenviertel auszuschwärmen. Außer dem jungen und angenehmen Bootsmann und dem älteren Zimmermann gehörten noch ein Decksmann und erstaunlicherweise nur ein Junggrad, ein Leichtmatrose, zur Decksmannschaft, alle anderen waren gestandene Matrosen.

Machte sich also schon ein Mangel an seemännischem Nachwuchs bemerkbar? Schließlich waren Junggrade oft schon vollwertige Arbeitskräfte, für die Reedereien bedeutend billiger. Oder lag es am Fahrgebiet mit dem fast mörderischen Klima, hohen Temperaturen und Luftfeuchtigkeit, welches man den Heranwachsenden nicht zumuten konnte?

Die Namen der Matrosen konnte sich jeder im Laufe der Reise gut merken: Wir hießen nämlich bald alle ›Paul‹.

Sollten meine Erzählungen über die ›Paul Rickmers‹ dazu beigetragen haben, diese Namens-Einfalt zu schaffen, oder entsprang das nur einer Schnapsidee – im wahrsten Sinne des

Wortes? Ich war also der Rickmers-Paul, dann gab es einen Bart-Paul, einen Mecker-Paul, einen Korn-Paul, einen Schwerter-Paul, einen Pöbel-Paul, einen Knobel-Paul und einen Schweine-Paul. Brauchte man an Deck Unterstützung bei der Arbeit, genügte nur der Ruf mit diesen vier Buchstaben und Hilfe war zur Stelle.

Bart-Paul trug natürlich einen mächtigen Vollbart und hatte es mit den Gottesdiensten der katholischen Kirche. Trank er nur zwei bis drei Bier, war es eine normale Messe, bei einem Hochamt musste schon ein halber Kasten her, beim Pontifikalamt verpiesematukelte er schon mal eine Kiste und eine Flasche Schnaps – mit anschließendem freien Tag. Der Hintergrund: Bei einem Landurlaub in Köln hatte er eine holde Deern kennengelernt, die von den Eltern streng gläubig erzogen war; das hinderte die beiden aber nicht, sich der Liebe hinzugeben. Bart-Paul wollte die Seefahrt an den Nagel hängen. Als die Eltern erfuhren, dass die Liebe nicht nur platonischer Natur war, verboten sie strikt jeglichen Kontakt und Paul fuhr wieder zur See. (*Das war die Kurzversion seiner Geschichte, die er bei einem Pontifikalamt schon mal stundenlang in epischer Breite darbot.*)

Schweine-Paul, ein schon etwas älterer (über 30), abgeklärter Matrose mit sehr eigenständiger Lebenseinstellung sollte den väterlichen Fleischbetrieb übernehmen, zog es aber vor, lieber zur See zu fahren. Wenn sich die Gelegenheit ergab, zog er mit Kamera und Tonband los, um fremde Länder, Menschen und Kulturen und deren Musik in Bild und Ton festzuhalten und zu dokumentieren. Beim Scheich hatte er schlechte Karten, weigerte er sich doch oft, in den Häfen Überstunden zu leisten, um stattdessen lieber an Land zu marschieren.

Schwerter (auch Messer)-Paul sammelte und erwarb Krise, dolchartige Stoßwaffen mit reichhaltigen künstlerischen Verzierungen, die von Würdenträgern der vielen malayischen Stämme Indonesiens getragen wurden. (*Später landeten diese Schmuckstücke in Archiven des Ostasien-Instituts der Uni Freiburg, zu dem Paul Kontakt hielt.*)

Die anderen Matrosen hatten in der Regel die gewohnten Hobbies: Schnaps, Weib und Gesang, waren aber durchaus nicht nach landläufigem Klischee grobschlächtig, einfältig und geistig unterbelichtet, liebten eben das freie Seemannsleben. Auch hier zeigte sich an Bord die Vielfalt menschlicher Wesensarten und Charaktere. Wir waren eben human beings (Menschen), keine digitalgesteuerten, emotionslose Zombies.

Ein ganz besonderer Paradiesvogel war unser polyglotter australischer Decksmann (Arbeiter ohne Matrosenbrief), der leider in Hamburg nach zwei Wochen auf die ›Dresden‹, einem der größten Stückgutfrachter der Handelsschifffahrt, überwechselte. Er brachte uns die wichtigsten indonesischen Wörter und Redewendungen bei. Einige Begriffe, wie auch Zahlen, klingen recht putzig oder sind europäischen Sprachen, vor allen dem Englischen oder Holländischen, angelehnt und leicht zu lernen. Die Finessen der Grammatik spielten eh keine Rolle bei den Konversationen im Hafenmilieu.

Am 17. September trudelte der letzte Matrose ein, die Decksmannschaft war nun vollzählig und fünf Tage später begannen die Schauerleute, unseren ›Indonesien-Schwan‹ zu beladen. Es wurden die gängigen Exportgüter an Bord gehievt, verpackt in kleineren und größeren Kisten (Kollis). Neben den üblichen Decksarbeiten mussten während der Werftzeit vor allem die Laderäume auf Vordermann gebracht werden, wozu sich ja sonst kaum Gelegenheit bot. Die Wände wurden gepönt und jede Menge Schweißlatten erneuert. Sie dienten dazu, dass Kisten und Kartons innenbords nicht mit der meist feuchten Bordwand in Berührung kamen.

Nach Feierabend, meistens 18 Uhr, ging es in kleineren Gruppen natürlich zum Sündenpfuhl St. Pauli. Es gab doch tatsächlich noch Lokalitäten, die ich noch nicht betreten hatte. Dabei landete ich versehentlich in der Roxa Bar, in der mich ausschließlich merkwürdig sommerlich gekleidete Männer anstarrten. Na, hatte ich mich halt geirrt und verließ umgehend den Schwulen-Treffpunkt, um wenig später die Indra Bar zu betreten, aber hier empfingen mich die anwesenden Damen mit bösen Blicken.

»Hast dich wohl in der Hausnummer vertan, hier ist nur für Frauen Zutritt!«, pflaumte mich eine Dame mit herbem Gesicht und Kurzhaarfrisur an.

»Geh ja schon wieder, stand draußen nicht dran.« Das konnte einem also passieren, wenn man sich in der Szene nicht so gut auskannte. Andere Lokalitäten, wie Kaiserkeller, Top Ten oder Star Club, waren Tanzschuppen für Teenager und Twens, da hatte man aber als Seemann keinen leichten Stand.

›Dortmund‹

Der obligatorische Fischmarkt-Bummel von Sonnabend, spät abends, bis Sonntag morgens durfte auch nicht ausgelassen werden – mit den äußerst unterschiedlichen Besuchern, von Jung und Alt, von Männlein und Weiblein, von Einheimischen und Touristen, von See- und Sehleuten, von Ahnungslosen und Luden, von Kiezgrößen und Normalbürgern. Damals hatte der einmalige Charme dieses Treibens noch eine unverwechselbare typische Eigenständigkeit.

Auch Kinobesuche gehörten abends zur Freizeitgestaltung. Filme, wie ›Die Clique‹ und ›Ladykillers‹ entstanden zu jener

Zeit und erlangten Kultstatus, Meisterwerke, die man gesehen haben muss. Ein anderer Film ›Africa adio‹ dürfte heutzutage noch nicht einmal im dark room des Internets gezeigt werden, ein übles, rassistisches Machwerk des Regisseurs Jacopeti, der zur Zeit des Mau-Mau-Aufstandes in Kenia spielt.

Im Laufe der Jahre hatte ich aber nicht nur die verschiedenen Hafenbecken, die Reeperbahn und die Große Freiheit frequentiert, sondern auch die Hansestadt lieben gelernt. So wurde die attraktive Metropole Hamburg meine ›zweite Heimat‹. (*Fast 30 Jahre später hieß das Ziel meiner Schulabschlussfahrten selbstverständlich Hamburg: Hafenrundfahrt, Landungsbrücken, Michel, Panoptikum, Fernsehturm, Planten un Blomen, Jungfernstieg, Rathaus und Mönckebergstraße.*)

Zwei Tage vor Beginn unseres Seetörns, als bei der Proviantübernahme die letzten Gemüsekisten von uns an Bord getragen wurden, hatte der junge Koch zwischendurch zu viele Proben flüssiger Nahrung zu sich genommen und schlief in seiner Kombüse bald ein. Wir bugsierten ihn auf den Tisch des Salons, dem großzügigen Speiseraum für Kapitän, dem Ersten Offizier und dem Chief. Nun kamen die Decksjantjes auf die Idee, den schnarchenden Chef de la cuisine auf sehr kunstvolle und kreative Weise mit Obst und Gemüse aller Art zu drapieren: Salatblätter an beiden Ohren, zwei Zwetschgen auf die Augen, Tomaten an die Backen und eine große Chilischote mit nach oben gebogenen Enden auf den Mund, an anderer Stelle leuchtete eine kleine, rote Mohrrübe.

Als die drei Oberbosse den Salon betraten, erschallte lautes Gelächter, nach dem ersten wohl erstaunten Anblick auf den drunken sailor. Wenig später erschien der Koch ganz zerknirscht vor seiner Schmiede. An die umstehenden, feixenden Matrosen gewandt, schimpfte er:

»Das macht ihr Polleraffen nicht noch mal mit mir, sonst kriegt ihr nur noch Wasser und Brot.« Sicherlich hatte er von der Schiffsleitung einen gehörigen Rüffel bekommen, ansonsten blieb aber dieser Schabernack ohne Folgen – und das bei der ach so konservativen und steifen HAPAG!

Am Sonntag, 25. September, konnten wir uns wieder als Seelords fühlen. Die ›Dortmund‹ lief kurz nach 12 Uhr aus, das sparte der Reederei für alle Besatzungsmitglieder, über 40 Männer, einen Seesonntag ein. Diese Seesonntage konnten als freie Tage, gleich Urlaubstage, genommen werden, wenn es denn der Bordbetrieb zuließ.

In der Helgoländer Bucht, nördlich von Scharhörn, kippten wir den nicht unbeträchtlichen Schiet, vor allem Holzabfälle, der sich im Laufe der drei Wochen Liegezeit angesammelt hatte, nicht ganz legal über Bord. Umweltbewusstsein war damals fast noch ein Fremdwort. Elf Stunden später machte unser Dampfer in Bremerhaven fest, um vor allem Fahrzeuge, LKWs, Autos und Baumaschinen mit Ladekränen zu laden. Wir Decksbauern reinigten mal wieder die Aufbauten mit dem aggressiven P3-Pulver. Dabei machte ich eine ganz neue Erfahrung: Unser patenter Bootsmann hatte nichts dagegen, diese Arbeit bei lauter Radiomusik zu verrichten, das sprach schon mal für ein wahrhaft gutes Arbeitsklima.

Rostock

Zwei Tage später schipperte unser großer Frachter mit ungewohnt summenden Turbinengeräusch durch den Nord-Ostsee-Kanal von Brunsbüttel nach Kiel und weiter bis vor Warnemünde, wo die ›Dortmund‹ erst einmal ankerte und eine gefühlte Hundertschaft von Zoll, Hafenpolizei und anderen sozialistischen Organen unseren Kahn enterte, damit der Klassenfeind keine zersetzenden und aufrührerischen Aktionen unternehmen konnte. Bis zum späten Abend, als unser Dampfer mittlerweile die Warnow aufwärts fuhr und im außerhalb gelegenen Rostocker Überseehafen anlegte, zog sich die Einklarierung hin. Landgang hatte sich dadurch erledigt. Vom Hörensagen erfuhren wir, dass es zwar so etwas wie Hafenkneipen gab, die aber schon vor Mitternacht schlossen und ›die Bürgersteige hochgeklappt wurden‹; kurzum: tote Hose im Arbeiter- und Bauernstaat.

Tatsächlich durften wir aber am nächsten Tag an Land, ganz umständlich mit LKW, Bus und Straßenbahn, um die sozialistischen Errungenschaften der Hafenstadt in Augenschein zu nehmen: leere Schaufenster, vertrocknetes Gemüse auf dem Markt, vorwiegend alte, klapprige Autos, aber dafür viele Spruchbänder mit Phrasen und Parolen. Nun war das für mich nichts Neues, hatte ich doch des Öfteren Verwandte in Thüringen besucht. Ich riet meinen Kameraden, bloß nicht den überlegenen westdeutschen ›dicken Max‹ herauszukehren und dennoch identifizierte man uns überall sehr schnell als Bürger der BRD.

Rostock

Das Gefühl, nur nichts falsch zu machen und aufzufallen, kann nur der nachempfinden, der die DDR dieser Jahre hautnah erlebt hatte. Entgegen der vorherrschenden Meinungsmache glaubte ich in jenen Jahren, dass diese Teilung nicht endgültig sein konnte und erntete bei den westdeutschen, sogenannten Linken Hohn und Spott. Nationalmasochismus ist auf beiden Seiten von höchster Stelle gefördert worden.

Für die meisten Besatzungsmitglieder blieb es wohl für mehr als zwei Jahrzehnte der einzige Aufenthalt in der DDR, bei unseren ›Brüdern und Schwestern‹, wie es in verlogenen Sonntagsreden in der BRD hieß.

Ganz im Gegensatz zum äußeren Erscheinungsbild des SED-Staates standen zwei hochwertige, auf dem neuesten Stand der Technik stehende Exportgüter. Auf das Hauptdeck wurden Eisenbahnschienen geschweißt und darauf insgesamt sechs Waggons gestellt, in Design und Ausstattung sehr modern und ansprechend, hergestellt im VEB Waggonbau Bautzen, mit einem gediegenen Interieur und sogar Klimaanlage ausgestattet!

In Luke drei verstauten die etwas wortkargen Schauerleute ein vollständiges Planetarium vom VEB Carl-Zeiss in Jena. Das war nun sicherlich nicht für eine breite Öffentlichkeit bestimmt, wie wohl auch die Personenwaggons der Luxusklasse, eine direkte Bestellung von Präsident Sukarno, die einzig und allein für ihn zur persönlichen Nutzung bestimmt waren. Wieder mal ein Beispiel des Gebarens vieler Autokraten, Despoten und zu Reichtum gekommener Oligarchen in bestimmten Erdteilen und Ländern – damals wie heute.

Außerdem verschwanden in den Luken Nutzfahrzeuge vom kleinen Robur bis zum IFA-Laster – made in GDR. Danach hatte die Decksgang alle Hände voll zu tun, um die Transportmittel-Gefährten ordentlich seefest zu laschen (festzurren).

Schon am nächsten Tag lief der Klassenfeind auf der Warnow wieder aus und nahm Kurs auf den Kiel-Kanal. Garantiert hatten die Staatsorgane darauf geachtet, dass sich kein DDR-

Bürger an Bord versteckt hatte, um in den – vermeintlich goldenen – Westen zu gelangen.

In der Holtenauer Schleuse gab es ein kurzes, willkommenes Wiedersehen. Sandor Sipos, der staatenlose Ungar von der ›Transatlantik‹ berichtete mir lautstark ganz freudestrahlend vom Achterdeck der ›Transgermania‹ aus, dass er nun endlich einen deutschen Pass bekommen hatte und somit zum existierenden Menschen mutiert war.

Hinreise

Am Sonntag, 2. Oktober, erreichte die ›Dortmund‹ Antwerpen um zwei Uhr nachts und ich trat, wie auch am folgenden Abend, meine Nachtwache an. Am nächsten Morgen fragte mich der Erste:

»War das eben nicht der Steward an der Gangway?«

»Ich glaub schon.«

Hätte ich gesagt »Kann schon sein«, wäre mir Unachtsamkeit vorgeworfen worden, so musste ich also unfreiwillig und unabsichtlich den armen Steward ›in die Pfanne hauen‹, der seinen Dienstantritt auf eine Stunde zu spät verlegt hatte.

»Na, der kriegt einen Einlauf von mir«, grummelte der first mate.

Mittags verließ unser Pott Antwerpen, fuhr bei IJmuiden in den Nordsee-Kanal und machte in der Nacht in Amsterdam fest. Mit der ehemaligen Kolonialmacht Holland unterhielt Indonesien naturgemäß noch enge Handelsbeziehungen. Beim letzten Landgang in Europa hatten der Zimmermann und ich wohl die falschen Lokalitäten erwischt. Seltsam, dass an diesem Abend die Pinten ziemlich leer blieben und demzufolge auch nirgendwo Stimmung aufkommen wollte. Im Land der tausend Inseln (pulau seribu) würde die Atmosphäre eine ganz andere sein, trösteten wir uns.

Am 5. Oktober, drei Uhr nachts, begann endlich unser Seetörn Richtung Südostasien, vier Tage später passierte die ›Dortmund‹ Gibraltar und ich fuhr nun zum achten Mal durch das Mittelmeer. In Port Said, am Nordende des Suezkanals, wurden schon ein paar Kisten an Land oder an Bord gehievt, und die Besatzung hatte für ein paar Stunden Gelegenheit, in der Stadt Besorgungen zu erledigen. Wir nahmen ein kleineres Holzmotorboot und etliche ›Alis‹ (Einheimische) an Bord, Sinn und Zweck dieser Aktion erschlossen sich mir nicht. Alle Öffnungen und Türen wurden durch zusätzliche Schlösser gesichert, die nach der Durchfahrt des Kanals und des Großen Bittersees in Port Tawfiq, dem Hafen von Suez, wieder abmontiert werden konnten.

Die übliche Rotsee-Party, dieses Mal aber mit Schifferklavier und Ukulele, gespielt von Schweine- und Köm-Paul, war einer der wenigen Momente während meiner gesamten Seefahrtszeit, die den eingefahrenen Vorstellungen der Landratten über musizierende und singende Seeleute entsprach. Shanties, wie der ›Hamburger Veermaster‹, der ›drunken sailor‹ und ›Oh, whisky is the life of man‹ durften nicht fehlen.

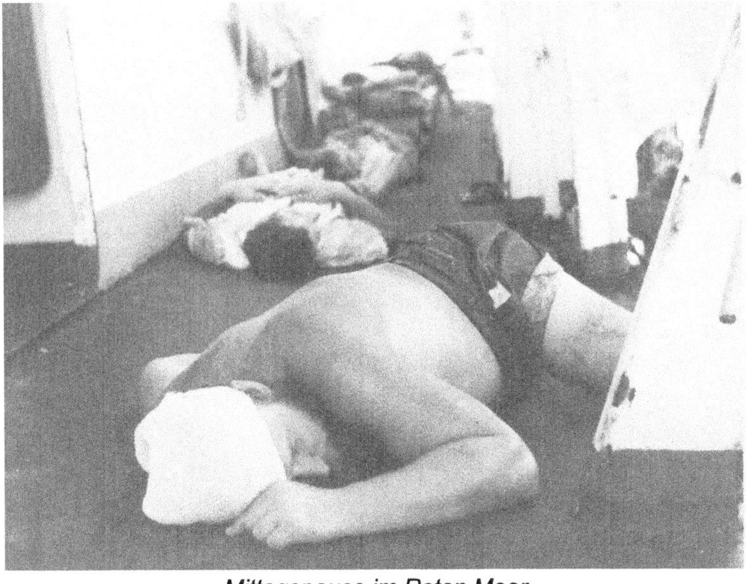

Mittagspause im Roten Meer

Der 18. Oktober hatte es arbeitsmäßig mal wieder in sich, nicht hervor- sondern herausragend: Mitternacht Antritt Seewache, ein Uhr festmachen in Aden (Jemen), anschließend Decks- und Raumwache bis zwölf, auslaufen, Seewache und zutörnen bis sechs Uhr abends, insgesamt also achtzehn Stunden, abzüglich einer Stunde für Frühstück und Mittagessen; Temperaturen tagsüber mehr als 40°C.

Auch an den übrigen Tagen während dieser Reise war ein Arbeitstag von mindestens zehn bis dreizehn Stunden völlig normal, die Plackerei ging ja an Bord nie aus. Es gab immer etwas zu entrosten, zu pönen, in Stand zu halten, zu labsalben, zu spleißen, Drähte und Tampen des Ladegeschirrs zu ersetzen. So wurden die Ladebäume auch schon mal ausgelümmelt, d. h. aus ihrer Verankerung auf den Windendecks herausgenommen und vollends von Rost und brüchiger Farbe befreit.

Bei Regenwetter bekamen Kammern oder Messeräume einen neuen Anstrich, was auch meinem ziemlich heruntergekommenen Domizil zugute kam. Ich fühlte mich in meinen ›eigenen vier Wänden‹ nach dem neuen Anstrich gleich viel wohler.

Belawan

Am 23. Oktober passierten wir nachts das Leuchtfeuer von Dondra an der Südspitze Ceylons (Sri Lanka) und vier Tage später ankerte unser Dampfer morgens vor dem Hafen von Belawan an der Nordküste Sumatras in der Straße von Malakka.

Da erst am nächsten Tag ein Platz an der Pier frei wurde, ergab sich die Möglichkeit, das vorgeschriebene Bootsmanöver durchzuführen. Dabei ereignete sich beinahe eine Kollision mit einem speed boat. Deren Insassen, vier Männer, lachten unüberhörbar, während das schnelle Boot beinahe unser Rettungsboot versenkt hätte und uns dabei das Herz in die Hose rutschte. Da hatten wir gleich einen treffenden Eindruck von indonesischer Mentalität bekommen.

Belawan: Moschee

Belawan: ›Häuser‹ am Wasser

Tags darauf, an der Pier, konnte ich – Raumwache schiebend – Kontakt mit den Schauerleuten knüpfen. Diese Burschen verdienten nur zehn Rupien, etwa drei Mark, am Tag, und zeigten doch ein fröhliches Gemüt. Wie arm die Menschen sein mussten, erfuhr unser Koch, als er für einen kurzen Moment seine Schmiede verließ und sich danach wunderte, dass sich in der Kombüse die Milch in den Flaschen in Luft aufgelöst hatte.

Des Rätsels Lösung: Einige Schauerleute füllten ganz flink die Milch in dunkle übergroße Bierflaschen, die beim Vonbordgehen nicht weiter auffielen – bis auf den letzten armen Teufel an der Gangway, dem der Erste befahl, den Flaschenverschluss zu öffnen und so diese etwas illegale Aktion, die wahrlich nicht zur Bereicherung diente, aufflog.

»Nicht noch einmal, *not again, saja tid ak senang ini* (das gefällt mir nicht)!«, wies er den bemitleidenswerten Mann zurecht.

»For my children.« Mit der Hand demonstrierte er die Anzahl und Größe seiner Kinder. Der *first mate* beließ es, Gott sei Dank, bei seiner Ermahnung.

Endlich, am dritten Tag in Belawan, abends der heiß ersehnte erste Landgang in Indonesien, natürlich ins Nachtjackenviertel. In den kleinen Bars, etwas bessere Bretterbuden, warteten schon die Lotusblumen auf uns. Zu unserem Erstaunen waren auch Frauen etwas reiferen Alters – und halbwüchsige Jungen anzutreffen. Kinder in diesem Milieu hatte ich vorher noch nicht zu Gesicht bekommen. Ziemlich aufdringlich versuchten die Jungs, uns permanent Speisen aus den nahegelegenen Garküchen aufzuschwatzen, um sich ein paar Rupien zu verdienen. Die meisten Janmaaten unterschiedlicher Nationalitäten verschwanden in der Regel nach der Anbändelung aus den Lokalen, um das durchzuführen, was die natives als bommi-bommi bezeichneten.

Immerhin konnte der Seemann bei nicht ganz so uneuropäisch klingender Musik und Reisbier Kontakte knüpfen. Tanzen, wie überall anderswo auf der Erde, war aber strikt verboten. Nun machten wir auch zum ersten Mal die Erfahrung mit den spottbilligen indonesischen Zigaretten, Marke Kretek. Sie erfüllten die Luft mit einem leicht süßlichen Gewürzduft der verschiedenen Inhaltsstoffe, war auch Gras dabei?

Am nächsten Tag, einem Sonntag, mietete ich mir eine Fahrrad-Rikscha und schaute mir bei Tageslicht die Hafenstadt der im Hinterland liegenden Metropole Medan an. Asphaltierte Straßen gab es nur in der Innenstadt. Dicht an dicht gedrängt standen einfache einstöckige Pfahlbauten an den Schotterpisten, Wasserarmen und Kanälen. In diesen behelfsmäßig anmutenden Häusern wohnte das Gros der Menschen. Ganz im Gegensatz dazu wirkten die Moscheen mit ihren zwiebelförmigen Kuppeln beinahe schon fast vornehm, ebenso wie die reich verzierten Grabstätten der meist wohlhabenden chinesischen Geschäftsleute, zu denen mich der Fahrer führte. Als ich ihn nach gut zweistündiger Fahrt mit einem Tageslohn bedachte, bedankte er sich höchst überschwänglich mit einem mehrmals gesprochenen ›Djerman bagus! (Guter Deutscher)‹. Es bereitete mir schon erhebliches Unbehagen, dass sich ein kleiner ausgemergelter Mann für mich abstrampeln musste, aber wie sonst sollte ich als Fremder am besten die Sehenswürdigkeiten erkunden und einen Eindruck von Land und Leuten bekommen? (*Später, in Makassar, konnte ich dieses unangenehme Empfinden über Bord werfen.*) Nachmittags verließen wir unseren ersten Hafen und nahmen in der Malakka-Straße Kurs auf Tandjung Pandan auf der Insel Belitung. Kurz vor Singapur stellte der wachhabende Zweite während der 12-4-Wache den Maschinentelegraphen auf ›Maschine Stop‹. Die See war ruhig, die Sicht gut in dieser Nacht.

»Ist doch alles klar, kann voraus nichts erkennen, kein Boot, kein Gegenkommer. Was ist los, warum?«, fragte ich im Halbdunkel der Brücke verwundert den *second mate*.

»Wirst schon gleich sehen«, erwiderte er.

Nach einer Weile tauchte an Backbord ein größeres Boot auf. Als ich von der Brückennock hinunterschaute, sah ich bei eingeschalteter Decksbeleuchtung, wie Schwerter-Paul und der

Steward etliche große Pappkartons mit zwei Tampen (Seile) in die nun längsseits liegende Barke fierten (hinunterließen). Die ganze Aktion dauerte etwa eine Viertelstunde. Nun dämmerte es mir: Das also waren die Zigaretten-Kartons. Schon in Hamburg wurde ich von diesem Matrosen gefragt:

»Wie viele Kartons willst du nehmen?«

»Wie, was für Kartons?«

»Na, Zigaretten – Pall Mall. Ein Karton hat 100 Stangen, gehen vor Singapur über die Kante. Is 'nen gutes Geschäft. Kannst dann in Indonesien leben wie 'nen Graf. 150 Prozent Gewinn!«

Ich rechnete schnell nach. Eine Stange (10 Schachteln) kostete 5 DM, bei hundert waren also 500 DM fällig. Voraussichtlich würden wir auf der Reise sieben Wochen im Inselstaat verbringen, dann hätte ich also 1.250 DM für Landgänge.

»Ich nehme einen Karton, das muss langen, will ja auch noch was von der Heuer sparen, brauch nicht bei jedem Landgang die Puppen tanzen lassen.«

»Das mit dem Tanzen kannste dir sowieso abschminken.« Ich verstand zwar nicht, was Paul damit meinte, fragte aber nicht weiter nach.

Nach diesem Unternehmen ›Zigarettenschmuggel=Landgangsgeld satt‹ setzte die ›Dortmund‹ ihre Fahrt fort. Wohlweislich vermied ich es, den Zweiten über Details der Aktion auszufragen, sicherlich wäre seine Antwort gewesen: ›Du musst nicht alles wissen.‹

Bald erschienen im Morgengrauen die Lichter Singapurs und durch die unzähligen kleineren und größeren Inseln des Riau-Archipels steuerten wir mit südöstlichem Kurs auf Belitung zu, der etwa 60 Kilometer umfassenden rundlichen Insel in der Karimatastraße zwischen Sumatra und Borneo/Kalimantan. Dabei überquerte ich zum fünften Mal den Äquator von Nord nach Süd; mittlerweile war dieses Ereignis es nicht einmal mehr wert, in meinem Tagebuch festgehalten zu werden.

Am Reformationstag, nach Wache gehen und Rost klopfen auf dem Bootsdeck, las ich in meiner Freiwache ›Schau heimwärts, Engel‹ von Thomas Wolfe.

Jakarta

Unser Schiff ging für ein paar Stunden weit vor Tanjung Pandan auf Reede, um Kisten und zwei IFA-LKWs, made in GDR, in große Schuten zu befördern. Das war dann auch schon alles von diesem exotisch klingenden Ort.

Durch die Gasparstraße zwischen den Inseln Bangka und Belitung hielt unser Dampfer mit exakt südlichem Kurs (180°) auf die Hauptstadt Jakarta zu, die während der holländischen Kolonialzeit Batavia hieß. Wir machten aber weit vor der eigentlichen Stadt fest, in Tanjung Priok, dem Hafenvorort.

Der fällige Landgang, gleich nach dem Löschklarmachen, zeigte uns mal wieder, wie bitterarm der Großteil der Menschen am Rande der Metropolen lebte. Selbst das Vergnügungsviertel ließen die Janmaaten links liegen. Es machte wahrhaftig keine Freude, durch diesen Kiez zu gehen, übersät mit Unrat, dem Gestank schmaler Abwasserkanäle und den vielen Bettlern, von denen man ständig um ein paar Rupien angefleht wurde. Wie konnte bloß der *orang* (Mensch) in diesem Elend überleben?

Für den nächsten Landgang nahm ich mir einen halben freien Tag und fuhr mit einem total überfüllten Bus ins Zentrum der Hauptstadt, eine so ganz andere Welt: ansprechende Wohnbezirke mit Steinhäusern, prächtigen Moscheen, Hochhäusern, einem modernen Stadion und einem herrschaftlichen Präsidenten-Palast. Solch ein ausgedehnter Gang durch die Innenstadt ließ mich hungrig werden und so kehrte ich in einer Seitenstraße außerhalb der Stadtmitte in einem schlichten Restaurant ein und aß nach einer Bihun-Suppe ein *sate udang* (Krabbenfleisch) und *kodoks* (Froschschenkel), die ich zum ersten Mal kostete. Als ich das Lokal verließ, kam ich gleich an einem Abwassergraben vorbei, in dem sich viele Frösche tummelten; nun mochte ich gar nicht daran denken, von was sich meine gerade verspeiste Unke ernährt hatte.

Jakarta

Jakarta: außerhalb der City

Kurz bevor ich nach der Rückfahrt die Gangway hinaufeilen wollte, durchzuckte mich ein äußerst schlimmer Gedanke: Wo war mein Fotoapparat? Ich hatte ihn wohl im Gourmettempel liegen lassen und musste ihn zweifelsfrei verloren geben. Als ich am nächsten Tag wieder vor dem kleinen Restaurant aufkreuzte, kam mir schon freudestrahlend der Wirt entgegen – mit meiner Agfa-Isola! Als Dank bestellte ich mir *nasi goreng* (gebratenen Reis) und bezahlte mit einem fetten Trinkgeld.

(Meine 6x6 Rollfilmkamera fand später ein (Seemanns-)Grab im Binnenland. Sie liegt an der tiefsten Stelle der Edertalsperre, sofern noch etwas von ihr übriggeblieben ist – aber das ist eine ganz andere Landrattengeschichte).

Nun schlenderte ich wieder durchs Zentrum und erstand in einem Souvenirladen eine große holzgeschnitzte Figur einer balinesischen Tempeltänzerin mit einem wunderschön herausgebildeten Kopfschmuck – und einer für indonesische Frauen ungewöhnlichen Oberweite.

In einem anderen Geschäft erweckte ein außergewöhnlich filigranes Segelschiff aus purem Silber meine Aufmerksamkeit – ein wahres Kunstwerk!

Jakarta: Nähe City

Beide Kreationen hatten natürlich ihren Preis. Ich überlegte nicht lange, war ich doch nicht gerade unvermögend dank des Zigarettenschmuggels in der Malakka-Straße. Das dicke Ende sollte aber noch kommen, als ich die beiden Meisterstücke an Bord bringen wollte und am Hafentor den Zoll passieren musste. Dachte ich, die Werke fast zu einem Schnäppchenpreis erworben zu haben, kam nach vielem Palaver und Schauspielerei meinerseits noch ein erheblicher Aufschlag durch die unerbittlichen Zöllner dazu.

»I'm a poor german sailor, I love Indonesian sailships und women, Indonesia bagus!«

Auch diese theatralisch vorgebrachten Landes-Komplimente nützten nichts. Außer zehn *greenbacks* (Dollar) in meiner Geldbörse hatte ich meine restlichen Penunzen in meinen Strümpfen versteckt – *penunia non olet* (Geld stinkt nicht), auch bei durchgeschwitzten Füßen. Meine Scheinchen im Portemonnaie wurden restlos konfisziert, natürlich ohne Quittung. Sie landeten nicht beim Staat, sondern in den privaten Börsen der Zollbeamten. Berechtigt oder nicht, ohne Bestechungsgeld liefen in vielen Ländern keine Geschäfte, mit Mammon konnte man sich in diesen korrupten Ländern alles kaufen.

Die Arbeit an Bord kam nicht zu kurz, aber der Dienst der Decksbauern, hauptsächlich Raumwache gehen und Ladegeschirr ausrichten, wurde ganz pragmatisch so eingeteilt, dass jedem genügend Zeit zum Landgang ermöglicht wurde.

Während meiner Abwesenheit an Deck, ereigneten sich gleich zwei Malheure. Beim Hieven der schweren Eisenbahnwaggons mithilfe unseres Schwergutbaums hatte der Mast mit einem lauten Knall einen winzig kleinen Knick bekommen. Aus übertriebener Zeitersparnis hatte die Schiffsleitung es versäumt, anzuordnen, dass beidseitig armdicke Wanten (Stahlseile) gesetzt wurden, um die Stabilität des Mastes zu gewährleisten.

Der zweite Schnitzer: Beim langsamen Hinunterfieren des letzten Waggons auf die aufgeschweißten, leicht abfallenden Schienen vom vorderen Deck zur Luke drei im Bereich unseres starken Ladebaums hatte sich der Wagen selbstständig gemacht, war auf Backbordseite gegen die Winde geknallt und beförderte diese einen Meter weiter bis zur Vorkante Mitschiffsaufbau. Alle Beteiligten, der Alte, der Erste, der Scheich und Matrose Paul, hatten die Rollkraft unterschätzt und viel zu wenig Törns (Wicklungen) um den Spill (breite Trommel) der Ankerwinde gelegt.

Diese beiden Vorfälle mussten natürlich der Reederei gemeldet werden. Der Alte und der Erste konnten ihren Hut nehmen und flogen nach Hamburg zurück; ihre Karriere bei der HAPAG war beendet.

»Wahrschau (Achtung), ich glaub, da kommt unser neuer Käptn!«, rief mir Bart-Paul zu, als er einen drahtigen Mann die Gangway hocheilen sah. Die ›Dortmund‹ bekam einen etwa vierzigjährigen ›Alten‹, der mir als forsch, resolut und zupackend in Erinnerung blieb. (*Viele Jahre später sah ich Kapitän Lagoni im Fernsehen – als Sachverständigen für Schiffe und Seefahrt*). Auch auf uns Matrosen wartete eine neue ungewohnte Aufgabe. Die indonesische Regierung fasste den Beschluss, eine eigene nationale Handelsflotte ins Leben zu rufen. Doch dafür

Unsere indonesischen ›Azubis‹

brauchte man erst einmal geschulte Fachkräfte. Also wurde ein halbes Dutzend junger Männer auf die ›Dortmund‹ beordert, um mit unserer Hilfe das Matrosenhandwerk zu erlernen. So standen jedem Decksbauern ein oder zwei angehende indonesische ›Lehrlinge‹ bei der Arbeit zur Seite. Dabei kam ich mir manchmal wie ein Antreiber aus der Kolonialzeit vor, wenn ich ihnen Arbeiten erklärte und beaufsichtigte. Die Männer, sehr wissbegierig und von schneller Auffassungsgabe, hatten ein ausgeglichenes, fröhliches Gemüt und erfreuten uns von nun an in der Freizeit mit ihren musikalischen Talenten. Sie spielten Gitarre und konnten wunderbar singen. Dabei blieb mir das

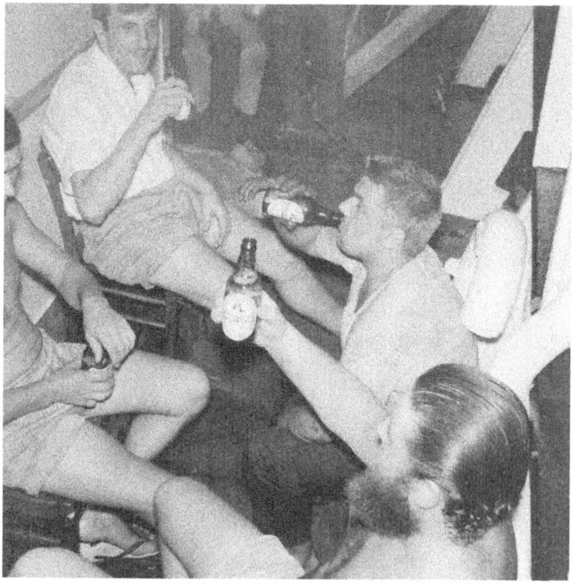

Feierabend

Lied ›pulau seribu‹ (Land der tausend Inseln) in bester Erinnerung, mehr von der Melodie her, weniger vom Text, beides klang gar nicht sehr uneuropäisch. Während ihrer häufigen Darbietungen genehmigten sie sich auch das ein oder andere Fläschchen Bier deutscher Braukunst, das sie in den höchsten Tönen lobten.

Wie das? Mohammedanern, wie wir damals Muslims nannten, war doch der Genuss von Alkohol verboten?! In den sechziger Jahren gab es in Indonesien, dem Land der Erde mit den meisten Muslimen, einen weitaus liberaleren und toleranteren Islam als heutzutage, schließlich lebten auch Hindus, Buddhisten, Christen und Anhänger von Konfuzius im Inselreich vorurteilsfrei miteinander.

Das Gesetz aber, als muslimischer Mann bis zu vier Ehefrauen haben zu können, nahmen fast alle unserer ›Jungs‹ wahr. Später, während der Reise zu anderen Inseln und Häfen hörten wir: »Muss jetzt an Land, meine Familie besuchen.«

»Aber du hast dich doch gerade in Jakarta von deiner Frau und deinen zwei Kindern verabschiedet!«

»Habe hier in Surabaya auch eine Familie.«

»Und wo noch?«

»In Palembang und Makassar, nur eine Frau, noch keine Kinder.«

›Donnerlüttchen‹, dachten wir, ›wäre auch ein feines Gebot für uns.‹

Nur unser Küchenchef war anfangs nicht gut auf unsere neuen Besatzungsmitglieder zu sprechen, hatten sie doch ihren eigenen indonesischen Koch mitgebracht und neben Luke vier eine kleine Holzkombüse aufgebaut. Öfters blieb unser Koch auf seinen Rouladen mit Rotkohl und Klößen oder seinen Königsberger Klopsen sitzen, während wir scharfe *soto kambing* (Ziegenfleisch-Suppe) oder *ikan bumbu bali* (Fisch) ›beim Indonesier‹ verzehrten.

Im heißen Klima mundeten uns die scharf gewürzten Speisen einfach besser als deutsche Hausmannskost, die zweimal am Tag, mittags und abends, aufgetischt wurde. Dabei übersahen wir geflissentlich, dass vor der Zubereitung so manches Fleischstück nicht gerade sehr frisch aussah, sondern fast schon eine bläulich-schwarze Farbe angenommen hatte.

Später zeigten die ›Azubis‹ nach anfänglichem Zögern immer mehr Interesse an deutschen Gerichten, speziell Eintöpfen, auch wenn Schweinefleisch dabei war. Am meisten traf wohl Rindergulasch, scharf gewürzt, ihren Geschmack. Trotz pikanter Speisen und Verpflegung, mussten wir täglich eine Salztablette (!) zu uns nehmen, um den täglichen Flüssigkeits- und Salzverlust auszugleichen. Es kursierte das Gerücht, dass der vorherige Koch sich sehr für die damals in Deutschland noch unbekannte indonesische Küche interessiert hätte, vor allem für das Rezept der Bihun-Suppe, die er in der BRD unter die Leute bringen wollte. Wenn es denn dieser Koch war, hat er es ja tatsächlich bestens geschafft.

In Jakarta blieb ich nicht unbeweibt. In der Radio Bar lernte ich eine sehr westlich getrimmte junge Chinesin kennen, die sich den total unpassenden Namen Theresa zugelegt hatte, aber eigentlich Lintang hieß. Sie blieb für die Zeit in Jakarta meine Hafenabschnitts-Partnerin.

Palembang

Am fünften Tag lief unser Dampfer mit Kurs 358° (fast Nord) in Richtung Bangkastrasse aus, um in Palembang Palmöl in die Tanks zu laden. Zunächst ankerte die ›Dortmund‹ vor der Mündung des Musi, um auf den *pilot* (Lotse) zu warten.

Danach ein Erlebnis der besonderen Art: Über sechs Stunden fuhr unser Dampfer flussaufwärts durch den meist noch ursprünglichen tropischen Regenwald. An den Ufern des Stroms lagen vereinzelt kleinere Siedlungen mit Holzhäusern auf hohen Pfählen, ansonsten schien das Gebiet ziemlich unbewohnt zu sein.

An manchen Biegungen des Wasserweges fuhr unser Kahn so dicht am Ufer entlang, dass wir die Geräusche und Laute vieler Tiere, vor allem von Vögeln und Affen, im Dickicht vernahmen, die Geschöpfe aber selbst nicht zu Gesicht bekamen. Am Ufer entdeckte ich einen scheinbar aufgeblähten Stoffballen. Als ich Abdurahman, einen unserer Praktikanten, fragte, was das denn wohl sein könne, verfinsterte sich sein Gesicht und er antwortete nur mit einem Wort: ›*Orang (Mensch)*.‹ Er versuchte mir zu erklären, dass jener Mensch wahrscheinlich ein getöteter Kommunist sei. Die Kommunisten, darunter natürlich viele eingewanderte Chinesen, hätten versucht, Präsident Sukarno zu stürzen. Dabei kam es zu pogromartigen Übergriffen, vor allem auf die chinesische Minderheit. Wie absurd, ausgerechnet die fleißigen, arbeitsamen und auch geschäftstüchtigen, oft wohlhabenden Chinesen eines Staatsumsturzes zu bezichtigen! Waren sie es doch, die zu einem großen Teil vor Mao und seinen meist menschenverachtendem Revolutionären nach Indonesien geflüchtet waren. Fast unbemerkt und von der nie real existierenden sogenannten Staatengemeinschaft bis heute vergessen, kamen bei Verfolgungen 1965/66 eine Million Menschen um! Und das in einem Land, in denen mir die meisten Menschen ebenso friedfertig erschienen wie die Thais und Vietnamesen. Was doch politisch gewollte Täuschungen und dummer, blinder Hass überall anrichten können!

In Palembang ließen sich die Hafenarbeiter viel Zeit mit dem Laden und Löschen, so dass sich unser neuer Kapitän gezwungen sah, mit dem Chef der Stauereifirma ein ernstes Wörtchen zu reden – mit mäßigem Erfolg.

»Warum geht denn hier kaum einer an Land?«, fragte ich Schwerter-Paul, der schon etliche Indonesien-Fahrten hinter sich hatte.

»Is nich viel los hier, sind hier wohl besonders strenggläubig und haben ʼnen ganz orthodoxen Bürgermeister. Außerdem sind ein paar Jungs von ʼnem zwölfmotorigen Kavaliersschnupfen erwischt worden.«

Aha, deshalb also hier von Beginn an diese oft aus den Fugen geratenen Parties an Bord, an deren Ende schon mal Flurplattenindianer (Maschinisten) ihren Rausch in der Kammer des Kochs ausschliefen. Auch Bart-Paul zelebrierte mal wieder ein Hochamt. Alles in allem: ein Hafen und fünf Tage zum Vergessen. Unser nächster Hafen, Surabaya, klang schon mal viel verheißungsvoller.

Surabaya/Tretes

Anderthalb Tage pflügte die ›Dortmund‹ auf südöstlichem Kurs durch die Java-See und ankerte am Abend des 19. Novembers (Volkstrauertag) vor der zweitgrößten Stadt der übervölkerten Insel Java, auf Sichtweite der vorgelagerten Insel Madura. Gleich nach dem Festmachen an der Pier am nächsten Tag schwirrten abends fast alle Janmaaten aus zum kampong, wie das große Nachtjackenviertel genannt wurde. Hier präsentierte sich eine Fülle unterschiedlichster Lotusblumen in den vielen mehr oder weniger einfachen Bars.

Schweine-Paul hatte mich beschnackt, für drei Tage einen Ausflug nach Tretes zu unternehmen, da der übernächste Tag für uns ein Feiertag (Buß- und Bettag) war. Das missfiel dem Ersten und dem Bootsmann zwar, aber sie gaben dann doch ihre Einwilligung für zwei freie Tage. Nun galt es, Begleiterinnen auszugucken, schließlich brauchten wir auch zwei Dolmetscherinnen und für die nächsten Nächte, Gelegenheiten zum Kuscheln – es ist nicht gut, dass der Mensch allein sei. Die

Java: Reisfelder

Suche nach passenden Gefährtinnen war kein allzu schwieriges Unterfangen. In der etwas gehobeneren Bar Wong fanden wir zwei aparte Mädchen unterschiedlichen Alters, die auch ganz passabel Englisch sprechen konnten und noch andere Talente besaßen. Schweine-Paul war ja über vierzehn Jahre älter als ich, also schnappte ich mir die jüngere der beiden. Aninda und Bethan, unsere Perlen, wurden schon beim Zusammentreffen in Pauline *satu* (eins) und Paula *dua* (zwei) von uns umbenannt. Georg (Schweine-Paul) und ich trabten höchst freudig und euphorisch an Bord und packten schnell unsere Taschen für unsere kleine Reise. Wir fragten am großen Taxistand vor dem Hafengebäude eine Traube herumstehender Fahrer:

»Berapa ongkos perdjalanan ke Tretes? (Was kostet eine Fahrt nach Tretes?)«

Daraufhin kam es zu einem lauten Palaver, bei dem sich die Männer gegenseitig im Preis unterboten. Am Ende wurde doch noch ein hübsches Sümmchen verlangt. Wir enterten einen schon in die Jahre gekommenen englischen Morris, gabelten an

Umgebung von Tretes

verabredeter Stelle unsere Deerns auf und fuhren südwärts Richtung Bongil und Lawang voller Erwartungen nach Tretes, einem von Holländern angelegten Urlaubsort auf etwa 1.500 Meter Höhe, in der Nähe des Vulkans Welirang. Auf der Reise dorthin konnten wir Reisbauern mit ihren Wasserbüffeln beobachten.

Hörte sich der Motor unserer Klapperkiste anfangs rundlaufend an, so nahmen merkwürdige Motorgeräusche in unterschiedlichen Intervallen beängstigend zu. Als die Straße noch steiler wurde, gab die Mühle plötzlich keinen Mucks mehr von sich, dafür quollen aber Wasserdampfschwaden aus dem Kühler empor. Der Fahrer stieg aus und öffnete die Haube.

»No problem, wait a moment«, übersetzte Bethan den Chauffeur, der zwei Steine hinter die Räder legte. Er hatte wohl auch kein Vertrauen in die Handbremse.

»So'n Schiet, sollen wir jetzt zu Fuß hochlaufen?!«, schimpfte Georg.

»Keep cool, only ten minutes!«, beschwichtigte ihn Aninda.

Tatsächlich, zwar noch ab und zu stotternd, aber Kilometer um Kilometer hinter sich lassend, erreichte unsere Karre diesen wunderschönen, paradiesischen Ort mit Ferienwohnungen und Hotels. Als wir ausstiegen, umgab uns himmlische Ruhe und eine angenehme Temperatur, nicht drückend schwül und heiß. Nach diesem ersten Eindruck marschierten wir zu viert auf den erstbesten Bungalow zu und fragten nach Quartier.

»Disini hanja tinggal satu kamar seharga. (Wir haben nur noch ein Zimmer frei.)«

Nun gut, wir gingen zum nächsten. Der war zwar nicht belegt, aber bei dem immer lauter werdenden Disput zwischen Aninda, Bethan und der Vermieterin ahnten Schweine-Paul und ich, dass Ungemach drohte.

»It's really too expensive!«, erklärten unsere Bräute auf Zeit. Danach klappte es im Hotel Tandjung. Ich schmiss meine Tasche in die Ecke unseres einfachen Zimmers und testete gleich die Matratze. Icke, der Berliner, hätte in jenem Moment wohl »Is dit knorke!« von sich gegeben. Nach erquickendem Mittags-Nickerchen erkundeten Georg und ich auf dem Rücken kleiner Pferde die Umgebung, im Blick den Welirang, dessen Spitze in 3.156 Meter Höhe nicht mit Schnee oder Eis bedeckt war, da selbst dort oben die Temperaturen über dem Nullpunkt blieben. Mein nicht gerade großer Wallach machte gutmütig das, was ich wollte, im Gegensatz zum störrischen Gaul in Argentinien, und so konnten wir bald den Wasserfall Kakek Bodo bestaunen, bevor mein Pegasus und Schweine-Pauls Rosinante uns brav zum Hotel zurückbrachten.

Nach ausgiebigem Schlaf im breiten Hotelbett und jetzt nicht in der schmalen Koje an Bord, stürzte sich unser Quartett ins kleine Schwimmbecken des Hotels. Das anschließende reichhaltige *makan pagi* (Frühstück) mit *roti bola* (Brötchen), *agar agar* (Gelee) und *telur* (Ei) deutete darauf hin, dass hier schon europäische Touristen diesen kleinen, aber großartigen Ort für sich entdeckt hatten. Danach machten wir es uns auf den Liegen bequem. Georg studierte weiter seinen Reiseführer über das größte Inselreich der Erde. Alle genossen diesen Feiertag ohne zu beten oder gar zu büßen. Unsere Aktivitäten waren ganz und gar das Gegenteil davon. Wir gaben uns lieber weltlichen und menschlichen Genüssen hin. So auch am Abend, als wir die Bar des Hotels Surya betraten. Dank unserer noch gut gefüllten Börse konnten wir uns diesen Besuch in der besten Herberge des Ortes leisten. Hier wurde auch sündhaft teurer schottischer Malt-Whisky ausgeschenkt, das Lieblingsgetränk einiger Herren mittleren und gesetzten Alters in Militäruniformen, mehr oder weniger stark mit Lametta behängt, also Orden und andere Embleme. Als diese Truppe lärmend in der Bar erschien, gab uns der Barmann zu verstehen:

»Be careful, high political society! General Suharto and Nasution.«

Der schlaue Georg flüsterte mir zu: »Dass ausgerechnet diese Prominenz hierher kommen würde, hätte ich nie gedacht.« Sicher hatte ich schon den Namen Suharto gehört, meist respektvoll, aber auch furchtsam von Einheimischen genannt. Dies war also wieder eine besondere Begegnung mit dem später über lange Jahre herrschenden, nicht gerade demokratisch eingestellten Präsidenten Indonesiens. Was für ein Zufall! Wir vermieden es, das Treiben dieser Männer ständig zu beglotzen und verließen auf Anraten unserer native girls und der Warnung des Barkeepers sehr bald die teure Bar.

»Warum habt ihr eigentlich solche Angst vor diesen Leuten?«, fragte ich meine Perle auf Englisch.

»Man weiß nicht, wann sie zuviel getrunken haben und wie sie dann reagieren. Es sind keine guten Leute.«

In dieser Nacht schlief ich wohl etwas unruhiger. Menschen in Militäruniformen tragen nicht gerade überall zu Beruhigung bei, vor allem hier nach diesem Abend. Am nächsten Morgen erwartete uns schon unser Taxifahrer. Da die Fahrt anfangs fast ständig bergab ging, zeigte sich der Motor der Blechkiste nicht so bockig wie auf der Hinfahrt. Nun machte uns Europäer etwas ganz anderes zu schaffen: Der Temperaturschock! In der belebten, geschäftigen und verunreinigten Metropole Surabaya herrschte nun wieder schwüle Luft mit über 40°C. Schweine-Paul und ich verabschiedeten uns von unseren Begleiterinnen.

»Saja kembali (Ich komme wieder)!«, versprachen wir – wie so oft. Ich schleppte mich, ziemlich angeschlagen vom Temperaturunterschied in kurzer Zeit, an Deck und wurde von unserem Leichtmatrosen angefrotzelt:

»Ist dir nicht gut bekommen, eure Urlaubsreise. Das Arbeiten fällt dir wohl schwer!«

Diese Respektlosigkeit wollte ich mir nicht bieten lassen, holte meinen Arm aus – und hielt inne. Vor Schreck wich Klaus-Dieter einen Schritt nach hinten aus, stolperte in einen an Deck liegenden Scherstock (eiserner Lukendeckel-Träger) und fiel um, mehr passierte glücklicherweise nicht. Mich aber befiel ein schlechtes Gewissen, hatte ich mir doch vorgenommen, niemals einen Junggrad zu bedrohen oder gar zu schlagen, so, wie es mir selbst widerfahren war.

Makassar

Gegen Mittag gingen die letzten Kisten, Fässer, Säcke und LKWs auf die Pier. Die Decksmannschaft schloss Luken, legte die Ladebäume nieder und die ›Dortmund‹ legte ab. Sie steuerte mit Kurs ONO (Ost-Nordost) Makassar auf Sulawesi (Celebes) an. Dieser östlichste Hafen unserer Reise hieß auch Ujung Pandang und ist die größte Stadt, dieser in ihren Umrissen merkwürdigen, fast krakenförmigen Insel zwischen Borneo / Kalimantan und Neu-Guinea.

Nach meiner dreimaligen Seewache von 12-4 nachmittags und nachts ankerten wir erst einmal am Abend vor der Hafenstadt, bevor unser Dampfer am nächsten Tag an der Pier festmachte. An diesem Sonnabend war schon mittags Ausscheiden, also arbeitsfrei bis Montagmorgen, Zeit für reichlich Landgang. Nach einem Mittagsschläfchen schmiss ich mich in Schale und gelangte am Meeresufer zu einem kleinen Vergnügungspark, von dem aus schon aus größerer Entfernung europäische Instrumentalmusik klang. Dort spielte eine Band von fünf Jugendlichen fast originalgetreu wohlbekannte Beatles-Songs und vor allem die ganze Palette der Shadows, auch mein Lieblingsstück ›Guitar Tango‹. Ich nahm an einem Tisch Platz und wurde sofort von etlichen Jungen umringt.

»You like drink?«

»You like eat?«

»You like girl?«

Ich verneinte das letztere Angebot, bestellte meinen ersten Gin Tonic und genoß die fast perfekten Töne der Jungmusiker, die auf einer kleinen Bühne direkt am Wasser ihre Gitarrenkunst darboten. Im Hintergrund, etwas weiter im Meer, erhoben sich palmenbewachsene Inseln, es wehte ein lauer Wind und die untergehende Sonne zauberte zusammen mit ein paar Cumulus-Wolken ein phantastisches Abendrot ans Firmament. Was für ein herrliches Ambiente, was für ein Labsal für Herz und Hirn!

Ich saß dort bis zur schnell eintretenden Dunkelheit wie ein Herr aus Kolonialzeiten, brauchte für die Drinks und mein *ikan tjumi tjumi* (Tintenfisch) noch nicht einmal aufzustehen, mir stand ja eine Anzahl von Dienern zur Verfügung. Als das Konzert endete, bestellte ich noch *iskrim* (Eiscreme) und entlohnte bei meiner abgehobenen Stimmung meine Entourage ziemlich fürstlich. Als ich mit einem letzten Schluck meinen verdünnten Wacholderbranntwein niedermachen wollte, setzte sich eine junge Sulawesin an meinen Tisch.

»You sailor? Where from?«

»Ah, djerman? Bagus!«

»Long time stay ship?«

Wie gern hätte ich bei nun einsetzender Popmusik mit ihr getanzt, aber das war ja verboten, andererseits störte sich niemand daran, dass ich von der Dame ganz offensichtlich angebaggert wurde. Nach einer halben Stunde auf jener Sprachebene, wollte sie ganz unverblümt wissen, ob ich sie mit einem Taxi nach Hause begleiten würde. Mein anfänglicher Argwohn schwand und die Abenteuerlust obsiegte, alle Alarmglocken im Kopf verstummten. Zehn Minuten später saßen wir im Taxi. Eine streng religiöse Frau konnte sie wohl nicht sein, trank sie doch Arrak mit mir, resümierte ich. Die Lichter der Stadt wurden spärlicher und bald erleuchteten nur die Scheinwerfer des Autos die ›Straße‹, eine Schotterpiste. Allmählich wurde mir etwas plümerant zumute. Die letzten Häuser verabschiedeten sich und uns umgab nur undefinierbare grüne Vegetation. Nach einer Fahrt von fast einer Stunde waren wir nach meiner Einschätzung mitten im Dschungel gelandet.

»Look, my village!« Ich erschrak, als ich im Dunkeln vom Autoscheinwerfer angeleuchtete Hütten entdeckte. Das also sollte ein ›Dorf‹ sein? Vielleicht gerade mal ein Dutzend auf Pfählen stehende Bambushütten, kreisförmig um einen Sandplatz angeordnet. Aus einigen Behausungen drang schwaches Licht, die meisten lagen in tropischer Düsternis. Ich vernahm unverständliche Gesprächsfetzen und roch den eigentümlichen

Rauch der Kretek-Zigaretten. Der Taxifahrer verabschiedete sich mit ›saya kembali‹ (ich komme wieder); bezahlt hatte ich den Dschungeltrip schon in Makassar.

Ich musste wohl sehr verängstigt ausgesehen haben, als sich Megawati, meine Urwald-Blume, an mich wendete:

»You not worry and fear, be happy!«

Sie ergriff meine Hand, flötete noch »Come with me!« ins Ohr und schleppte mich wie einen tumben Bären schnurstracks zu einer kleineren Hütte. Sie zündete so etwas wie eine Campinglampe an. Staunend erkannte ich einen sauberen mit Teppichen und Matten ausgelegten Raum, mit Sitzkissen und einem niedrigen Tisch. Lange herunterhängende bunte Matten trennten die kleine blitzblanke Kombüse nebenan vom Wohn- und Schlafraum, in dessen Ecke ein Bett zu erkennen war, meine Bleibe für die Nacht ... Megawati war wirklich eine Megaperle.

Lautes Palaver und Lachen weckten mich viele Stunden später. Noch schlaftrunken und nur mit einer Hose bekleidet öffnete ich die leichte Holztür und blickte in etliche neugierige, aber schmunzelnde Gesichter von Frauen und Männern verschiedenen Alters – und von vielen Kindern. Megawati schubste mich nach draußen, die Kleinen umringten und berührten mich, als wäre ich der erste weiße und blonde Mensch, den sie zu Gesicht bekamen. Fehlte nur noch, dass ich mich im Adamskostüm vor allen Menschen waschen sollte, so, wie in Bangkok zwei Jahre zuvor. Ich fühlte mich in dieser Umgebung über zweihundert Jahre zurückversetzt in die Zeiten der ›Bounty‹ und von James Cook.

Nachdem ich hinter dem Haus eine Schale Wasser über Kopf und Oberkörper gegossen und mich frisch gemacht hatte, wartete ein üppiges Frühstück auf dem kleinen Tisch: *pisang* (Banane), *semangka* (Melone), *mangga* (Mango) und *susu* (Kokosmilch). So gestärkt, wollte ich die Rückfahrt antreten, aber mein Taxifahrer glänzte zum verabredeten Zeitpunkt durch Abwesenheit.

»Take truck or car at street!«

»Und wenn kein Wagen kommt?«

»You wait.«

Megawati zeigte mir den Weg zur Schotterpiste, wir verabschiedeten uns und bald stand ich allein in der Wildnis und wartete. Nach einer halben Stunde, die mir wie eine Ewigkeit erschien, tauchte ein kleiner Laster auf, der auf mein Handzeichen hin stoppte. Die beiden Insassen in der Fahrerkabine fragten mich nach meinem Ziel, rieben Daumen und Zeigefinger aneinander, boten einen annehmbaren Preis und ich nahm auf der Ladefläche Platz. Tausend Fragen schwirrten durch meinen Kopf nach diesem wahrhaftigen Abenteuer außerhalb des städtischen Treibens und Lebens in der ›Urwald-Oase‹, fast fern der Zivilisation. Der Klapperkasten brachte mich zwar ordentlich durchgeschüttelt aber wohlbehalten in Hafennähe.

»Wird Zeit, dass du hier wieder aufkreuzt, brauchen noch ’nen Mann zum Rikscharennen«, empfing mich der Scheich an Bord.

»Rikschafahren, was soll das denn?«

»Wirst schon sehen, haben zwölf Rikschas gechartert, fahren zur Badeinsel.«

Wenig später erschien ein Dutzend Fahrrad-Rikschas mit ihren frohgemuten Lenkern. Als ich gerade in einem Gefährt hinten Platz nehmen wollte, wies mich der Bootsmann an:

»Nee, nix da, du setzt dich auf den Sattel und strampelst!«

»Ihr habt wohl alle zuviel getrunken. Wer hat sich das denn ausgedacht?«

»Frag nich lang, is abgemacht. Die Jungs, die jetzt achtern sitzen, sagen dir schon wo’s langgeht.«

Der Gesichtsausdruck unserer ›Fahrgäste‹, ex-Rikschafahrer, schwankte zwischen Ungläubigkeit, Staunen und Erwartungsfreude, als sich die Janmaaten auf die Sättel begaben und zur Startlinie fuhren.

»Lima, empat, tiga, dua, satu – zero!«

Das Rennen begann. Wir kamen nicht allzu schnell auf Touren, wer saß denn auch schon mal vorn und transportierte die Fahrer?! Egal, es wurde ein Mordsspektakel. Anscheinend hatte sich das Vorhaben der verrückten djerman sailors herumgesprochen. Viele Leute klatschten vom Straßenrand Beifall, während wir ächzend und schwitzend versuchten, uns gegenseitig den Rang streitig zu machen. Allmählich zog sich das Fahrerfeld weiter auseinander und mir schien, dass die Zuschauer mehr wurden. Am Ziel, nach etwa 10 realen, aber gefühlten 30 Kilometern, wartete schon eine Traube Menschen auf uns. Wir luden unser mitgeschlepptes Bier aus und warfen den Sieger, den drahtigen Pöbel-Paul, in die Höhe. Nur wenige Herumstehende lehnten unser Angebot ab, das Ereignis gebührend mit Gerstensaft zu feiern.

Mit einem längeren Speedboat setzten wir zur Badeinsel über und genossen diesen Sonntag gut gelaunt mit Baden oder auf Liegestühlen, einfach nur in den blauen tropischen Himmel schauend. Beim Gehen im flachen Wasser war Vorsicht geboten, hatte sich doch eine Seeigel-Kolonie ausgebreitet. Natürlich musste es ausgerechnet mir passieren, dass es trotz aller Vorsicht zu einem unangenehmen, schmerzhaften und gefährlichen Kontakt mit diesen stacheligen Gesellen kam. Korn-Paul war als Erster zur Stelle, zog sofort vorsichtig die Stacheln heraus und saugte wie selbstverständlich, fast routine- und profimäßig Blut und Gift heraus. Vorerst war das Vergnügen im Wasser vorbei, aber dank der prompten Behandlung blieb eine Entzündung aus. Noch vor der schnell hereinbrechenden Dunkelheit früh am Abend ließen wir uns zurück an Bord fahren, wie sonst üblich als Passagier. Ich verspürte keine Lust auf weitere abenteuerliche Erlebnisse, trank mit Bart-Paul in der Messe noch ein Bier und fiel alsbald in die Koje. Was hatte ich doch für ein ereignisreiches Wochenende erlebt!

Am Montag, nach einem normalen Arbeitstag ohne zutörnen, schaute ich mich in der Stadt um. Ich war erstaunt und beeindruckt, wie viele Zeugnisse der wechselvollen Geschichte, Religionen und Kultur die Stadt zu bieten hatte – von Portugiesen, Holländern, Malayen, Chinesen, von Christen,

Buddhisten, Hindus und Mohammedanern, katholischen Kirchen, Konfuzius-Tempeln und Moscheen.

Nach diesem Ausflug in die ›höhere Kultur‹ steuerte ich die ›Seemanns-Kultur‹ im Hafenviertel an und törnte mit Wisma ein, die sich diesen witzigen und originellen Namen zugelegt hatte; wie ich erst später erfuhr, bedeutete Wisma ›zuhause‹ – wie passend!

Tags darauf entrosteten nach meinen Anweisungen unsere indonesischen Azubis das innere Schanzkleid (Reling) auf der Back (Vorschiff). Diese Arbeit hieß bei ihnen einfach ping-ping-pong.

Erlebnisreiche Landgänge hatte ich nun zur Genüge genossen und beschloss an diesem Abend, an Bord zu bleiben. In kleiner Runde hielten wir Matrosen in der Messe Klönschnack über unsere verschiedenen Hafenabenteuer, zu dem sich, eher ungewöhnlich, auch der Zweite Offizier gesellte. Danach ging ich brav in meine Kammer, las noch Geschichten im Reader's Digest und schlief alsbald zu einer gutbürgerlichen Zeit ein.

Am nächsten Tag schickte mich der Scheich zusammen mit Leichtmatrose Klaus-Dieter in den Achtermast, der vom Topp bis zum Windenhausdeck einen neuen Anstrich bekommen sollte.

»Dieter, du bleibst immer schön mindestens ein bis zwei Meter über mir, wir wollen uns keine unnötige Konkurrenz machen. Ist doch klar, dass ich als Matrose schneller sein muss als du, weißte Bescheid?!« Klaus-Dieter nickte und hielt sich folgsam an unsere Abmachung. Auf dem Bootsmannstuhl sitzend, ohne eine zusätzliche Sicherung, erhielt der Mast einen satten, glänzenden Gelbton, aber auch die Winden und das Hauptdeck wiesen danach hässliche Flecken auf. Wir brauchten über eine Stunde, um unsere Kleckerei mit Terpentinöl zu beseitigen.

Panjang Telukbetung

Nachdem die letzten Kaffee- und Gewürzsäcke, sowie Kautschukballen und Rattanbündel in den Luken verschwunden waren, lief die ›Dortmund‹ am Nachmittag in Richtung Osten aus – Zielhafen Panjang, dem Hafen der Stadt Telukbetung an der Südostspitze Sumatras. Entfernung von Makassar: Etwa 900 Seemeilen, fast 1.700 Kilometer. Vor uns lagen knapp drei Tage auf See, in denen ich meine gewohnte 12-4-Wache ging und auch zutörnte.

Pöbel-, Bart- und Schweine-Paul nahmen sich einen Tag auf See als freien Tag und verärgerten dadurch gehörig den Scheich, nur um ausgiebig Party zu feiern und ein Kakerlaken-Rennen zu veranstalten. Jeder der drei Matrosen hielt sich eine mehr oder minder große Küchenschabe in einem kleinen Kästchen. Bei dem Rennen gewann natürlich Emma, die fetteste der drei gefräßigen Krabbler. Sie erreichte als Erste die Ziellinie, gebildet aus Nahrungskrümeln, etwa zwei Meter vom Start entfernt. Natürlich hatten die stolzen Besitzer dieser Viecher Wetten auf die Schaben abgeschlossen. Verlust und Gewinn mussten gebührend gefeiert werden. Freinehmen auf See hatte ich weder vorher noch nachher auf einem Schiff erlebt.

Mittags, am 26. November, ging unser Dampfer vor dem Riff von Panjang auf Reede. Hier, in der Sundastraße, etwa 60 Kilometer weiter südlich, explodierte 1883 der Vulkan Krakatau, der über 70.000 Menschen den Tod brachte und weite Teile von Java und Sumatra auf Jahre unbewohnbar machte. Wir mussten auf einen in Jakarta stationierten deutschen Schlepper warten, der uns am nächsten Morgen durch enges Fahrwasser in den Hafen bugsierte.

Der Kampong (Amüsierviertel) befand sich nur einen kleinen Fußmarsch von unserem Liegeplatz entfernt. Fast die gesamte Besatzung hatte es abends mit dem Landgang sehr eilig, der größte Teil steuerte naturgemäß gleich das Nachtjackenviertel an. Kleinere, offene Bars lagen direkt am Sandstrand, hohe

Kokospalmen gleich dahinter ergaben eine fast perfekte Kulisse von Südseeromantik, zu der selbstverständlich zu einem nicht geringen Teil die exotischen, leicht goldbraunen Insulanerinnen beitrugen. Bei diesem ersten Landgang erkoren wir Pauls, das letzte schon etwas abseits gelegene Etablissement des Viertels, zu unserem ›weißen Haus am Meer‹ aus, die Anlaufstation für die nächsten fünf Tage. Dort hörte ich davon, dass ein Fischer gelegentlich auch Segelboote vermietete. Ich müsste nur zwei Kilometer weiter südöstlich den Strand entlanggehen.

Am nächsten Tag, einem Sonntag, fand ich nach einigen Verständigungsschwierigkeiten mit Einheimischen diesen Fischer. Als er mir das Boot zeigte, bekam ich etwas Angst vor meiner eigenen Courage. Das Gefährt, etwa fünf Meter lang, hatte jeweils einen Ausleger an Backbord und Steuerbord und eine geschätzte Segelfläche von über zwanzig Quadratmeter, dem doppelten Maß eines ›Pirat‹-Segelboots hierzulande. Dieser ganz spezielle Kahn machte zwar keinen allzu modernen Eindruck, die verschiedenen Tampen und das Großschot waren grob aus Hanf gedreht, aber was sollte mir schon passieren mit einem Boot, das genau genommen statt einem gleich drei Kiele besaß. Ich blickte zum blauen Himmel, an dem sich etliche Cirrus(Feder)-Wolken breitgemacht hatten, kein besonders gutes Vorzeichen. Noch wehte ein laues Lüftchen aus südlichen Richtungen. Der kleine, sehnige Fischer schaute in meine sorgenvolle Miene und beruhigte mich mit dem Worten ›Taifun – no!‹. Wir wurden uns schnell handelseinig und ich übernahm Ruder (Steuer) und Schot.*

Gemächlich bewegte sich nun das Boot in westlicher Richtung, ich wollte das gegenüberliegende Ufer der Bucht von Telukbetung erreichen. Der Wind drehte auf Südost und mein Trimaran nahm richtig Fahrt auf. Ich brauchte nicht gegenan zu kreuzen und war voller Erwartung auf die terra incognita.

---

* kleiner Flaschenzug zur Fixierung des Segels

Nach einer Stunde stellte sich ein leichtes Durstgefühl ein und die grünen Umrisse am Horizont hatten sich stark vergrößert. Bald konnte ich einen weißen Sandstrand und Kokospalmen erkennen, eine Landschaft wie für eine Ansichtspost-

Durst ...

karte geschaffen. Dann entdeckte ich ein paar Holzhäuser, eine Siedlung am Rande des Dschungels, wie mir schien. Als ich mit meinem Kahn am Strand auflief, umringten mich die Dorfbewohner, schauten mich freundlich an und stellten mir Fragen in einer Sprache, die ich absolut nicht verstand. Ich hatte nur den einen Gedanken: Durst!

Mit Mimik und Gestik machte ich den Menschen meinen Zustand klar. Daraufhin erklomm ein etwa zehnjähriger Junge flugs die nächstbeste Palme und zwei grüne Kokosnüsse knallten auf den Boden. Ich bekam gar nicht mit, wie schnell zwei Löcher in die Kugeln gebohrt wurden. Der Steppke reichte mir mit strahlendem Lächeln die Nuss und ich führte sie hastig an meinen Mund.

Kühle Drinks von der Palme

Urwalddorf

Hätte von diesem wahrhaft himmlischen Moment jemand ein Foto gemacht, was würde man da alles hinein interpretieren können?! Ich leerte auch die zweite Nuss und wunderte mich nur, wie kühl sich die klare Flüssigkeit anfühlte. Mein kleiner Kletterer erhielt seinen Lohn und freute sich, wie sich nur ein Kind freuen kann. Ich schaute mir das paradiesische Plätzchen genauer an. Zweibeiner und Vierbeiner, Hühner, Enten, Hunde, Ziegen und zwei zahme Affen bevölkerten den kleinen, sauber gefegten Dorfplatz in der Mitte der Siedlung mit ihren bescheidenen Holzhäuschen auf Pfählen und Spitzdächern aus Bambus.

Es kam wohl nicht oft vor, dass sich ein weißer, dazu noch blonder Jungmann hierher verirrte. Die Bewohner winkten mir nach, als ich schweren Herzens diesen Garten Eden verlassen

Mein Segelboot zum Paradies

musste. Auf meinem Rücktörn hatte der Wind auf Süd gedreht, so dass ich mit dieser Brise von schräg achtern gut vorankam. Kleinere Inseln mit Stränden und Palmen weckten meine Neugier. Ich segelte dicht heran und umkreiste die Eilande, die mir unbewohnt erschienen. Ganz spontan musste ich ans Paradies, an Adam und Eva in der Bibel denken.

Noch vor dem Einbruch der Dunkelheit setzte ich meinen Südsee-Segler an seinem Liegeplatz am Strand ab, bedankte mich überschwänglich beim Bootsbesitzer und lobte das gutmütige Verhalten des Bootes. Bevor ich mich weiter zu Fuß Richtung Kampong und Hafen machte, legte ich mich in den Sand und schaute zur Sonne, die nun schwach durch Alto Cumulus(hohe Haufen)-Wolken schien. Ich hatte das Paradies gesehen und weit später noch als ›siebzehnhundertzehn‹. Dabei sinnierte ich auch nur kurz darüber nach, wie ich ganz unbekümmert, beinahe leichtsinnig auf diesen Segeltörn gekommen war, aber: *Et hätt noch allet jot jejange,* wie der Kölner zu sagen pflegt, an diesem 1. Advent. Das ich am vorweihnachtlichen Feiertag ›mein‹ Paradies erlebte, wurde mir erst später bewusst. In unserem ›weißen Haus am Meer‹ saßen schon drei Pauls vor ihrem Reisbier, als ich in euphorischer Stimmung eintrat.

»Siehst ja aus wie 'nen Rotbarsch, hast du die ganze Zeit am Strand gepoft?«

»War im Himmelreich bei Eva, aber Adam hatte keinen Bock, für sie schon wieder eine Kokosnuss zu knacken, er wollte lieber 'nen Apfel.«

»Ich glaub, jetzt hast du einen Sonnenstich mit 'ner Brägenpanne abgekriegt!«

Dieser Plausch stand am Anfang eines lustigen Kameradenabends.

Mit dem ungeschriebenen Gesetz der Hafenbrautstreue in kleineren Häfen nahmen wir es nicht so genau. Wir statteten auch anderen Bars im Kampong unsere Besuche ab. Wir waren ja auch nicht in einem kleinen Hafen in Lateinamerika, sondern in einer so ganz anderen Ecke der Erde, in der es auch mal richtig gefährlich werden konnte. Als ich mich mit Bintang, meiner noch ziemlich jungen Dame mit langem pechschwarzem Zopf, am Strand auf dem Weg vom ›weißen Haus am Meer‹ zu ihrem *wisma* (Zuhause) befand, ballerten einige wohl betrunkene Soldaten – oder waren es Polizisten? – wild in der Gegend herum und erschreckten uns beide fast zu Tode. Wir warfen uns hinter einen Graswall und warteten, ängstlich aneinander gekuschelt, bis die Schüsse abrupt aufhörten und der Spuk endete.

›Soldiers too much drink, too much trouble!‹ Wie wahr, dieser Spruch meiner Lotusblume.

Zweimal kämpfte die Besatzung um die Ehre des (west-)deutschen Fußballs. Beim ersten Spiel gegen die Mannen des norwegischen Frachters ›Kristiansund‹ gewannen die tyskes in Sichtweite beider Schiffe 3:2 vor einem kleinen Publikum. Die Feier danach dauerte zweimal länger als das eigentliche Spiel. Beim nächsten Kampf im Stadion von Telukbetung verlor die deutsch-norwegische Auswahl gegen die Mannschaft ›Sa-

Seemanns-Fußball

mudera‹ haushoch mit 1:10. Es verbreitete sich das Gerücht, dass auch Fußballer der indonesischen Nationalelf bei dieser Begegnung vor über tausend Zuschauern dabei gewesen wären. Immerhin versuchte unser Zwei-Nationen-Team, tapfer zu kämpfen, aber die Gluthitze und fehlende Spielpraxis zeigten uns sehr schnell die Grenzen der Belastbarkeit auf. Für die Zuschauer und einheimischen Spieler mag es wohl eine Mordsgaudi gewesen sein, wir aber waren am Ende froh, das Spiel überstanden zu haben und schafften es nicht einmal mehr zum ›Haus am Meer‹, sondern nur schnell in die Kojen unserer Dampfer.

Die Arbeit an Bord verlagerte sich zu einem großen Teil von Deck in die verschiedenen Luken, die für die Ladung präpariert werden mussten. So wurden die eisernen Böden der Unterräume und Zwischendecks mit Holz abgedeckt; in der Bordsprache hieß das: Garnier legen. Es war keine schwere Arbeit bei etwas angenehmeren Temperaturen in den kühleren Laderäumen. Als Ausbilder und Vorarbeiter standen uns noch unsere angehenden Decksleute zur Verfügung; einige hatten auch ihre Frauen und Familien (Nummer zwei, drei oder vier?) besucht und Abschied genommen.

Nach insgesamt einer Woche (!) in Panjang wurden die Luken geschlossen, seeklar gemacht und die ›Dortmund‹ durchquerte die Sundastraße, um nach zwölf Stunden wieder mal den Anker zu werfen und am nächsten Tag an der Pier in Jakarta festzumachen.

Rückreise

Mein Schmuggelgeld und Bordguthaben waren zusammengeschmolzen, außerdem überwies ich über die Hälfte meiner Matrosenheuer per Ziehschein (Zahlungsanweisung) auf mein Sparkonto an Land. Mittlerweile hatte die Gewerkschaft ÖTV (öffentlicher Dienst, Transport und Verkehr) mit Hauptsitz in Stuttgart in Erfahrung gebracht, dass Seeleute nicht gerade üppig entlohnt wurden. Einem Ex-Seemann, der bei dieser Arbeitnehmer Organisation Karriere machte, hatten es die etwa 50.000 deutschen Seeleute zu verdanken, dass die Heuern 1966 stark anstiegen, zwar unterschiedlich je nach Dienstgrad, aber für alle Fahrensleute ein anständiger Zuwachs. So stieg die Grundheuer eines Matrosen von 380 auf 700 DM! Wie wurden wir vorher doch ausgebeutet!

Auch meine Deckskollegen klagten immer mehr über Ebbe im portefeuille. Kein Wunder, denn in den angesteuerten Häfen auf dieser Reise waren alle Kuddel Daddel Dus bestimmt keine Erbsenzähler. So blieb es während unserer viertägigen Liegezeit nur bei zweimaligen Landgang, von dem einer nach einer ›Nachtschicht‹ mit Lotusblume Duti am folgenden frühen Morgen in der Radio Bar endete, wo auch vier andere Pauls einkehrten und wir einen fröhlich-kameradschaftlichen Frühschoppen veranstalteten.

Die Schiffsleitung war zunehmend über den schleppenden Fortgang des Ladens seitens der Schauerleute verärgert. Von diesen Querelen bekamen die Decksjantjes wenig mit. Es wurde das Gerücht in die Welt gesetzt, dass der Alte am 8. Dezember den Befehl zum Auslaufen gab, obwohl die vorgesehene Ladung, Kaffee und Kautschuk, noch nicht vollständig an Bord gehievt war.

Von Jakarta aus nahm unser Dampfer Kurs auf die Gasparstraße zwischen den Inseln Bangka und Belitung. Auf diesem kurzen Seetörn musste dringend Zeugwäsche gemacht werden – auf einfache, fast primitive Art im großen Waschbecken. Anders als auf der ›Paul Rickmers‹ gab es keine kleine Wäscherei mit einem chinesischen Willi, der unsere Kleidung wusch und sogar bügelte. In Pankalpinang auf Bangka wie auch Tanjungpandan auf Belitung wurde unser Kahn auf Reede beladen. Edelhölzer und Gewürze wechselten von Schuten in unsere kleineren und größeren Luken über. In beiden Häfen lautete das Motto: Warum willst du denn an Land gehen, du kannst es auch vom Schiff aus sehen.

Gern wäre ich auf der Fahrt von Belitung nach Belawan, unserem ersten und letzten Hafen, auch in Singapur auf Erkundung gegangen. Immerhin stand ich am Ruder, als wir das Revier von Singapur mit seinen vielen Eilanden und Inselchen durchquerten und ich zum fünften Mal den Äquator von Süd nach Nord passierte.

In Belawan hielten sich die Landgänge der meisten Seelords aus sehr verschiedenen Gründen in Grenzen. Es lag entweder an der mangelnden Attraktivität des nicht ganz so sauberen und primitiven Hafenviertels oder schlichtweg am Ausgabenstop mangels Krediten. In der Regel wurde nur so viel Bares ausgezahlt, was schon erarbeitet und verdient worden war. Auch wurde ein nicht geringer Teil der Männer durch einen Kavaliersschnupfen außer Gefecht gesetzt.

Also spielten wir mal wieder gegen die norwegische ›Hordaland‹ Fußball, wobei mir beim 3:3 ein echtes Abstaubertor gelang. Anschließend amüsierten sich die Spieler über den Klamauk in einer Wildwest-Humoreske an Bord der Nordmänner mit reichlich Pils. Es gab auch gegenseitige Besuche mit dänischen, amerikanischen und holländischen sailors.

Norwegens Handelsflotte nahm sowohl nach Tonnage als auch nach Einheiten (Anzahl der Schiffe) eine Spitzenposition ein und stellte für einige Zeit mit der Reederei Wilhelm Wilhelmsen die größte der Welt. Die sogenannte Ausflaggung der Schiffe unter fremder Fahne gab es erst in geringem Umfang.

Hauptsächlich war ich mit verschiedenen Malerarbeiten beschäftigt: Radarmast und Schornstein sollten ja in Hamburg glänzen. Außerdem mussten mal wieder die Freibordmarke und die Tiefgangsskalen deutlich zu erkennen sein.

Unser Bäcker hatte sich ein unbekanntes Virus eingefangen und musste ins Hospital. Ich bekam einen kranken Kollegen von der ›Braunschweig‹ in meine Zweibettkammer. Der bemitleidenswerte Matrose hatte sich nicht nur durch den Stich eines giftigen Fisches einen Klumpfuss zugezogen, sondern sich auch noch mit Malaria infiziert.

Die restlichen indonesischen Azubis gingen am vorletzten Tag von Bord, war ja für sie auch nicht leicht, während des Ramadans tagsüber ohne Essen und Trinken auszukommen. (*Diese Burschen blieben mir zeitlebens mit ihrem fröhlichen, ausgeglichenen Wesen in bester Erinnerung, ihre selbst gesungenen Lieder mit Gitarrenbegleitung, auf Band aufgenommen, und ein paar Fotos von ihnen blieben mir als Andenken bis heute.*)

Am 19. Dezember trat die ›Dortmund‹ ihre Rückreise an, nachdem die letzten Teekisten, Kautschukballen und fast 2.000 Tonnen Palmöl im Bauch des Schiffes gelandet waren. Für über drei Wochen kehrte wieder ein geregelter Tagesablauf ein: Von 12-4 Uhr Seewache gehen, jeden Tag von 8-11.30 Uhr zutörnen, also dreieinhalb Überstunden schaffen – mit Malerarbeiten, oft gemeinsam mit dem Bootsmann.

Vier Matrosen fielen wegen Krankheit als Arbeitskraft aus, zwei plagten Fieber und Schüttelfrost, die anderen zwei wurden von Augenleiden heimgesucht. Das bedeutete für mich, noch mehr overtimes zu bewältigen, fünf Stunden täglich. Also hatte ich einen ganz ›normalen‹ Arbeitstag von dreizehn Stunden – und ein fettes Plus auf meinem Heuer-Konto.

In den Kammern der Decksmaaten wurde es fast unerträglich heiß, dafür sorgten die hohen Außentemperaturen und Vorwärmtanks für den nonstop Turbinenbetrieb. Diese Tanks, in denen Schweröl erhitzt werden musste, befanden sich direkt unter den Kammern der Matrosen. Ein Ausweichen, das hieß mit der Matratze an Deck zu ziehen, war wegen der ständigen Schauer im Indischen Ozean auch sinnlos.

Am Heiligabend ließ sich Kapitän Lagoni auch in der Mannschaftsmesse blicken. Wie gehabt, wurden zuerst ganz christlich und gutbürgerlich die bekanntesten Lieder zum Fest gesungen, um dann auf Popmusik und Schlager umzuschwenken. Die Messe leerte sich und in kleinerer Besetzung feierten wir in verschiedenen Kammern. Ich landete mit Schwerter-Paul und Ing.Assi(stenten) Reinhart bei Klaus, dem 1. Steward, eine sonst seltene Zusammenkunft der drei Sparten an Bord – Deck, Maschine, Bedienung.

Heiligabend in der Messe. Kapitän Lagoni

Am 28. Dezember ankerte unser Dampfer für drei Stunden in Aden im Süden Arabiens, um ein paar Kisten und Postsäcke zu übernehmen, aber vor allem, um unser halbes Dutzend kranker Seelords zum Arzt zu schicken. (*Die ehemalige britische Kolonialmacht war in Aden noch durch zahlreiche Soldaten, teilweise Schottenrock tragend, sehr präsent. Erst ein Jahr später wurde Aden Hauptstadt der Volksrepublik Jemen*).

In einem zollfreien Laden erstand ich günstig ein batteriebetriebenes tragbares Tonbandgerät von Telefunken und überspielte damit an Bord die umfangreiche Musiksammlung von Schweine-Paul.

An Silvester ging die ›Dortmund‹ nach ihrer Fahrt durch Rotsee (Rotes Meer) um ein Uhr nachts vor Suez auf Reede, um den südwärts fahrenden Schiffskonvoi vorbeizulassen. Wer keine Wache auf der Brücke oder am Maschinenstand gehen musste, fing schon nachmittags an, das alte Jahr 1966 zu begießen, mit dem Erfolg, dass die Party schon drei Stunden vor Jahreswechsel im wahrsten Sinne des Wortes eingeschlafen war. Auch ich brauchte einige Alkaseltzer, nachdem ich am Neujahrsmorgen aufwachte und der Kopf einen plümeranten Zustand meldete, der sich bis mittags wieder auf Normalstatus einpendelte. Um 12 Uhr übernahm ich den Rudertörn. Was für ein erhabenes Gefühl, die ›Dortmund‹ ausgerechnet zu Neujahr 1967 durch den Suezkanal zu steuern, trotz des gerade überstandenen Silvester-Katers.

Waren es die späteren Nachwirkungen des Silvesterabends oder der jähe Klimaumschwung, die Mecker-Paul dazu brachten, einen Monrovia-Schlüssel (Feueraxt) aus der Halterung zu reißen und damit Knobel-Paul zu bedrohen? Dieser beinahe Amoklauf brachte den durchgedrehten Wüterich in die Arrestzelle, auch die gab es an Bord.

Im westlichen Mittelmeer briste es von Nordwest auf, es entwickelte sich ein Sturm, der unseren Pott bis zu 25 Grad Schlagseite beim Rollen in schwerer See einbrachte; selbst gestandene Maaten wurden seekrank.

Am 7. Januar passierte unser Dampfer Gibraltar und fünf Tage später machte die ›Dortmund‹ in Amsterdam fest. Endlich konnten die Seelords wieder das Tanzbein schwingen. Im Lucky Star tobten wir uns bei Rockmusik und Chubby Checkers Twist, sowie den Hits der Beatles und der Rolling Stones so richtig aus.

Nach einer Zwischenstation von zwei Tagen in Bremen und Einkehr im Remmers Keller, war der HAPAG Dampfer nach fast vier Monaten am 20. Januar wieder im Heimathafen Hamburg gelandet. Die Hälfte der Besatzung musterte ab. Ich blieb noch eine Woche an Bord, auch, um die neuen Polleraffen in die Besonderheiten der Decksausstattung einzuweisen. Am 27. Januar ging ich das letzte Mal die Gangway vom Indonesien-Fahrer hinab. Ich hatte die zweitlängste Reise, beginnend vom ersten und letzten Hafen Europas – Übersee und zurück, hinter mir. Später wurde die ›Dortmund‹ an den größten Inselstaat der Erde verkauft und hieß danach ›Eka Daja Samudera‹ – Erste Maschine Indonesiens.

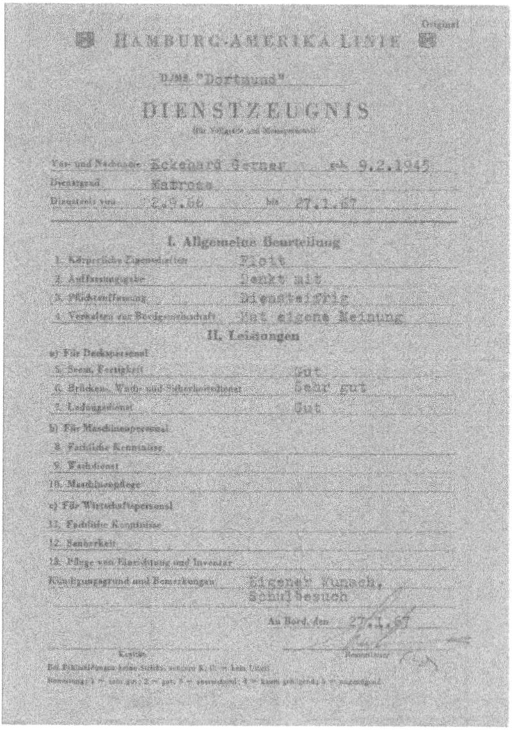

Original

HAMBURG-AMERIKA LINIE

D/MS "Dortmund"

DIENSTZEUGNIS

Vor- und Nachname: Eckehard Gerner geb. 9.2.1945
Dienstgrad: Matrose
Dienstzeit vom: 2.9.66 bis 27.1.67

I. Allgemeine Beurteilung

1. Körperliche Eigenschaften: Flott
2. Auffassungsgabe: Denkt mit
3. Pflichtauffassung: Diensteifrig
4. Verhalten zur Bordgemeinschaft: Hat eigene Meinung

II. Leistungen

a) Für Deckspersonal
5. Seem. Fertigkeit: Gut
6. Brücken-, Wach- und Sicherheitsdienst: Sehr gut
7. Ladungsdienst: Gut

b) Für Maschinenpersonal
8. Fachliche Kenntnisse
9. Wachdienst
10. Maschinenpflege

c) Für Wirtschaftspersonal
11. Fachliche Kenntnisse
12. Sauberkeit
13. Pflege von Einrichtung und Inventar

Kündigungsgrund und Bemerkungen: Eigener Wunsch, Schulbesuch

An Bord, den 27.1.67

Kapitän

VI. MS ›Nürnberg‹ (13. Schiff)

Stückgutfrachter – USA Ostküste

Ich war noch niemals in New York, dem Nabel der Welt, aber das sollte sich nun ändern. Schon zwei Jahre zuvor hatte ich den Entschluss gefasst, nicht mein ganzes Arbeitsleben bei der Seefahrt zu bleiben, wollte es aber noch bis zum Steuermann schaffen.

So hatte ich mich zwischenzeitlich bei der Seefahrtsschule Grünendeich für einen A2-Lehrgang angemeldet, der am 2. April beginnen sollte. Für das Patent A2, Steuermann auf Kleiner Fahrt, musste also mal wieder für ein halbes Jahr die Schulbank gedrückt werden. Wollte man das Steuermannspatent für Große Fahrt erwerben, waren dazu eineinhalb Jahre Studium erforderlich. Ich hatte auch noch nicht so viel angespart, dass ich mich finanziell für solch einen Zeitraum über Wasser halten konnte – ein zu langer Abschnitt.

Bis zum Lehrgangsbeginn blieben mir nach der Abmusterung von der ›Dortmund‹ daher nur noch zwei Monate. Erfreulicherweise hatte die Reederei HAPAG auf der ›Nürnberg‹ Matrosenbedarf. Dieser Frachter befuhr nach einem ziemlich festen Zeitplan im Linienverkehr Häfen an der Ostküste der USA und sollte Ende März wieder zurück im Heimathafen Hamburg sein.

So fuhr ich nach nur viertägigem Kurzurlaub in Hannover wieder zurück Richtung Norden über Hammonia nach Buxtehude und weiter nach Gräundik (Grünendeich) im Alten Land, östlich von Stade, um erstmals meiner zukünftigen seemännischen Lehranstalt einen Besuch abzustatten. Von dort ging es wieder zurück nach Hamburg und am 1. Februar unterschrieb ich meinen Heuervertrag bei der Gesellschaftt.

Auf dem Seemannsamt traf ich ›Schrat‹, einen Matrosen, mit dem ich auf dem Fährschiff ›Peter Pan‹ gefahren war. Auch er hatte nach einigen Monaten vom Musikdampfer-Leben genug und war wieder auf Große Fahrt gegangen. Zu unserem Glück ergab sich keine Gelegenheit für einen längeren Klönschnack über unsere gemeinsame Zeit, vielleicht sogar noch im Seemannstreffpunkt Piccolo, wo wir sonst mit ziemlicher Sicherheit versackt wären. Schrat lief schon wenig später mit der ›Cap San Diego‹ nach Südamerika aus und freute sich über etliche Tipps und Ratschläge meinerseits über die Häfen und speziell deren Nachtjackenviertel in Brasilien, Uruguay und Argentinien.

Ich schaute mir den Film ›Wer hat Angst vor Virginia Woolf?‹ an, in dem sich Liz Taylor und Richard Burton als Paar wie in ihrem realen Leben so richtig fetzten. Tags darauf betrat ich am späten Nachmittag zum ersten Mal das Deck der ›Nürnberg‹, die erst 1962 in Dienst gestellt wurde und deshalb schon über moderne Lukenabdeckungen (System MacGregor) und Ladebäume verfügte, die keine Armkraft mehr benötigten und sich mit elektrisch betriebenen Seilzüge verstellen ließen.

Am nächsten Morgen, nach einer geruhsamen Nacht in meiner großzügigen Kammer, fragte ich den Scheich: »Bist du der Bootsmann oder soll ich Förster zu dir sagen? Einen Dampfer mit so viel Bäumen über fünf Luken hatte ich noch nicht!«

Tatsächlich verfügte dieser Frachter über 22 (!) ›Spargel‹ zum Laden und Löschen.

»Kannst dich gleich mit den Geiblöcken (Flaschenzugsrollen) vom Schwergutbaum beschäftigen, müssen abgetakelt und überholt werden. Jetzt weißt du, dass ich nicht der Förster bin!«

Erster Arbeitstag und gleich hoch in den Vormast – hatte ich das meiner Frotzelei zu verdanken? Aber diese umsichtige und nicht ganz ungefährliche Arbeit gehörte nun mal zum Matrosenhandwerk. Zwei Tage später lief die ›Nürnberg‹ bei nasskalter Witterung und Nebel aus. Auf der 4-8-Wache entlang der ost- und westfriesischen Inseln kämpfte sich unser Dampfer mit halber Kraft, eingeschaltetem Radar und Ausguck auf der Back durch die trübe Suppe. Im Kanal, *dwars* (quer) von Dover und Calais klarte es zum Glück auf. In diesem Nadelöhr der Schifffahrt erleichterte klare Sicht die Navigation und Ausweichmanöver.

Neben dem Dienst als Rudergänger und Ausguck auf Wache waren die Decksbauern hauptsächlich damit beschäftigt, noch einmal in den Laderäumen alle Kartons, Kisten, Säcke und Fässer auf ihre Standfestigkeit zu überprüfen und womöglich nachzulaschen (festzurren). Letztendlich war um diese Jahreszeit mit den Sturmtiefs des Nordatlantiks nicht zu spaßen.

»Habt ihr da unten noch viel zu tun?«, wollte der Scheich wissen, als wir mit vier Deckjantjes in Luke drei zu Gange waren.

›Nürnberg‹

»Jo, reichlich, müssen noch umstauen, wird dauern!«, antwortete Daddel, ein Matrose, die kleine Einstiegsluke hinaufrufend.

Aber genau das Gegenteil war der Fall, wir mussten weder umstauen, noch mit Stauholz und Tampen (Seile) die Ladung sichern. Stattdessen veranstaltete unser Quartett bei mäßigem Licht der installierten Sonnenbrenner (Lichter) ein zünftiges geselliges Beisammensein. Schnell hatten wir bei den schon teilweise von Schauerleuten aufgebrochenen Verpackungen die Inhalte entdeckt: bester deutscher Wein, holländischer Käse und dänischer Schinken. Vom Bootsmann unbemerkt, brachte ich mein tragbares Telefunken Tonbandgerät in den Unterraum der Luke und schon war die Party im Gange, mit Musik, Traubensaft von der Ahr, Gouda und geräucherter Hinterkeule vom Schwein. So saßen wir also auf den Kartons, fühlten uns wie Gott in Frankreich und hielten ausgiebigen Klönschnack, der sich im Laufe von zwei Stunden in ein schräges Mitsingen der abgespielten Schlager und Hits wandelte – bei solchen Titeln wie ›Er ist wieder da ...‹, ›Babysitter-Boogie‹, ›Marina‹, Songs von den Supremes, Beatles, Rolling Stones, den Seekers, von Harry Belafonte und Freddy.

»Wie weit seid ihr denn jetzt?« wurde Daddel vom Scheich gefragt, als sich beide an Deck begegneten, weil auch ein Matrose dahin gehen musste, wo selbst der Kaiser allein zu Fuß hinging.

»Sind wohl noch 'ne Stunde inne Gänge«, flunkerte er dem Bootsmann vor.

»Wir kriegen einen vor den Mors, kommt Schlechtwetter auf. Beeilt euch, könnt denn Ausscheiden (vorerst Feierabend) machen«, gab der Scheich kund.

Nach drei Stunden hatte jeder reichlich Mühe, auf der senkrechten Lukenleiter das Hauptdeck zu erklimmen, um sich dann unauffällig in die Kammern zu verkrümeln. Sicher bedeutete unsere Aktion einen glatten Verstoß gegen Recht und Ordnung. Wäre dieses illegale Tun aufgeflogen, hätte es natürlich arge und schwerwiegende Konsequenzen für die ›Viererbande‹

gehabt. Noch erlaubte das Wetter, den Vorhersagen widersprechend, das Arbeiten an Deck. Das umfangreiche Ladegeschirr, Drahtseile und Blöcke (Rollen) der fast zwei Dutzend Ladebäume musste ständig überholt und gewartet werden, ohne Musik, Wein, Käse und Schinken.

Der Arbeitstag begann für mich um vier Uhr morgens und endete um acht Uhr abends, aber an meinem Geburtstag törnte ich ›nur‹ nachmittags zu. Als ich abends, nach der Seewache, mit den Polleraffen meinen 22. mit Cuba libre begoss, gesellte sich der Scheich dazu. Was ich an jenem Abend recht passend fand, erstaunte meine Deckseumels doch sehr. Unser Bootsmann wollte mir eine Freude machen und spielte eine Klassik-Scheibe ab, mit Stücken aus Aida (Ouvertüre), Nabucco (Chor der Gefangenen) und Carmen; danach ging es musikalisch etwas profaner zu.

Der Wind aus West entwickelte sich zum Sturm. Unser Koch entdeckte im großen Proviant-Kühlraum Fischkartons, die bei noch heftigerem Rollen und Stampfen des Schiffes zu fliegenden Außenbordskameraden werden konnten, daher musste auch dort noch flugs umgestaut werden; gerade rechtzeitig, denn am nächsten Tag hatte sich aus Beaufort 6 ein Orkan (Beaufort 11) entwickelt und die Temperatur fiel unter den Nullpunkt. Auch unser 12.000 PS starker Dieselmotor schaffte es bei der schweren See von vorn nicht, den angepeilten Ankunfstermin, 12.2., in New York einzuhalten.

New York

Die ›Nürnberg‹ passierte die Freiheitsstatue zwei Tage später, bog in den East River ein und machte in Brooklyn fest. Die gegenüberliegende Silhouette der Wolkenkratzer auf Manhattan empfand ich natürlich noch höher und gewaltiger als die von Detroit und Chicago vier Jahre zuvor.

Tags darauf nahm ich mir schon mittags frei, setzte mich in der ganz nahe gelegenen Subway Station in die New Yorker U-Bahn, fuhr direkt ins Herz der Metropole und stieg nicht weit entfernt vom Empire State Building aus. Nun konnte ich das in die Tat umsetzen, wovon nicht nur meine Altersgenossen träumten: Einmal vom 102. Stockwerk auf die damals wohl bedeutendste Stadt der Erde zu schauen. Ich war also angekommen auf dem höchsten Gebäude der Welt! Der Blick von oben war überwältigend. Allein der Gedanke, dass diese gigantische Stadtlandschaft von Menschenhand geschaffen wurde, ließ mir einen leichten Schauer den Rücken hinunterlaufen. Gibt es aber ein Denkmal für diejenigen, die beim Bau ihr Leben ließen? Erstaunlich, dass beim Errichten des Empire State Buildings ›nur‹ (?!) dreizehn Arbeiter verschiedener Herkunft zu Tode kamen.

Nun konnte ich bei klarer Sicht die Südspitze Manhattans, Hudson und East River, sowie den Central Park erkennen.

Manhattan

Wieder unten angekommen, schlenderte ich zu Fuß durch die bekanntesten Straßen, von der Fifth Avenue zum Broadway, vom Waldorf Astoria Hotel zur Carnegie Hall. In diesen Häuserschluchten zu wandeln, brachte in mir viele, auch oft gegensätzliche Gefühle hervor. Neue Erfahrungen und Erstaunen in diesem *melting pot* (Schmelztiegel) aller Hautfarben, Kulturen und Religionen, aber auch Hektik, Lärm, Gewusel in der Stadt, die niemals schläft.

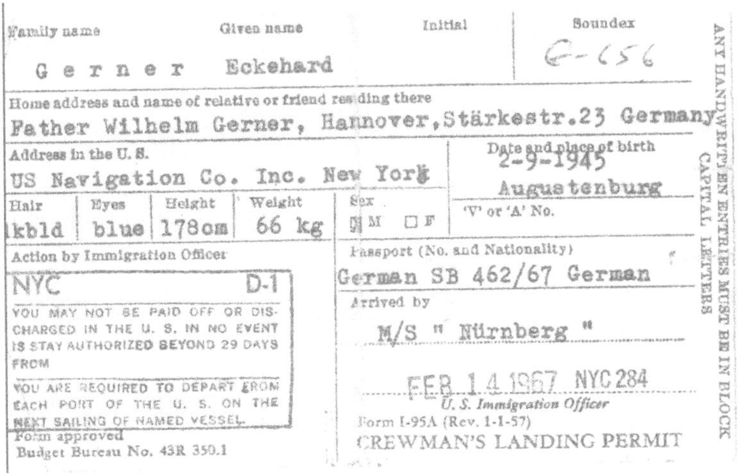
Family name: Gerner
Given name: Eckehard
Initial:
Soundex: G-656
Home address and name of relative or friend residing there: Father Wilhelm Gerner, Hannover, Stärkestr. 23 Germany
Address in the U. S.: US Navigation Co. Inc. New York
Date and place of birth: 2-9-1945 Augustenburg
Hair: kbld | Eyes: blue | Height: 178cm | Weight: 66 kg | Sex: M ☐ F
'V' or 'A' No.
Action by Immigration Officer: NYC D-1
YOU MAY NOT BE PAID OFF OR DISCHARGED IN THE U. S. IN NO EVENT IS STAY AUTHORIZED BEYOND 29 DAYS FROM
YOU ARE REQUIRED TO DEPART FROM EACH PORT OF THE U. S. ON THE NEXT SAILING OF NAMED VESSEL
Passport (No. and Nationality): German SB 462/67 German
Arrived by: M/S " Nürnberg "
FEB 14 1967 NYC 284
U. S. Immigration Officer
Form approved Budget Bureau No. 43R 350.1
Form I-95A (Rev. 1-1-57)
CREWMAN'S LANDING PERMIT
ANY HANDWRITTEN ENTRIES MUST BE IN BLOCK CAPITAL LETTERS

Am nächsten Tag entdeckten Daddel und ich unweit unserer Pier ein Lokal, in der fast nur Puertoricaner verkehrten. Hier erklang karibische Musik, und der permanent laufende Fernseher zeigte tatsächlich farbige Programme, überwiegend American Football und Baseball – und dann diese ständigen Unterbrechungen für Werbung! Kein Platz, um sich dort allzu lange aufzuhalten, zumal niemand von uns Notiz zu nehmen schien. Ansonsten suchte man vergeblich richtige Seemannskneipen oder Pubs wie in merry old England. In dieser Hinsicht war New York nicht nur temperaturmäßig durch die einsetzenden *north waves* (frostige Nordwinde) kälter als andere Metropolen.

Nach ausreichendem Schlaf fragte ich am darauffolgenden Freitag einen jungen Schauermann: »Do you know a good location to go for young people? (Kennst du ein gutes Lokal für junge Leute?)«

»Yes, indeed, near 4th Avenue and 23rd street, there is the ›Cheetah Club‹ with different live bands, good music and you can dance.«

So machten sich fünf erlebnishungrige Janmaaten auf nach Südmanhattan zur vierten breiten Boulevard-Straße, die grob beschrieben von Nord nach Süd verlief, und zur 23. Querstraße, die die Avenue von Ost nach West querte. Bei dieser schachbettförmigen Anordnung konnte man sich gut orientieren und nicht verlaufen. Zum Cheetah Club schafften wir es also ohne Probleme. In dem gepriesenen großen Musik- und Tanztempel mit Tischen und Stühlen tanzten auf vielen erhöhten, kreisförmigen, größeren Podesten die New Yorker Twens nach den neuesten und älteren Hits, hauptsächlich der amerikanischen und weniger der englischen Popmusik, die von einer fünfköpfigen Band gespielt wurde.

Nach meiner groben Einschätzung beherbergte dieser Club so viel junges Volk, wie ich es weder vorher noch nachher erlebt hatte – bestimmt über eintausend fröhlicher juveniler Menschen. Natürlich schmuggelten wir den guten Balle-Rum an den Türstehern vorbei, die vor allem darauf achteten, dass niemand unter achtzehn den Mammutschuppen betrat. Wir orderten Cola und verfeinerten sie mit reichlich Rum aus Flensburg, wohlweislich unter dem Tisch. Das blieb den anderen Besuchern nicht verbogen. Sie wollten wissen, was wir da wohl in die Cola schütteten. Großzügig verteilte unser Quintett Probedrinks, vorzugsweise an albern und überdreht wirkende umstehende junge Damen.

Italienisches Intermezzo

»Oh, what a very fine stuff!«, lobten die Mädchen das Getränk. Außer labbrigem Bier wurden hier keine hochprozentigen Alkoholika ausgeschenkt, so machten die meisten Probetrinker/innen das erste Mal Bekanntschaft mit good stuff! Im allgemeinen Gewusel um die german sailors fiel mir ein hübsches dunkelhaariges Mädchen mit südländischen Gesichtszügen auf, die sich weniger lautstark, kichernd und flippig als die übrigen verhielt. Ich fasste mir ein Herz und sprach sie an:

»Where are you from? Are you a real New York girl?«

»Yes, I am. I live in Brooklyn, near the McCarren Park – and you?«'

»My ship, the Nuremberg, has landed in Brooklyn, too. We started our trip in Hamburg. I'm from Hanover.«

»So you are a West-German and Hanover is in North-Germany.«

Fast überraschte mich ihre Antwort. Geographische Kenntnisse über die Welt außerhalb der USA sind ja bis heute bei den meisten Amerikanern nicht sehr verbreitet.

Schnell vergaß ich alles andere um mich herum, meine Kameraden, die Musik, die Flasche Schluck. Ich unterhielt mich angeregt mit Arlene Casselli, meiner neuen italo-amerikanischen Bekanntschaft.

»I will show you nice places here tomorrow.« Ich jubelte innerlich: Hauptgewinn! Wir plauderten noch ein wenig über Persönliches – Herkunft, Geschwister, Eltern, Schule, Beruf. Ihr Urgroßvater hatte sich vor der Jahrhundertwende aus Cosenza in Kalabrien auf den Weg in die Neue Welt gemacht. Sie hatte noch zwei Geschwister, zwei jüngere Brüder und ihre Arbeit als Trainee hatte etwas mit Büchern zu tun. Um Mitternacht eröffnete sie mir: »I have to go home, it's the direction in common. Would you like to go by subway with me together?«

Aber natürlich wollte ich, auch wenn zwölf Uhr nachts sonst für einen Seemann noch keine Zeit war, um an Bord zu gehen.

Nach etwas zögerlichen und zaghaften Berührungen fuhren wir die letzte Meile, schon Händchen haltend, unter dem East River nach Brooklyn. Ich musste zuerst aussteigen und hatte nur einen kurzen Fußmarsch zur ›Nürnberg‹, Arlene fuhr noch eine Station weiter. Wir hatten uns für den nächsten Tag um zwölf Uhr mittags (High noon) verabredet und verabschiedeten uns vorerst mit einem Wangenküsschen.

»Bootsmann, kann ich um elf Ausscheiden machen, hab noch ein Rendezvous«, fragte ich den Scheich am nächsten Morgen beim Aufklaren der (Party-)Luke zwei.

»Geht kloar, aber wie teuft nich op di, musst um acht torüch sin!«

Es wurde ein wundervoller Nachmittag. Überpünktlich erschien ich am Treffpunkt McCarren Park, weniger als eine halbe Meile vom Liegeplatz entfernt. Ich überließ Arlene vollends die Führung und war gespannt, was sie mir zeigen wollte. Zuerst stand ein Bummel auf dem Broadway mit all den Theatern, Konzertsälen und Museen an, um dann, umgeben von angenehmer Ruhe, durch den Central Park zu spazieren. Was für ein Gegensatz: im Süden, Osten und Westen das Häusermeer mit seinen Riesengebäuden und hier die Vielfalt einer großen Parklandschaft mit Bäumen, Büschen, ausgedehnten Rasenflächen, Seen und Spielplätzen.

»Why don't we walk through Harlem?«, wollte ich wissen.

»It's not a good place to go«, antwortete sie.

Natürlich hatte ich schon in Erfahrung gebracht, dass ein Bummel durch diesen fast schon heruntergekommenen Stadtteil nördlich des Central Parks nicht unproblematisch wäre und so wollte ich Arlene nicht weiter drängen. Nach einem Kurzaufenthalt bei Kaffee und gewöhnungsbedürftigen Kuchen in der überfüllten ›Tavern on the Green‹ brachte uns die Subway wieder in den Süden Manhattans.

Nun ganz vehement Händchen haltend schlenderten wir auf der Bowery, wie sollte es auch anders sein, durch Little Italy und Chinatown. Vor unserem nächsten Ziel, dem Battery Park an der Südspitze Manhattans, passierten wir eine Kirche. Inmitten der Hochhäuser, die den Kirchturm weit überragten, kam mir das Gotteshaus doch irgendwie seltsam deplatziert und verloren vor.

Ungewöhnlich und einmalig die Momente im Battery Park. Fast nur einen Steinwurf entfernt brodelte hinter der Parkbank das pralle, geschäftige Leben New Yorks und davor ging der Blick auf die Upper Bay, auf das Meer und in über einer Meile Entfernung zeigte sich die Statue of Liberty. Der kalte Nordwind war wie weggeblasen und ich roch fast den nahenden Frühling. Für Arlene waren plötzliche Wetterumschwünge keine Seltenheit. (*Immer wieder kommt es zu Kaltlufteinbrüchen aus dem Norden, obwohl New York auf gleicher geographischer Breite wie Madrid liegt.*) Ich öffnete meinen großen Flachmann mit Cola und Balle-Rum.

»Tu amore questa bevande molto bene, io sapere. (Du magst diesen guten Drink, das weiß ich)«, versuchte ich mich auf Italienisch.

»You can speak Italian?«

»Solo poco, mi amore.«

Daraufhin erntete ich einen Kuss von ihr. Temperamentvoll, mit dieser herrlichen, typisch italienischen Betonung bestimmter Wörter und Silben überhäufte sie mich mit einem Schwall von Fragen und Aussagen, deren Sinn ich nur ansatzweise erkannte, verstand aber ganz richtig, dass es um *vita, amicizia, amore, viaggio sul mare* und *marinairo* ging, also um das alte traurige Lied von der Unmöglichkeit der Liebe zu einem Seemann – vom Leben, von Freundschaft, von Zuneigung, Seefahrt und Seeleuten.

Bei dieser lebendigen, anregenden und doch nicht flachen Konversation halfen mir sehr Kenntnisse der anderen romanischen Sprachen – Französisch und Spanisch. Wie fad, armselig und langweilig wäre eine Welt, in der die Muttersprachen verschwinden und alle Menschen nur noch auf Englisch kommunizieren würden!

Nach jedem weiteren Schluck aus meinem Seelentröster wurde Arlene fast zur perfekten Inkarnation einer Italienerin. Langsam setzte die Dämmerung ein, aus meiner *ragazza* war mittlerweile eine junge, feurige Gina Lollobrigida geworden. Als ich ihr dann auch noch erzählte, dass meine Vorfahren mütterlicherseits auch aus (Ober-)Italien stammten, umarmte sie mich stürmisch.

»Mio piccolo ragazzo italiano-tedesco biondo«, flötete sie mir beschwipst ins Ohr und küsste mich so inniglich, dass ich beinahe die *autocontrollo* verloren hätte. Wir tauschten unsere Adressen aus und gingen zur Subway Station, um zurück nach Brooklyn zu fahren. Das verdammte, leidvolle Abschiednehmen wurde gelindert durch die Gewissheit, sie in zwei Wochen auf der Rückreise wiedersehen zu können.

»Mille grazie, arrivederci, mia stella illuminare!«, verabschiedete ich mich von ihr ziemlich theatralisch, schon beinahe wie in einer italienischen Oper. Nun würde ich also Arlene nur als leuchtenden Stern sehen. Hätte ich achteraus segeln sollen, einfach dort bleiben? Es hätte gut in einen melodramatischen Film gepasst, aber nicht zu meinen realen Lebensumständen.

Baltimore und Washington

An Bord angekommen, zog ich mir schnell Arbeitskleidung für das Seeklarmachen und Ablegen an. Die ›Nürnberg‹ nahm Kurs auf Baltimore und ich beendete diesen unvergesslichen Tag mit einem ausführlichen Bericht und Klönschnack über meinen Manhattanausflug zu zweit bei Daddel, meinem Matrosenkumpel, und zwei Longdrinks. ›Die Liebe und der Suff, die reiben den Menschen uff!‹ hätte Icke, der Berliner, wohl meine Episode kommentiert.

Um Mitternacht trat ich meine geänderte Seewache auf der Brücke an und fiel um vier übermüdet und voll süß-saurer Gedanken in meine Koje. Beim Frühstück erzählte mir Daddel von Reinhard, unserem Leichtmatrosen. Von der Brückennock aus beobachtete er durchs Glas (Fernglas) während der 4-8-Wache, wie unser Jungspund mit einer Tasche aus dem Einstieg der Luke vier kam und auf dem Poopdeck (hinteres Oberdeck) verschwand. Zur Rede gestellt, gab Reinhard sofort zu, nur ein paar Flaschen Münchener Löwenbräu-Starkbier nach achtern befördert zu haben.

»Na, dann zeig mir mal, wo du die Pullen gebunkert hast«, forderte Daddel den Leichtmatrosen auf.

»Da, in der Hundehütte, is ja ordentlich Platz.«

»Kann man wohl sagen, warst ja ganz schön fleißig, is bis oben hin voll. Kann ich mal dem Ersten erzählen, der wird sich über den Ladungsdiebstahl freuen und für dich ist dann Ende mit Seefahrt. Ich kann aber auch schweigen, wenn die Matrosen sich auch hier bedienen werden.«

Zähneknirschend und geplagt von Gewissensbissen musste Reinhard diesem Ultimatum, dieser Erpressung zustimmen. Der Steward wunderte sich nur, dass die Biernachfrage ziemlich einbrach und wir ihm das Märchen von einer Erleuchtung bei den Matrosen unterjubelten. Die Polleraffen hätten sich gemeinsam vorgenommen, weniger schädliche Hopfenkaltschale mit dem vermaledeiten Alkohol zu trinken. Für den Rest der Reise aber mangelte es den Matrosen also nicht an flüssigem Brot. Reinhard hatte ja gut vorgesorgt und musste auch noch ›sein‹ Bier von achtern holen, wenn es den Matrosen danach gelüstete. Ganz wohl war mir bei diesem schäbigen Handel nicht, unser Leichtmatrose würde aber bestimmt nie wieder Ladungsdiebstahl begehen.

Bei Cap Charles vollführte die ›Nürnberg‹ eine gewaltige Kursänderung von über 135 Grad, von südlich auf nördliche Richtung und bog in die über 250 Kilometer lange Chesapeake Bay ein. Einsetzender Nebel zwang das Schiff erst einmal vor Baltimore (Maryland) den Anker zu werfen und so konnte unser Dampfer erst am 20. Februar morgens an der Pier festmachen. Da meine Arbeitszeit schon zur Hälfte erfüllt war, nahm ich mir einen halben freien Tag und fuhr mit unserem OA

(Offiziersanwärter) Volker nach Washington (D.C. = District of Columbia). Die einstündige Fahrt über etwa vierzig Meilen mit einem modernen Greyhound Bus war gleich zu Beginn mein erstes Glanzlicht von vielen, die an diesem Tag noch folgen sollten. Die Ausstattung des Busses überraschte mich, hatte ich dergleichen noch nicht kennengelernt: verstellbare Sitze und Lehnen, Lichtquellen an der Decke, Ventilatordüsen, Klimaanlage – Einrichtungen wie in einem Flieger.

In der Hauptstadt angekommen, führte uns der Weg gleich in das Regierungsviertel. Weiträumig, aber gut zu Fuß erreichbar, lagen alle markanten Bauwerke in diesem Areal. Das Erstaunlichste erfuhren wir dann gleich am Eingang des Technischen Museums: Nirgendwo musste Eintrittsgeld ent-

Das Capitol

richtet werden.

»Jedem Amerikaner, auch dem Ärmsten, muss es möglich sein, die großen und wichtigsten Stätten in der Hauptstadt der USA zu sehen und zu besuchen!«, erklärte uns stolz und wichtig der Museumswärter. Beim zweiten, aber allerwichtigsten Gebäude, konnte naturgemäß kein Fremder eintreten. Wir standen vor dem Weißen Haus, das ich mir immer noch ein wenig größer vorgestellt hatte. Hier also befand ich mich am politisch wichtigsten Ort der Weltpolitik!

Natürlich durften bei unserer Besichtigungstour das Capitol, das Historische Museum mit dem Original der amerikanischen Verfassung von 1776, das Lincoln Memorial und – last not least – der Supreme Court (Oberster Gerichtshof) nicht fehlen. Dort fand gerade eine Sitzung der Warren-Kommission statt, die zur Aufklärung des Kennedy-Mordes tagte. Wir wurden beim Einlass weder nach dem Pass gefragt, noch mussten die Zuschauer und -hörer eine Leibesvisitation über sich ergehen lassen. Auf einem Hinweiszettel, der die personelle Zusammensetzung des Gerichts darstellte, wurden wir lediglich ermahnt: ›Silence is requested‹ – um Ruhe wird gebeten. Unter den Richtern befanden sich übrigens ein Justice Black und ein Justice White.

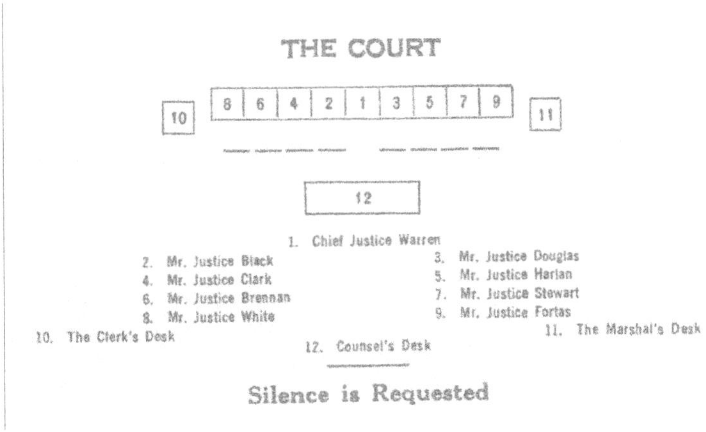
THE COURT

10 | 8 | 6 | 4 | 2 | 1 | 3 | 5 | 7 | 9 | 11

12

1. Chief Justice Warren
2. Mr. Justice Black
3. Mr. Justice Douglas
4. Mr. Justice Clark
5. Mr. Justice Harlan
6. Mr. Justice Brennan
7. Mr. Justice Stewart
8. Mr. Justice White
9. Mr. Justice Fortas
10. The Clerk's Desk
11. The Marshal's Desk
12. Counsel's Desk

Silence is Requested

Etwas weiter abseits gelegen, durfte aber auch der Friedhof in Arlington nicht fehlen. Neben tausenden eingemeißelten Namen gefallener US-Soldaten auf einer riesigen Gedenktafel blieb mir das Grab von John Fitzgerald Kennedy unvergessen: eine schlichte Steinplatte mit einem kleinen Flammenteller darauf und verschiedene militärische Schirmmützen an den Seiten, das Grab umzäunt von einem weißen Holzzaun und einem stramm stehenden Soldaten davor.

Vielleicht hat dieser Präsident, der die Menschen mit seinem fast noch jugendlichen Aussehen und Elan so mitreißen konnte und ihnen Hoffnung auf eine bessere Welt gab, doch einen historisch bedeutenden Ehrenplatz verdient. Es ist sicher auch ein Faktum, dass er im Oktober 1962 einen Dritten – und somit atomaren – Weltkrieg verhindert hatte und durch sein entschie-

Kennedys Grab

denes, aber besonnenes Verhalten den Kreml, die Sowjetunion, zwang, einzulenken. Gott sei Dank wandte er sich in dieser welthistorischen Krise gegen seine Militärs.

Leider war es uns nicht vergönnt, Wohn- und Geschäftsviertel der Hauptstadt zu erkunden; schon damals waren die meisten Einwohner Afro-Amerikaner.

Zurück an Bord in Baltimore kreisten meine Gedanken noch lange um den wohl wichtigsten Regierungssitz auf Erden, der mich noch mit Träumen im Schlaf beschäftigte. Am nächsten Tag, nach dem Aufklaren in den Laderäumen, wurde abends der 30. Geburtstag des Zimmermanns mit einer von ihm selbst kreierten Bowle begossen. Der Inhalt, zwanzig Liter, reichte für das Dutzend Decksjantjes gerade mal zwei Stunden. Der Bootsmann zog sich recht früh von der Party zurück, weil uns nicht der Sinn danach stand, ›seine‹ klassische Musik zu hören und dann auch noch solch ein Werk wie ›Bolero‹!

Norfolk, Morehead City, Philadelphia

Nach einer Liegezeit von zweieinhalb Tagen ging es mit südlichem Kurs in der Chesapeake Bay nach Newport News am River James und tags darauf verholte die ›Nürnberg‹ zum gegenüberliegenden Norfolk (Virginia), einer der bedeutendsten Kriegshäfen der USA. Dort wollte kaum jemand an Land gehen, wie sollte sich auch ein Seemann unter lauter uniformierten See-Soldaten wohlfühlen?

Hier wartete eine neue Arbeitsaufgabe auf mich. Mit einem speziellen, erwärmten, dunkelbraunen Klebstoff (Marine Glue) wurden die Ritzen der Holzplanken auf dem Bootsdeck ausgebessert, eigentlich eine Arbeit für den Zimmermann, der aber alle Hände voll zu tun hatte, um Ladungsgüter in den Luken seesicher zu laschen und abzupallen.*

Am 24. Februar verließ unser Dampfer die Werft- und Industriestadt am Eingang der langgestreckten Bucht und

* mit Holz abstützen

steuerte erst einmal Cap Hatteras an, um dann am nächsten Tag durch den Beaufort Inlet in Morehead City (North Carolina) festzumachen. Die Inlets sind kleinere Öffnungen in dem langen, sehr schmalen Inselband, das sich von Norfolk über 300 Kilometer nach Süden hinzieht.

Morehead City, eine kleine Hafenstadt, hatte zwar keine Wolkenkratzer zu bieten, dafür aber einen schönen Strand, an dem wir zu Dritt abends sogar eine fast gemütliche Bar fanden. Wie üblich, schienen auch hier die Gäste nicht auf das Fernsehen verzichten zu können. Uns irritierten mal wieder die ständigen Werbeunterbrechungen. Das Publikum bestand fast nur aus Männern aller Altersstufen, so dass wir anfangs glaubten, uns irgendwie verirrt zu haben. Wir trösteten uns mit der alten Weisheit: ›No woman, no cry!‹ (Keine Frau(en), keine Tränen).

Am Sonntag, 26. Februar, lief unser Dampfer schon wieder aus, zurück in Richtung Norden zum Delaware River und nach Philadelphia (Pennsylvania). Dabei musste ich an James Fenimore Cooper denken, dessen ›Lederstrumpf Geschichten‹ mich schon in einem Alter faszinierten, in dem ich gerade das Lesen erlernte. Nun war ich demnach im Land der Delawaren, dem edlen Indianerstamm. Leider sah ich keinen dieser Ureinwohner mehr, jedenfalls nicht so, wie sie sich beim Lesen der Erzählungen in meiner Fantasie eingeprägt hatten.

Auch das geschichtsträchtige Philadelphia unterschied sich nicht von anderen US-Großstädten, allenfalls darin, dass die Unabhängigkeitshalle später zum Weltkulturerbe erklärt wurde.

In der ersten Nacht musste ich mal wieder Sicherheits-Nachtwache gehen und empfand darüber keine große Traurigkeit. Landgang in den USA – und Kanada – war für Seeleute nicht gerade das Gelbe vom Ei. Am zweiten Abend landete ich mit Volker in einer merkwürdigen Lokalität. Zu lautstarker Musik tanzten vor uns auf dem breiten Bartresen junge, hübsche, nur spärlich bekleidete US-Mädchen, sogenannte Go-Go-Girls. Man schaute zu ihnen auf, dabei kamen mir die Evastöchter besonders langbeinig vor. Diese Szenerie kam mir doch recht paradox im überwiegend prüden und verklemmten Amerika vor. Ein unübersehbares Schild wies darauf hin, die Tänzerinnen nicht anzufassen. Es wurde aber erwartet, dass man ihnen *greenbacks* in BH oder Slip steckte. Was für eine miese Masche, geradezu obszön und wirklich pervers! Ich kam mir vor, als hätte ich einen gepflegten Cuba libre mit Eis und Limetten bestellt, den ich aber nur angucken und nicht trinken durfte. Lange hielten wir es in der Bar nicht aus.

Auf dem Weg an Bord entdeckten wir dann ein Häuschen, grell beleuchtet mit einer angestrahlten Discokugel über der Tür. Das entfachte meine Neugier und ich ging hinein, während Volker unschlüssig draußen blieb. Donnerlüttchen, wo war ich denn hier hineingeraten? Im Halbdunkel des Raumes erkannte ich eine mit viel Schmuck behangene attraktive Frau mittleren Alters, ihre pechschwarzen Haare zierten am Hinterkopf drei bunte lange Federn.

»Who are you?«, fragte ich ziemlich verdattert.

»Didn't you see the sign at the door? I'm a real Indian Delaware fortuneteller! (Hast du das Schild an der Tür nicht gesehen, ich bin eine Wahrsagerin, eine echte Indianerin vom Stamm der Delawaren!)«, antwortete sie mit etwas dunkler rauchiger Stimme. »Please, pay three dollar and then I will tell you about your future.«

Eigentlich wollte ich sofort auf dem Absatz kehrtmachen, aber eine innere Stimme zwang mich, dazubleiben. Oder hatte sie mich schon hypnotisiert? Für Spökenkiekerei konnte ich mich noch nie erwärmen, las höchstens mal aus Jux mein Horoskop. Und so verwunderte es mich nicht, als sie nach meinem Geburtsdatum fragte und dabei meine linke Innenhandfläche in Augenschein nahm. Eine Lichtkugel über mir drehte sich und warf abwechselnd Licht und Schatten. Aus dem dunklen Hintergrund ertönten gedämpfte indianische Trommeln.

»My dear Aquarius (Wassermann), you will have a great future, especially when you grow older ... etc.« Die eigentliche Bedeutung des englischen Wortes fortuneteller = Glückserzähler (für Wahrsager/in) schien mir nun doch viel treffender zu sein. Ich entrichtete den Lohn für meine großartige Zukunft, vor allem im Alter ... usw., bedankte mich und verließ den Raum mit seiner doch etwas unheimlichen und unwirklichen Kulisse und der geheimnisvollen Squaw.

»Haste denn das nicht gesehen, is 'nen Wahrsagerschuppen«, empfing mich draußen Volker.

»Jetzt weiß ich das auch und bin um drei Dollar ärmer!« Das war mein erster und letzter Besuch bei einer professionellen Wahrsagerin. Davon abgesehen, kam in mir der Verdacht auf, dass im ›Land der unbegrenzten Möglichkeiten‹, doch die Show an sich eine große Rolle spielte.

Am nächsten Morgen verkaufte ich den Hafenarbeitern unser deutsches Bordbier, um wieder einige Dollar für meinen letzten Landgang zu erwirtschaften. Die ›Nürnberg‹ verholte nach Paulsboro, einem Vorort Philadelphias auf der Südseite des Delaware Rivers, um dort an einer Mobil Oil Station zu bunkern. Ein deutscher Matrose des Tankers ›Gem‹ lud mich und Daddel zu einem Bier bei sich an Bord ein. Der riesige Pott eines amerikanischen Reeders mit dem Heimathafen Monrovia und der Fahne von Liberia am Heck war wohl einer der ersten ausgeflaggten Schiffe. Das kleine westafrikanische Land schickte sich an, die größte Handelsflotte der Welt zu besitzen – auf dem Papier. Dem Janmaat war's egal, hatte er doch eine weitaus dickere Heuer als auf einem deutschen Dampfer.

New York zum Zweiten

Nachdem die Schweröltanks unseres Schiffes gefüllt waren, ging es erst in südwestlicher und dann in südöstlicher Richtung am Cap May vorbei in den Atlantik und weiter auf nördlichem Kurs wieder nach New York, wo die ›Nürnberg‹ am 3. März dieses Mal an der Westseite Manhattans im Hudson River festmachte. In den vergangenen zwei Wochen hatten sich meine Gedanken an Arlene einen festen Platz in meinem Hinterstübchen eingerichtet. Würde es das ersehnte Wiedersehen geben? Als ich morgens während der Teatime-Pause um zehn Uhr an Land schlüpfte und von einem public phone die Nummer wählte, die mir meine New Yorker Deern gegeben hatte, sank mein Stimmungsbarometer von Hoch auf Sturmtief.

»Here's Mr. Acki Garner, may I speak to Miss Arlene Casselli?« Danach lange Stille, die mir wie eine Ewigkeit vorkam.

»This is Mrs. Sullivan speaking, Brooklyn book shop Miller. We don't sell cars.« Statt Casselli hatte sie wohl *car selling* (Autoverkauf) verstanden.

»I don't wanna buy a car, I wanna speak to Miss Casselli!«, stellte ich richtig und brachte ganz langsam mit amerikanischen Slang, worin ich mich nun versuchte, mein Anliegen vor. Keine Antwort, Funkstille, aber die Verbindung stand noch, dann ein erlösendes »Just wait a moment.«

»Hello, my german sailor. You're back in New York?« Spontan hätte ich am liebsten den Telefonhörer geküsst. »Okay, old place, at four p.m.«

Was doch ein paar Worte für ein Glücksgefühl bewirken konnten! Äußerst frohgelaunt lief ich wieder an Bord und hätte dabei auf der Straße bald einen Cadillac umgerannt.

»Na, hast du deine Marina erreicht? Willst du gleich ausscheiden?«, fragte der Scheich.

»Nicht gleich, aber um zwei, muss rüber nach Brooklyn, dauert etwas.«

Nach der Arbeit, die neuartigen großen Metallkisten laschen, unterzog ich mich einer ausgiebigen Körperpflege und zog meinen besten Zwirn an. Freudestrahlend konnte ich kurz nach vier am alten Treffpunkt, McCarren Park, meine *ragazza italiana* umarmen.

»How long will you stay in New York?«, fragte sie mich mit leicht skeptischem Blick als Erstes.

»Our ship has to leave tomorrow, sorry. Don't think about. (Tut mir leid, unser Schiff läuft morgen aus. Denk jetzt nicht daran.).« Nach einem Anflug von Enttäuschung und Traurigkeit in ihrer Miene, zeigte sie wieder ihr unnachahmliches Lächeln.

»Oggi è oggi, domani è domani«, tröstete ich sie und versuchte mit diesem ›lass uns nur an heute denken‹ dabei selbst, die wehmütigen Gedanken an unseren bevorstehenden Abschied auszublenden.

Wie gehabt, nahmen wir die Subway unter dem East River und Arlene führte mich ins Künstlerviertel Greenwich Village im Herzen Manhattans. Angeregt von so viel Kultur, bemühte ich mich angestrengt, ihr das Lied vorzuträllern, was in Europa zumindest von der Melodie her wohl jeder kannte: ›Marina, Marina, Marina ...‹ von Rocco Granata. Statt Marina gebrauchte ich natürlich Arlene, womit ich sie in Begeisterung versetzen konnte und als Dank einen langen *bacia* einheimste.

Mit meinen letzten Dollar spendierte ich ihr, entgegen meiner üblichen Gewohnheit, am Washington Square, ein üppiges Vier-Gänge-Menü. Dabei erzählte sie mir, dass zu Hause fast immer italienisch gesprochen wurde. Arlene hatte aber auch keine Schwierigkeiten mit dem amerikanischen Englisch. Bücher waren ihre Leidenschaft und so war es nur konsequent, dass sie Buchhändlerin werden wollte.

Warum nur vergeht die Zeit so schnell wie in solch schönen Momenten der Zweisamkeit? Aber Schicksal und Zeit sind unerbittlich. Um zehn Uhr hieß es Abschied nehmen. Wir umschlangen uns inniglich und versprachen, einander zu schreiben. Sie bestand darauf, allein nach Hause zu fahren. So bestieg ich die Subway Richtung Nordwesten, sie die in Richtung Osten. Wieder mal ein unbeschreiblicher, niederschmetternder Seemannsabschied, wahrhaftig nur schwer zu ertragen, aber ich hatte keine andere Wahl.

Zurück an Bord halfen mir Daddel und Volker, meinen Trübsinn zu überwinden, natürlich mit Hilfe etlicher Spaßmacher.

Im Laufe des späteren Abends steigerte sich zur Verwunderung der Kameraden mein vermeintlicher italienischer Wortschatz, aber sehr bald war ich reif für die Koje.

Rückreise

Am 4. März trat die ›Nürnberg‹ ihre Heimreise nach Westeuropa an. Auf unserem Hauptdeck standen nun viele dieser ›Container‹ genannten Blechkisten, die von der Decksmannschaft bei nebligem und damit fast windstillem Wetter und glatter See ziemlich umständlich gelascht und verankert werden mussten.

Aber der Große Teich blieb nicht ruhig. Schon zwei Tage später bescherte uns Neptun mithilfe eines Tiefs zwischen Neufundland und Grönland heftigen Wind, schräg von achtern auf Backbordseite. Dadurch wurde unser an sich mit 18 Knoten recht flotter Dampfer noch schneller und kam so auf etwa 40 km/h.

Auf dieser Rückreise ließ ich es ruhig angehen. Mein Seewachentörn hatte sich mal wieder geändert und so stand ich zwischen vier und acht auf der Brücke oder machte meine Rundgänge auf Deck und durch den Mitschiffsaufbau. Um sieben Uhr wurden die nächsten Wachsgänger und die Tagelöhner, die nicht für eine der drei Seewachen eingeteilt waren, auf besondere Art geweckt. Nicht mit lautem Gebrüll und obszönen Sprüchen scheuchte ich die Janmaaten aus ihren Kisten, sondern mit Musik vom tragbaren Plattenspieler. Das hatte auch noch den Vorteil, meine Lieblingsscheiben abspielen zu können, die wir preisgünstig in den reichlich vorhandenen Plattenläden in den USA erstanden hatten. Angesagteste Musik waren damals die beinahe balladenhaft gesungenen Lieder von Nancy Sinatra und Lee Hazlewood, vorzugsweise der Titel ›Summer Wine‹.

Der Bootsmann hatte mittlerweile auch den Zimmermann zur klassischen Musik bekehrt. Die zwei, von uns Matrosen auch Plisch und Plum getauft, hatten sich auch nicht nur dienstlich angefreundet, aber nicht am anderen Ufer.

Am Montag, den 13. März, nach nur acht vollen Seetagen, hieß es um halb zwei Uhr nachts ›Klar vorn und achtern!‹. Der Schnellfrachter machte in Antwerpen fest und wir beeilten uns mit dem Loslaschen der Container. Am Abend waren ein Teil der Blechkisten von Deck und Kartons, Kisten und Ballen aus den Luken an Land gehievt worden. Es ging gleich weiter nach Rotterdam, wo unser Kahn um vier Uhr einlief. Ich konnte nach dem Anlegen und Löschklarmachen meinen Matratzenhorchdienst aufnehmen und übernahm die Sicherheitswache von sechs Uhr abends bis sechs Uhr morgens.

Nach zwei Tagen nahm unser Dampfer Kurs auf Bremen. Während meiner Freiwache in der Koje zeigte sich der Scheich gegenüber dem Matrosen Jürgen von einer ganz anderen ›klassischen‹ Seite. Er übte das Faustrecht aus und Jürgen fing sich ein paar Schläge an der knollenförmigen Verlängerung des Halses (Kopf) ein, weil nach Meinung des Bootsmanns an Deck zu schlampig aufgeräumt wurde.

Nach einem Tag in Bremen wartete ein exotischer Frachterhafen auf uns: In Cuxhaven (!) löschte unser Nordatlantik-Liner Tabakballen aus Virginia, anscheinend ein ungewöhnlicher Vorgang in ›Cuxendorf‹, sahen wir doch von Deck aus viele Sehleute, die hier den großen Frachter begutachteten. Um acht Uhr abends sagten wir dem beschaulichen Hafen good bye.

Um Mitternacht hatte uns Hamburg wieder. Ein Teil der Decksbesatzung, einschließlich des Bootsmannes, hatte schon gleich nach dem Einlaufen und Festmachen Landurlaub genommen. Also wurde in den nächsten Tagen nur der notwendige Dienst zum reibungslosen Löschen und Laden geleistet. Die Einhaltung der Arbeitszeit überprüfte niemand und wir konnten uns auch gut ›aufschießen‹, so tun, als wäre man bei der Arbeit. Die noch an Bord gebliebenen Janmaaten zogen es erst einmal an diesem Sonntag vor, für den fälligen Landgang vorzuschlafen. Am Abend wartete das Crazy Horse auf uns und anschließend wurde gutbürgerlich im Zillertal getanzt. Erst am frühen Morgen fiel ich nach guter Seemannsart in die Koje, um nachmittags wieder an Deck zu erscheinen und später die Sicherheits-Nachtwache anzutreten.

Wir waren gerade zur rechten Zeit in unserem Heimathafen: in Hamburg feierte man den Dom auf dem Heiligengeistfeld, auch ein ›Muss‹ für die Jantjes. Danach gabelten Klaus und ich im Cafe Mehrer zwei Stewardessen von einem DDR-Dampfer auf. Bei der DSR (Deutsche Staats Reederei) gehörte es im Gegensatz zu westdeutschen Schiffen zur Normalität, dass dort auch Frauen beschäftigt wurden. Die beiden nicht mehr ganz jungen – und verheirateten – sozialistischen ›Schwestern von drüben‹ ließen sich beschwatzen, zu uns an Bord zu kommen. Wir feierten eine deutsch-deutsche Party, ließen die Politik Politik sein, hörten uns Geschichten über Fidel Castro im sozialistischen Bruderland Kuba an und verköstigten etliche spezielle Spaßmacher, die unsere DDR-Mäuschen noch nicht kannten. Zu vorgerückter Stunde erschien Daddel auf der Bildfläche, war aber nicht mehr in der Lage, die Situation richtig einzuschätzen und vergräzte mit unflätigen Sprüchen die beiden Damen. Wir brachten sie bis zum nächsten Taxistand, steckten ihnen noch Westgeld zu und bedankten uns für die Feier der etwas anderen, seriösen Art.

Zurück an Bord suchten wir vergeblich den zugeknallten Daddel, aber er schlief weder in der Messe noch in seiner Kammer. Ein Geistesblitz brachte mich auf die richtige Fährte. Daddel hatte noch Bier in der Hundehütte auf der Poop gefunden und war in dem Häuschen eingeschlafen. Klaus und ich hatten unsere liebe Not, ihn dann mit Gewalt in seine Koje zu bugsieren.

Am Tag übernahmen die Decksjantjes noch Proviant und Ausrüstung und um sechs Uhr abends lief die ›Nürnberg‹ elbabwärts nach Bremen aus, wo sie um vier Uhr morgens festmachte. Am Vormittag musste ich noch die Vorkante Brücke waschen. Abends fing meine Sicherheits-Nachtwache an und am nächsten Tag gönnte ich mir ein ausgiebiges Schläfchen, feierte abends mit meinen Decksbauern Abschied vom Matrosenleben und musterte tags darauf, am 25. März, ab.

Schon eine Woche später, am 2. April begann mein A2-Lehrgang an der Seefahrtschule Grünendeich. Die ›Nürnberg‹ blieb aber nicht mein letzter Matrosendampfer, bevor ich die Prüfung zum Steuermann auf Kleiner Fahrt meisterte.

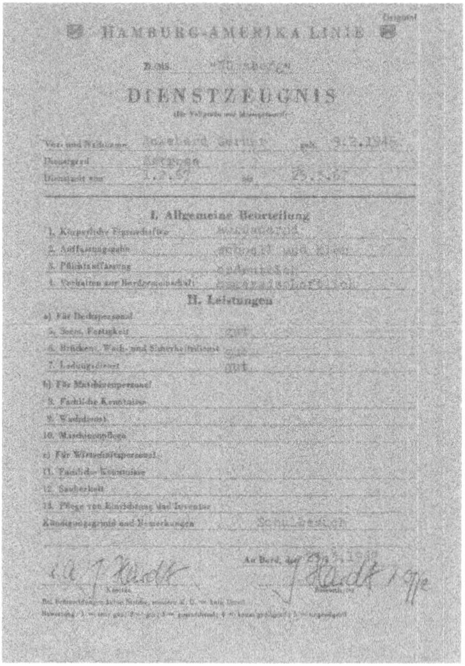
HAMBURG-AMERIKA LINIE

DIENSTZEUGNIS

I. Allgemeine Beurteilung

1. Körperliche Eignung
2. Auffassungsgabe
3. Pflichtauffassung
4. Verhalten zur Bordgemeinschaft

II. Leistungen

a) Für Deckspersonal
5. Seem. Fertigkeit
6. Brücken-, Wach- und Sicherheitsdienst
7. Ladungsdienst gut
b) Für Maschinenpersonal
8. Fachliche Kenntnisse
9. Wachdienst
10. Maschinenpflege
c) Für Wirtschaftspersonal
11. Fachliche Kenntnisse
12. Sauberkeit
13. Pflege von Einrichtung und Inventar
Kündigungsgrund und Bemerkungen

An Bord,

Kapitän

Über den Autor

Eckehard Gerner wurde am 9. Februar 1945 in Augustusburg (bei Chemnitz) geboren, während der Flucht seiner Mutter aus Masuren / Ostpreußen. Seine Kindheit verbrachte er in der Südheide, in Eschede.

Nach der Mittleren Reife fasste er den Entschluss, zur See zu fahren. Grund: Eckehard Gerner wollte die ›große weite Welt‹ sehen und außerdem und vor allem weg von zuhause. Er besuchte die Seemannsschule in Bremervörde und fuhr anschließend auf insgesamt 17 Schiffen um die ganze Welt. Dabei brachte er es vom Schiffsjungen zum 2. Offizier.

Wieder ›an Land‹ studierte er ab 1970 an der PH Hildesheim und arbeitete als Lehrer an verschiedenen Schulen in Niedersachsen, zuletzt an der OS (Orientierungsstufe) in Hannover-Ahlem. Er lebt in Oberricklingen (Hannover).

Zum Schreiben kam Gerner, weil er die Seefahrts-Epoche der 60er Jahre festhalten wollte, in der es noch etwas von der alten Seefahrts-Romantik gab.

Der erste Band seiner Autobiographie erschien unter dem Titel ›*Jenseits des Horizonts. Vom Moses zum Matrosen*‹ 2015. Ein dritter, abschließender Band ist geplant.

›memorabilia‹ –

unter diesem Namen entwickeln wir eine besondere Buchreihe. Hier erscheinen vorzugsweise Lebenserinnerungen oder Sammlungen von Lebenserfahrungen, in jedem Fall sehr persönliche Bücher, deren Autoren sich eine seriöse verlegerische Betreuung wünschen: vom Lektorat über das Korrektorat bis hin zum Layout. Gern schicken wir Ihnen als Muster ein aktuelles Exemplar zu.

›memorabilia‹ –

so hieß die lateinische Übersetzung eines Werkes von Xenophon, der im 5./4. Jahrhundert v.u.Z. lebte. In seinen ›memorabilia‹ versammelte Xenophon Erinnerungen an den berühmten Philosophen Sokrates, dessen Zeitgenosse er war. Daraus entwickelte sich eine Gattungsbezeichnung für Sammlungen von ›Denkwürdigkeiten‹ an Personen oder historische Ereignisse.

memorabilia
c/o Ganymed Edition
Deveser Straße 3
D-30966 Hemmingen

contact@memorabilia-ed.de